D1983461

Über dieses Buch

Eine der Forderungen der Studentenbewegung der 60er Jahre lautete: Erweiterung der naturwissenschaftlich-technologischen Medizin um die psychosoziale Dimension. Inzwischen hat sich die Medizinische Soziologie zu einer eigenen wissenschaftlichen Disziplin entwickelt, die sich mit den gesellschaftlichen Beziehungen und Vorgängen der Krankenversorgung und Gesundheitssicherung beschäftigt.

Die in diesem Band erstmals zusammengefaßten, teilweise neuen Aufsätze befassen sich mit Fragen nach der geschichtlichen Herkunft und dem theoretischen Rahmen der Medizinischen Soziologie. Sie behandeln spezielle Probleme wie: gesellschaftliche Einflüsse auf Entstehung und Verlauf von Erkrankungen, die Gesundheitssicherung am Arbeitsplatz, die Struktur der ärztlichen Praxis und das System der sozialen Krankenversicherung. Ein Charakteristikum aller Aufsätze ist, daß darin der Versuch unternommen wird aufzuzeigen, in welcher Weise sich die in unserer Gesellschaft bestehenden Interessengegensätze auch im Gesundheitswesen niederschlagen.

Die Medizinische Soziologie ist seit 1970 in der Bundesrepublik Deutschland Bestandteil der ärztlichen Ausbildungsordnung.

Der Autor

Hans-Ulrich Deppe, geb. 1939 in Frankfurt am Main, studierte Medizin und Soziologie in Frankfurt, West-Berlin, Würzburg und Marburg. Als Professor Dr. med. ist er Leiter der Abteilung Medizinische Soziologie und geschäftsführender Direktor des Zentrums der Psychosozialen Grundlagen der Medizin im Klinikum der Johann Wolfgang Goethe-Universität in Frankfurt. Er ist Vorstandsmitglied der Deutschen Gesellschaft für Medizinische Soziologie in der Bundesrepublik sowie ständiger Mitarbeiter der Zeitschriften *Das Argument* (West-Berlin) und des *International Journal of Health Services* (New York).

Bisher veröffentlichte er unter anderem *Industriearbeit und Medizin*, Frankfurt 1973 (FAT 4020); er ist Mitherausgeber von *Medizin und gesellschaftlicher Fortschritt*, Köln 1973, sowie von *Medizin, Gesellschaft, Geschichte*, Frankfurt 1975 (Suhrkamp tw Nr. 67). Zahlreiche Zeitschriftenaufsätze.

Hans-Ulrich Deppe

Medizinische Soziologie

Aspekte
einer neuen Wissenschaft

Fischer
Taschenbuch
Verlag

Originalausgabe
Fischer Taschenbuch Verlag
Mai 1978
Umschlagentwurf: Jan Buchholz/Reni Hinsch
Fischer Taschenbuch Verlag GmbH, Frankfurt am Main
© für diese Zusammenstellung:
Fischer Taschenbuch Verlag GmbH, Frankfurt 1978
Gesamtherstellung: Hanseatische Druckanstalt GmbH, Hamburg
Printed in Germany
780-ISBN-3-596-26620-3

Inhalt

Quellennachweise

Rudolf Virchows Kampf um die Preußische Verfassung, in: Blätter für Deutsche und Internationale Politik, Heft 9 (1968), S. 961–974.

Zur geschichtlichen Dimension der medizinischen Soziologie, in: *H.-U. Deppe/M. Regus*, Medizin, Gesellschaft, Geschichte, Frankfurt 1975, S. 11–26.

Medizinische Soziologie. Aspekte einer neuen wissenschaftlichen Disziplin, in: Das Argument, Jahrbuch für Kritische Medizin, Bd. 1, 1976, S. 81–85.

Zum »Objekt« der Medizin, in: Das Argument, Heft 50/3 (1969), S. 284–298.

Sozialstruktur und Schizophrenie (Medizinsoziologische Bemerkungen zur Ökologie und Epidemiologie am Beispiel von schizophren Erkrankten), in: Das Argument, Heft 60 (1970), S. 129–141.

Gesundheitssicherung am Arbeitsplatz, Vortrag gehalten auf der gemeinsamen Veranstaltungsreihe der Technischen Hochschule Darmstadt und des Deutschen Gewerkschaftsbundes (Landesbezirk Hessen) zum Thema »Humanisierung der Arbeit« am 29. November 1976 in Darmstadt.

Ärzteschaft und Gesundheitspolitik in der Bundesrepublik Deutschland (Die gesellschaftliche Rolle des Arztes in der Bundesrepublik), in: *H. v. Nußbaum* (Hrsg.), Die verordnete Krankheit, Frankfurt am Main (S. Fischer Verlag) 1977, S. 236–260.

Strukturwandel der ärztlichen Praxis, in: Blätter für Deutsche und Internationale Politik, Heft 3 (1972), S. 5–19.

Ambulatorien der Wiener Gebietskrankenkasse für Arbeiter und Angestellte – ein Modell für die Bundesrepublik Deutschland? in: Die Ortskrankenkasse, Heft 3 (1977), S. 120–125.

Zur Soziologie des niedergelassenen Arztes, in: Das Argument (AS 12) 1976, S. 71–85.

Vorbemerkung

Die Medizinische Soziologie ist in der Bundesrepublik Deutschland seit einigen Jahren Bestandteil der ärztlichen Ausbildung. Sie hat sich innerhalb kurzer Zeit zu einer eigenen wissenschaftlichen Disziplin entwickelt, die sich mit den gesellschaftlichen Beziehungen und Vorgängen der Krankenversorgung und Gesundheitssicherung beschäftigt. Dabei betreibt sie keine Schönfärberei. Medizinische Soziologie wird in dem vorliegenden Buch an dem Selbstverständnis von kritischer Wissenschaft gemessen. Sie stellt Bestehendes in Frage. Sie verneint scheinbar Natürliches oder von einer höheren Macht Gegebenes. Sie macht durchschaubar. Der Grad ihrer Einsicht in die soziale Wirklichkeit hängt von der Radikalität ihrer Fragestellung ab. Gleichwohl verneint Medizinische Soziologie Bestehendes keineswegs aus purem Skeptizismus oder abstrakter Kritik, sondern Medizinische Soziologie stellt in Frage, um daraus praktische Veränderungen abzuleiten, die ein höheres Maß an Humanität in der Medizin ermöglichen und aufbewahren. Medizinische Soziologie ist also nicht bequem und kann deshalb auch nicht immer mit offener Gegenliebe rechnen.

Auf diesem Hintergrund sind die hier zusammengestellten Aufsätze zu sehen, die seit Ende der 60er Jahre in der Medizinischen Soziologie entstanden sind. Sie spiegeln einen Teil der Schwierigkeiten und Unebenheiten wider, die die Medizinische Soziologie geprägt haben. Die Arbeiten befassen sich mit Fragen nach der geschichtlichen Herkunft und dem theoretischen Rahmen der Medizinischen Soziologie. Sie behandeln spezielle Probleme wie: gesellschaftliche Einflüsse auf Entstehung und Verlauf von Erkrankungen, die Gesundheitssicherung am Arbeitsplatz, die Struktur der ärztlichen Praxis und das System der sozialen Krankenversicherung. Sie stellen lediglich Aspekte dar und erheben keinen Anspruch auf systematische und historische Vollständigkeit. Die Aufsätze sind teils in ihrer ursprünglichen Fassung belassen teils verändert. Einige sind neu geschrieben. Ein Charakteristikum aller Aufsätze ist, daß darin der Versuch unternommen wird, aufzuzeigen, in welcher Weise sich die in unserer Gesellschaft bestehenden Interessengegensätze auch im Gesundheitswesen niederschlagen.

Das Buch soll vor allem Studenten der Medizin und Gesellschaftswissenschaften ansprechen. Sie haben dazu beigetragen, daß die Medizinische Soziologie als eigene wissenschaftliche Disziplin in die ärztliche Ausbildung eingeführt wurde. Ende der 60er Jahre war es eine Hauptforderung des medizinischen Teils der Studentenbewegung, die naturwissenschaftlich-technologische Medizin um die psychosoziale Dimension zu erweitern. Beizeiten haben sie erkannt, daß Medizin ohne soziologische Erkenntnis zwangsläufig unsozial ist. Darüber hinaus richtet sich das Buch an Ärzte, Gesundheitspolitiker und interessierte Laien.

Mein Dank gilt an dieser Stelle Jeanette Breddemann und Peter Higer für ihre kritischen Diskussionsbemerkungen, Klaus Priester für seine sorgfältige Hilfe bei der Materialbeschaffung und Franziska Koch für ihre zuverlässige Schreibarbeit.
Insbesondere bedanke ich mich bei dem Lektor Dr. Walter Pehle für seine korrekte und vertrauensvolle Zusammenarbeit.

Frankfurt am Main, August 1977 Hans-Ulrich Deppe

I. Sozialgeschichte und Medizinische Soziologie

Rudolf Virchows Kampf um die Preußische Verfassung

> »Aber der Versuch, ... den Virchow zum Kommunisten zu machen, sieht einer Extrauterinschwangerschaft sehr ähnlich. Selbst wenn Virchow in der Politik, respektive Ökonomie, Kenntnisse und theoretisches Interesse hätte, so ist dieser brave Bürger doch viel zu tief engagiert.« (Friedrich Engels an Karl Marx)

I.

Allenthalben als Etikett auf verstaubten Straßenschildern, gemeißelt in Sandstein über dem Portal einer Berliner Krankenanstalt oder aber als Reminiszenz in medizinischen Kollegs erscheint heute der Name: *Rudolf Virchow*. Gleichwohl stammt von ihm der inzwischen vielzitierte Ausspruch, daß »die Medizin ... eine soziale Wissenschaft (ist) und die Politik ... weiter nichts als Medizin im Großen«[1*]. Frühzeitig begriff er als einer der wenigen, daß Medizin und gesellschaftliche Machtverteilung sich nicht isolieren lassen, daß Krankheit und sozialer Prozeß vermittelt sind. Seinen empirischen Untersuchungen legte er die These zugrunde, daß eine kranke Gesellschaft gesellschaftliche Krankheiten impliziere, und deutete damit auf jene wissenschaftliche Lücke, die zu schließen auch heute noch als ein wesentliches Problem medizinischer Theorie und Praxis anerkannt wird[2].
Als 1847 in Oberschlesien eine »Hungertyphus«-Epidemie ausbrach, wurde der 27jährige *Virchow* im Auftrag des Preußischen Innen- und Kultusministeriums in das Epidemiegebiet geschickt, um die krankheitsauslösenden Ursachen zu untersuchen. Die mikrobiologischen Ursachen des Typhus waren zu diesem Zeit-

* Die Anmerkungen stehen grundsätzlich am Ende der Kapitel.

punkt noch nicht bekannt, sie wurden erst einige Jahrzehnte später entdeckt. Gleichwohl ging Virchow in seiner Studie streng naturwissenschaftlich vor: er beschrieb sehr detailliert die geographischen Bedingungen, das Klima und die vielfältigen Krankheitserscheinungen; er untersuchte ferner ausführlich die Bewohner – ihre Ernährung, Sprache, Religion, Wohn- und Arbeitsverhältnisse – dieses Landstrichs. An Ort und Stelle erkannte er schon bald, daß die Bedingungen für jene gerade in der verarmten Schicht der Landarbeiter sich ausbreitende Krankheit weit weniger medizinischer als sozialer Art waren. Er interpretierte die Ausbreitung der Epidemie als Resultat eines sozialökonomischen Strukturwandels, in dessen Verlauf sich die Arbeits- und Lebensverhältnisse grundlegend veränderten und das Proletariat herausbildeten[3]. »Dieses Volk ahnt nicht«, schrieb *Virchow*, »daß die geistige und materielle Verarmung, in welche man es hat versinken lassen, zum großen Teil die Ursachen des Hungers und der Krankheit waren, und daß die ungünstigen Witterungsverhältnisse, welche das Mißraten seiner Ernten und die Erkrankung seiner Körper mitbedingt hatten, eine so schreckliche Not nicht erzeugt haben würden, wenn es frei, gebildet und wohlhabend gewesen wäre. Denn daran läßt sich jetzt nicht mehr zweifeln, daß eine solche epidemische Verbreitung des Typhus nur unter solchen Lebensverhältnissen, wie sie Armut und Mangel an Kultur in Oberschlesien gesetzt hatten, möglich war. Man nehme diese Verhältnisse hinweg und ich bin überzeugt, daß der epidemische Typhus nicht wiederkehren würde. Will man aus der Geschichte lernen, so hat sie Beispiele genug dafür«[4]. Noch deutlicher werden seine Ausführungen, wenn er auf präventive Maßnahmen zu sprechen kommt: »Die logische Antwort auf die Frage, wie man in Zukunft ähnliche Zustände, wie sie in Oberschlesien vor unseren Augen bestanden haben, vorbeugen könne, ist also sehr leicht und einfach: *Bildung mit ihren Töchtern Freiheit und Wohlstand.* Weniger leicht und einfach ist aber die faktische Antwort, die Lösung dieses großen sozialen Problems. Denn verhehlen wir es uns nicht, wir stehen jetzt unmittelbar an einem Teil der großen Aufgabe, welche unser Jahrhundert in die Geschichte der Menschheit eingeführt hat und welche die Entwicklung der Zukunft in sich trägt. Wir haben so logisch und konsequent den Standpunkt erreicht, den wir in der Abhandlung ›über die naturwissenschaftliche Methode‹ vielfach angedeutet haben; die Medizin hat uns unmerklich in das soziale Gebiet geführt und uns in die Lage gebracht, jetzt selbst an die großen Fragen unserer Zeit zu stoßen«[5]. Und wie die Veränderung zu geschehen habe, sieht

Virchow so: »Bei anderthalb Millionen kann man nicht erst mit Palliativmitteln anfangen; will man etwas, so muß man radikal sein. Palliative Mittel sind in solchen Fällen kostbarer als radikale: der Staat würde seine Mittel erschöpfen, um einige Kreise in die Höhe zu bringen, und er würde nicht einmal dafür gewährleisten können, daß im Falle neuer Not seine Mittel ausreichen würden. Es wiederholt sich hier im Kleinen, was wir in Zeiten allgemeiner Not im Großen sehen: die Erhaltung der Staaten wie der einzelnen Staatsangehörigen ist nur durch eine gemeinsame Anstrengung aller möglich. Will man daher in Oberschlesien einschreiten, so muß man anfangen, dieses ganze Volk zur Erhebung, zur gemeinschaftlichen Anstrengung aufzustacheln. Bildung, Freiheit und Wohlstand wird ein Volk nie von außen her, gewissermaßen geschenkweise in vollem Maße erlangen; selbst muß es erarbeiten, was ihm not tut«[6].

Virchow stand noch unter dem Eindruck des sozialen Elends in Oberschlesien, als am 18. März 1848 in Berlin die sonst friedlichen Kleinbürger, Arbeiter und Studenten die preußische Garde angriffen. Es war der Auftakt zur bürgerlichen Revolution in Deutschland. Für *Virchow* gab es keinen Zweifel, auf welcher Seite der Barrikade er kämpfen sollte, denn er fühlte sich als »natürlicher Anwalt der Armen«[7]. In fliegender Eile stürmte er während des Aufstandes in die Stube eines ihm bekannten königlich-preußischen Unterarztes und rief: »Schleich, hast du Waffen? – Nichts als diese alte Flinte und einen verrosteten Säbel? – Her damit! Auf die Barrikaden!« und fort war er[8].

Virchow solidarisierte sich weitgehend mit der revolutionären Einheitsfront, deren Führung der bürgerliche Mittelstand übernommen hatte und die sich allein befähigt und berechtigt fühlte, die Interessen der gesamten Nation zu vertreten. Der Mittelstand beanspruchte »Anwalt« zu sein, und zwar »natürlicher«. Darin bestätigte er jene Tendenz zum naturrechtlich bestimmten Humanismus, auf den sich gerade der linke Liberalismus immer wieder berief[9]. Sein politisches Ziel war: eine durch Verfassung und parlamentarische Regierungsweise beschränkte Monarchie. Offen sprachen seine Führer aus, daß man die »Masse« vom Parlament fernhalten wolle, damit nicht »die Majorität von denen gebildet wird, die wenig oder nichts haben«[10]. Aus Angst vor dem »Gespenst der roten Demokratie«[11] – so *R. Virchow* – machte das deutsche Bürgertum deshalb Konzessionen auf Kosten der Freiheit und gab der Ordnung sowie der Sorge um das Eigentum den Vorrang vor der Souveränität des Volkes[12].

Die Gassen waren bereits wieder von den Aktionen brodelnder

Massen leergefegt, als *Friedrich Engels* im Oktober 1851 schrieb: »Der erste Akt des revolutionären Dramas auf dem europäischen Kontinent ist zu Ende. Die ›Mächte der Vergangenheit‹ vor dem Sturm von 1848 sind wieder die ›Mächte der Gegenwart‹«[13]. Freilich wurde gelegentlich der Eindruck erweckt, als ob die traditionelle Macht des preußischen Konservatismus gebrochen sei; doch war dies nur Schein[14]. Nach dem Scheitern der Revolution hatte sich das Bürgertum in Deutschland besonders intensiv dem wirtschaftlichen Aufbau zugewandt. Eine Gruppe von drei- bis viertausend Intellektuellen mußte Deutschland enttäuscht den Rücken kehren[15]; in seiner überwiegenden Mehrheit jedoch war das deutsche Bürgertum durchaus mit der Wiederherstellung der monarchistisch-autoritären Struktur der Gesellschaft zufrieden[16], denn diese »befreite« es von der Politik[17] und gestattete ihm so die Hinwendung zu Wirtschaft und Kultur. *Virchow* selbst wurde zur inneren Emigration gezwungen, als deren Sublimat sich seine neue Krankheitslehre, die Zellular-Pathologie, herauskristallisierte. Durch die Annahme eines Rufes nach Würzburg rückte er zwar an die politische Peripherie, bildete dort aber gleichwohl den Kern eines wissenschaftlichen Zentrums, das den Boden für seine politische Renaissance am Ende der fünfziger Jahre bereiten sollte.

II.

Als infolge der ökonomischen Entwicklung die gesellschaftliche Bedeutung des Bürgertums immer stärker anwuchs, begann man sich auch in Regierungskreisen bewußt zu werden, daß die durch die bisherigen Verfassungsinstitutionen nur oberflächlich getarnte absolutistische Herrschaft auf längere Sicht nicht aufrecht zu erhalten sei und daß gewisse konstitutionelle Zugeständnisse der bestehenden Ordnung nur nützlich sein könnten. Die Gelegenheit ergab sich, als am 8. Oktober 1858 *Wilhelm, Prinz v. Preußen*, die Regentschaft anstelle des geistesgestörten Königs übernahm. Tatsächlich gelang es dem Regenten durch die Berufung eines zwar heterogenen, aber überwiegend liberalen Ministeriums, fast die gesamte Nation hinter sich zu bringen. Es schien eine »Neue Ära« anzubrechen.

Leitende Persönlichkeiten des Ministeriums wagten sich – zwar noch nach dem Motto: »Nur nicht drängeln!«[18] – das teuerste Recht des aufsteigenden Bürgertums, die Kontrolle der Steuer durch das Parlament, wieder ernsthaft auf die Tagesordnung zu setzen. Man forderte die Aufhebung der Grundsteuerbefreiung des Adels. Nicht zufällig fiel in diese Zeit die Gründung des »Deutschen Nationalvereins«, mit dem Ziel der Einigung Deutschlands auf konstitutioneller Grundlage unter Betonung der preußenfreundlichen Elemente des deutschen Liberalismus[19].

Rudolf Virchow, der im Jahre 1856 wieder von Würzburg in die preußische Metropole zurückgekehrt war, gehörte wie *Waldeck, Schulze-Delitzsch, Lassalle* und der Königsberger Arzt *Johann Jacoby* zu jenen Repräsentanten der Revolution von 1848, die auf der Hoffnungswelle der »Neuen Ära« in das aktuelle politische Geschehen zurückgetragen wurden. 1859 ließ sich *Virchow* in den Berliner Stadtrat wählen und nahm alsbald in leitender Funktion an der Gründung des »Deutschen Nationalvereins« in Frankfurt/Main teil. Nahezu bruchlos fügte sich *Virchows* politisches Konzept an seine Gedanken von 1849 an, in welchen – damals wie auch jetzt – die »Militärreform und die Bürgschaft der Verfassungsrechte gegen die stehenden Heere« den Kern seines politischen Kampfes ausmachten[20].

Allzubald aber zeigte sich, daß die überschwenglichen Erwartungen vom Herbst 1858 illusionär waren. Die Gesetzentwürfe, die das Steuerprivileg der Rittergüter beseitigen sollten, wurden vom preußischen Herrenhaus zu Fall gebracht, und der Regent drängte schon in seiner ersten Adresse auf eine Schwächung der bürgerlichen Landwehr zugunsten des Heeres. Zwei Jahre nach Beginn der »Neuen Ära« stand es um die Beziehung zwischen dem Liberalismus und dem Ministerium also keineswegs mehr zum besten. Am eindeutigsten war dabei die Stellung des linken Flügels, zu dem auch *Virchow* zählte. Die Demokraten und die »entschieden Liberalen« erkannten immer mehr die Notwendigkeit, sich von den gemäßigten Liberalen, den Repräsentanten der bürgerlichen Oberschicht, zu distanzieren, da jene nach wie vor auf einen kampflos erzielten Kompromiß zwischen Thron und Bürgertum hofften. Anfang 1861 kam es schließlich zum offenen Bruch. Unter dem Spottnamen »Fraktiönchen Junglitthauen«[21] vereinten sich die entschieden liberalen Mitglieder zu einer neuen Fraktion und bildeten mit gleichgesinnten Berliner Freunden das politische Zentrum, aus dem noch im selben Jahr die »Deutsche Fortschrittspartei« hervorgehen sollte.

II.

Die Ergebnisse der ersten Jahre der »Neuen Ära« und die nachgiebige Haltung der liberalen Minister und Abgeordneten waren so enttäuschend, daß am Vorabend der Neuwahlen 1861 die »Deutsche Fortschrittspartei« gebildet wurde, die den Kampf um den »verfassungsmäßigen Rechtsstaat« und die »Einigung Deutschlands auf wirklich nationaler Grundlage« weiterführen sollte[22]. Ihre offizielle Gründung konnte am 6. Juni 1861 in Berlin auf einer von *Rudolf Virchow* geleiteten Versammlung erfolgen, auf der der neuen Vereinigung Name und Programm gegeben wurde. In ihr sammelten sich jene Kräfte, die die spezifisch deutsche Form der Demokratie von 1848 vertraten. Gleichwohl ist aber darauf hinzuweisen, daß sie in ihrem Namen bewußt die Bezeichnung »Demokraten« vermied. Einer friedlichen, legalen Partei des Bürgertums schien das Wort »Demokrat« nicht angemessen[23], weil es mit dem Odium der Revolution behaftet war.
Sofort nach ihrer Konstituierung trat die neue Partei mit einem Wahlaufruf an die Öffentlichkeit, der sich in Form eines Aktionsprogramms auf die nächstliegenden Aufgaben beschränkte und noch keineswegs den Charakter eines Grundsatzprogramms – wie es bei späteren Parteigründungen der Fall war – erfüllte[24]. Ausgehend von der »Treue für den König« und der »festen Überzeugung, daß die Verfassung das unlösbare Band ist, welches Fürst und Volk zusammenhält«, stellten sie folgende politische Forderungen[25]: Die Einigung Deutschlands mit der Zentralgewalt in Händen Preußens; die Verwirklichung des verfassungsmäßigen Rechtsstaates; wirkliche Unabhängigkeit der Richter; Verantwortlichkeit der Minister vor dem Parlament; Selbstverwaltung der Gemeinden; Einführung der obligatorischen Zivilehe (als nächste Stufe der vollständigen Trennung von Staat und Kirche); die Hebung des Unterrichtswesens; eine Revision der Gewerbe-Gesetzgebung; größere Sparsamkeit für den Militär-Etat im Frieden und die Beibehaltung der bisherigen Stellung der Landwehr.
Die Aufzählung jener Forderungen, die sich in ihrer Gesamtheit kaum zu einem geschlossenen gesellschaftspolitischen Konzept ergänzen, weist darauf hin, daß das »Koalitionsprogramm« – wie es *Virchow* selber bezeichnete[26] – das Resultat eines Zweckbündnisses war, dessen pragmatischer Charakter im Vordergrund stand. Welch zwiespältige Kompromisse dabei jedoch eingegangen wurden, zeigt die Tatsache, daß vom ersten Augenblick an auf die Forderung des allgemeinen und gleichen Wahlrechts verzich-

tet wurde[27]. Auch in den darauf folgenden Jahren stand die deutsche Fortschrittspartei häufig zwischen den antagonistischen Interessengruppen im gesellschaftlichen Konflikt. Ihre ambivalente Haltung ist der Ausdruck jener sozialen Schicht, die sich in ihr vorab organisierte: das städtische Kleinbürgertum und ein Teil der bürgerlichen nichtbeamteten Bildungsschichten. Weil die ökonomischen Existenzbedingungen dieser gesellschaftlichen Gruppe in jener Periode des industriellen Aufschwungs bedroht waren, nahm das Kleinbürgertum in den politischen Auseinandersetzungen eine äußerst schwankende Position ein[28]. Darauf berief sich auch die Kritik von *Ferdinand Lassalle*, der 1863 auf die Abspaltung der Arbeiterbildungsvereine von der Fortschrittspartei drängte. Aus dieser Entscheidung ging sowohl der Allgemeine Deutsche Arbeiterverein als auch im Jahre 1869 die Sozialdemokratische Arbeiterpartei hervor[29].

Jene sozialökonomische und politische Zwischenstellung des Kleinbürgertums hat sich bis in die Gegenwart als grundlegendes machtpolitisches Problem erhalten. Nicht zuletzt rekurrieren gerade Theorien über die Entstehung des europäischen Faschismus auf die wirtschaftliche Unsicherheit und politische Instabilität dieser sozialen Gruppierung.

Die Deutsche Fortschrittspartei stellte ein organisatorisches Novum dar. Sie war objektiv die erste moderne politische Partei Deutschlands[30]. Neu war zunächst der feste Parteiname, der ihren programmatischen Zielen entsprach. Damit wich man von der bisherigen Gepflogenheit der nach Personen benannten Fraktionen ab. Neu war ferner, daß den Anhängern ein »fester Mittelpunkt« in Form des Programms gegeben wurde, auf das die Wahlkandidaten verpflichtet waren; nicht erst im Parlament also, sondern bereits vor der Wahl schloß man sich bindend zusammen. Überdies sollte die »innerliche Bindung der Gesinnungsgenossen an die Partei in eine organisierte Form überführt werden«[31].

Wie real die Gründer die historische Situation eingeschätzt hatten, zeigte schon die erste Wahlbeteiligung Ende 1861, aus der die Fortschrittspartei mit 104 Mandaten[32] in das preußische Abgeordnetenhaus einzog. Jedoch währte die erste Sitzungsperiode kaum 2 Monate, da die Fortschrittler getreu ihrem Programm die dem Adel nahestehende Regierung daran hinderten, weiter die Mehrkosten zur Reform des Heeres mit parlamentarischer Bewilligung zu decken. Sie wollten dieser Forderung nicht nachgeben, weil sie sich in ihrem Programm dagegen ausgesprochen hatten, und sie konnten nicht nachgeben, weil es der immanenten Rationalität der entschieden Liberalen widersprach, die tatsächliche

Macht von Krone und Adel zu stärken. In der entscheidenden Sitzung des preußischen Abgeordnetenhauses vom 6. März 1862, der Debatte um die Spezifizierung des Staatshaushalts-Etats, die dazu dienen sollte, Etatüberschreitungen zu verhindern, erklärte *Rudolf Virchow* programmatisch: »Wir wollen das Recht der Kontrolle, welches uns verfassungsmäßig zusteht, so handhaben, ... wie es den allgemeinen Grundsätzen der Verfassung entspricht, und das ist gegenwärtig nicht der Fall... Wir haben zu erstreben die Durchsichtigkeit (des Etats)..., welche in jedem Augenblick gestattet, mit vollkommener Bestimmtheit zu ersehen, was verlangt eben die Regierung, und hinterher wieder zu sehen, was hat sie damit gemacht«[33]. Der von *Virchow* unterstützte Antrag wurde angenommen und als Folge das Parlament aufgelöst. Wilhelm I. versprach sich durch jene Intervention eine Lösung des Problems von oben, was aber mit Nachdruck von unten verhindert wurde, da die Fortschrittspartei nach der Wahl von 1862 mit 133 von insgesamt 363 Abgeordneten[34] die stärkste Fraktion bildete. Jedoch wurde dadurch jene Kluft, bei der objektiv die Macht auf seiten der Reaktion und das Recht auf seiten des Fortschritts stand, keineswegs behoben. Es entfachte sich vielmehr nun ein vierjähriger Verfassungskonflikt, in dem das Bürgertum – durch aufblühenden Handel und Industrialisierung angespornt – die Herrschaft über den Staat für sich gewinnen wollte.

IV.

Der Verfassungsstreit – letztlich ein sozialer Konflikt zwischen dem auf Mündigkeit bedachten »dritten Stand« und dem mit »absolutistischen Tendenzen verbündeten Junkertum«[35] – äußerte sich vorab im Kampf um die verbrieften Rechte der Volksvertretung.

Virchow ging, wie es die allgemeine liberale Ansicht war, davon aus, daß die Verfassung dann als Sieger aus jenem Streit hervorgehen könne, wenn sie vom »öffentlichen Rechtsbewußtsein« getragen werde. In seiner Parlamentsrede von 1863 beschwor er den König, sich von jenem Ministerium zu trennen, das die »sittlichen Empfindungen des Volkes« mit Füßen trete. »Es handelt sich jetzt darum«, so erklärte er, »daß wir in dem Volke das Rechtsbewußtsein, das sittliche Gefühl erhalten und stärken, welches es möglich machen kann, daß wir aus diesem großen Konflikt jetzt allmählich wieder unversehrt und neu gestärkt hervorgehen. Es handelt sich darum, Seiner Majestät zu zeigen, daß das gegenwärtige Ministerium gerade diesem Rechtsgefühl, dieser sittlichen Empfindung des Volkes entgegensteht und daß, je länger die Krone mit einem solchen Ministerium in Verbindung bleibt, um so mehr auch die Stellung der Krone in die große Gefahr verwickelt wird, in welche dieses Ministerium sich – fast von seinem ersten Beginn an – begeben hat«[36].

Gleichwohl aber ist jene liberale Forderung nach »öffentlichem Rechtsbewußtsein« Ausdruck ganz bestimmter objektiver gesellschaftlicher Bindungen; denn der bürgerliche Anspruch auf Rechtssicherheit, d. h. Verpflichtung des Staates auf gesetzte Normen, intendiert, die Ordnung des »freien Marktes« zu schützen. Die Herrschaft des Gesetzes, wie es heißt, garantiert mit der Privatautonomie, der Vertrags-, Gewerbe-, Eigentums- und Vererbungsfreiheit die »Grundlage einer Gesellschaft selbständiger Privateigentümer« *(Habermas)*. Und willkürliche staatliche Interventionen sind – ihrem soziologischen Sinn nach – nicht etwa abzulehnen, weil sie naturrechtliche Prinzipien der Gerechtigkeit verletzen, sondern vielmehr deswegen, weil sie die »rationale Kalkulation« der Kapitalverwertung im Interesse des Bürgertums versagen. *Max Weber* zufolge muß »der industrielle Kapitalismus ... auf Stetigkeit, Sicherheit und Sachlichkeit des Funktionierens der Rechtsordnung, auf den rationalen, prinzipiell berechenbaren Charakter der Rechtsfindung und Verwaltung zählen können«[37], wenn sein Grundsatz der Profitmaximierung stringent durchgehalten werden soll.

Das Rekurrieren auf »öffentliches Rechtsbewußtsein« und »Rechtssicherheit«, die transformatorischen Hebel liberaler Theorie, sind also Momente eines gesellschaftlichen Prozesses, in dem der juristischen Gleichheit aller Bürger die ungleiche Verteilung der durch Eigentum vermittelten Verfügungsgewalt antagonistisch gegenübersteht. Es ist durchaus legitim, in jenem Sinne vom immanenten Widerspruch des Liberalismus zu sprechen, der zwar einerseits die Idee der Demokratie proklamiert und in gewisser Weise auch institutionalisiert, andererseits jedoch die politische Kontrolle gesellschaftlicher Macht einer durch Besitz und Bildung gesicherten sozialen Hierarchie – als »Minoritätendemokratie«[38] – faktisch betreibt.

V.

Der Verfassungskonflikt konkretisierte sich vorab in den Diskussionen um den Militär-Etat und die Heeresreform, die eine Aus-

dehnung des stehenden Heeres auf Kosten der bürgerlichen Landwehr, jener in den Befreiungskriegen entstandenen Volksmilizen, vorsah. *Virchow* ging in seiner Argumentation sogar wiederholt soweit, daß er der Auseinandersetzung um die Höhe und Spezifizierung des Militär-Etats die zentrale Bedeutung beimaß, »um (die) sich der ganze Verfassungskonflikt (überhaupt) dreht«[39].
Die preußische Armee, deren Offizierskorps sich vor allem aus den Söhnen des ostelbischen Adels zusammensetzte, war der mächtigste Hort konservativer Gesinnung und damit eine wesentliche Säule der feudalen Ordnung in Preußen. Die Gegenforderung des liberalen Bügertums lautete: Auf- und Ausbau einer schlagkräftigen Landwehr! Dieser Gegensatz brach offen aus, als die dänische Krone 1863 Schleswig-Holstein zu annektieren beabsichtigte und als Reaktion darauf vom preußischen Abgeordnetenhaus Gelder für die preußische Armee bewilligt werden sollten. Auch in dieser Diskussion engagierte sich *Virchow* heftig.
Das Londoner Protokoll von 1852 hatte Dänemark gegenüber Österreich und Preußen verpflichtet, die Autonomie der Elbherzogtümer aufrechtzuerhalten. Als entgegen diesem Abkommen vom dänischen Reichstag 1863 ein gemeinsames Grundgesetz für Dänemark und Schleswig angenommen wurde, was einer Eingliederung in die dänische Monarchie gleichkam, war die Erregung ob dieses Rechtsbruchs im liberalen Lager groß. Bezeichnend für die Haltung der Liberalen in Preußen, die in dieser Frage auf Grund unterschiedlicher Meinungen über den Stellenwert von »Einheit« oder »Freiheit« keine geschlossene Front bildeten, war ein parlamentarischer Antrag von *Virchow* und *Stavenhagen*: »Die Ehre und das Interesse Deutschlands«, so hieß es hier, »erfordern ..., daß sämtliche deutsche Staaten die Rechte der Herzogtümer schützen, den Erbprinz von Schleswig-Holstein-Sonderburg-Augustenburg als Herzog von Schleswig-Holstein anerkennen und ihm in der Geltendmachung seiner Rechte wirksamen Beistand leisten«[40]. An anderer Stelle beteuerte *Virchow*: »Die Verträge (von 1851/52) sind da, sie müssen gehalten werden, bei dieser Gelegenheit müssen wir zeigen, daß wir vertragstreu sind«[41]. Wirksamer Beistand jedoch mußte in diesem Falle auch militärische Aktionen implizieren, als deren Träger nur die preußische Armee in Frage kam. Hier brach nun das Dilemma innerhalb der Fortschrittspartei auf, indem *Virchow* im Gegensatz zu *Waldeck*, dem Wortführer des linken Flügels, unter besonderen Bedingungen einem Anleiheersuchen für etwaige militärische Maßnahmen zugestimmt hätte, da für ihn die nationale Einheit tendenziell vor der Verwirklichung der innenpolitischen Freiheit rangierte. In der

Parlamentssitzung vom 2. Dezember 1863 erklärte *Virchow*: »Ich kann es ... wiederholen: daß wir für gerechte Kriege, für Kriege, die für die Ehre und die Interessen unseres Landes geführt würden, uns auf immer verpflichtet halten würden, Geld zu bewilligen, daß wir aber für ungerechte Kriege, welche gegen das Interesse des Landes und gegen seine Ehre geführt würden, das Geld nicht bewilligen würden«[42]. Das bedeutete in der Tat zunächst die Bereitschaft, dem konservativen Ministerium entgegenzukommen, wenn auch dieser Antrag keine Chance fand, von *Bismarck* akzeptiert zu werden, da die Bewilligung der Gelder von entscheidenden Bedingungen abhängig gemacht wurde. »Der erste Punkt ist der«, erklärte *Virchow*, daß Preußen nicht als spezifisch preußische Großmacht in jenen Kampf eintreten solle, »sondern als Deutscher Bundesstaat in Gemeinschaft mit den übrigen Bundesstaaten und im Zusammenwirken nach den Zielen (Verfassungsmäßiger Rechtsstaat, d. V.), welche wir wünschen. Die zweite Forderung ist der Schutz der Rechte der Herzogtümer«[43] sowie die Anerkennung und Unterstützung des Erbprinzen von Schleswig-Holstein-Sonderburg-Augustenburg. Obwohl das Abgeordnetenhaus zum erstenmal bereit war, eine Anleihe für militärische Zwecke zu bewilligen, wurde der Antrag Virchow-Stavenhagen vom Ministerium verworfen, da die preußische Regierung nicht die Absicht hegte, die deutschen Nationalinteressen in jenem Sinne zu vertreten. *Bismarck* schien vielmehr (wenn er es auch vermied, sein Ziel offen darzulegen) von vornherein die Annexion der Elbherzogtümer für Preußen zu beabsichtigen, um die Bildung eines neuen liberalen Zentrums zu vermeiden[44]. Im Verlauf der Debatte über diesen Streitpunkt kam es zu einer heftigen Polemik zwischen *Virchow* und *Bismarck*, in der *Virchow* den preußischen Ministerpräsidenten bezichtigte, er habe »keine Ahnung von nationaler Politik«[45], und *Bismarck* seinem politischen Kontrahenten vorwarf, er finde bei ihm »Verständnis von Politik überhaupt nicht«[46].

Im Jahre 1863/64 kristallisierte sich die Fortschrittspartei als das heraus, was sie auch später unter anderem Namen charakterisierte: als das Sammelbecken kleinbürgerlicher Zwischenschichten, deren ambivalente soziale Position bereits oben dargestellt wurde. Auf dem rechten Flügel regten sich die ersten Ansätze derer, die ab 1866 als Nationalliberale Partei mit *Bismarck* koalierten, und links lösten sich die Arbeiterbildungsvereine ab, aus denen der Allgemeine Deutsche Arbeiterverein und 1869 die Sozialdemokratische Arbeiterpartei hervorging. In den letzten Wahlen im Jahre 1866 antworteten die Wähler auf diesen politischen Zwiespalt damit, daß sich die Anzahl der Mandate der Fortschrittspartei um 80 reduzierte[47]. *Virchow* jedoch blieb dem Rest jener Organisation, bei deren Gründung er einst den Vorsitz geführt hatte, treu. Er war vom Sieg des Rechts über die Macht überzeugt, was sich in der Fixierung auf den Kampf um die Verfassung und in der Isolierung von den Massen spiegelte, als deren »revolutionärer« Anwalt er sich noch 1848 verstanden hatte. Hier bestätigte sich erneut aus kritischer Perspektive, daß weniger »von oben« die soziale Basis von Hunger und Elend dezisionistisch sich aufheben läßt als vielmehr in der realpolitischen Aktion mit dem Volk. Selbst dann, als im Jahre 1866 die deutsche Fortschrittspartei im Parlament und vom Volk den Spiegel für ihre verfehlte Politik vorgehalten bekam, klammerte sich *Virchow* immer noch mit bewundernswertem Mut und wissenschaftlicher Aufrichtigkeit an die kraftlose Verfassung. Am 21. Februar erklärte er in der letzten Sitzung vor der Auflösung des preußischen Abeordnetenhauses: Es liegt »klar zu Tage, daß der Absolutismus in Preußen wieder hergestellt ist, und zwar der Absolutismus ohne die Schranken, welche er in der vormärzlichen Zeit sich selbst gesetzt hatte. Es gibt keine Finanzkontrolle, kein Staatshaushaltsgesetz mehr; der Staatsschatz, des Staatseigentum sind in freier Verfügung der Regierung. Nur ein Punkt ist noch nicht angegriffen. Es ist derselbe, an dem der alte Absolutismus zugrunde gegangen und das Verfassungswesen in Preußen gewonnen worden ist. Noch steht der Satz des Artikels 101 der Verfassung aufrecht: ›Die Aufnahme von Anleihen für die Staatskasse findet nur aufgrund eines Gesetzes statt.‹ Und das Haus hat ... (am) 2. Juni 1865 beschlossen, zu erklären: (Es befinde) sich nicht in der Lage, dem gegenwärtigen Staatsministerium ... Anleihen zu bewilligen«[48].

Virchows politische Haltung läßt sich nicht allein aus seiner Persönlichkeitsstruktur erklären, auch ist seine Wendung von den sozialen zu den konstitutionellen Problemen nicht schlicht und unvermittelt als »paradox« zu bezeichnen, wie es Ackerknecht andeutet[49]. *Virchow* ist vielmehr das exemplarische Beispiel jener bürgerlichen Demokraten, die zwar konsequent auf notwendigen Prinzipien beharrten, die es aber in entscheidenden politischen Situationen und hier besonders im preußischen Verfassungskonflikt nicht »für wert gehalten (haben), sich ein klares Bild von dem Ursprung und Zusammenhang der ... Gesellschafts- und Staatsordnung zu machen«[50].

ANMERKUNGEN

1 *H. E. Ackerknecht*, Rudolf Virchow, Arzt, Politiker, Anthropologe, Stuttgart, 1957, S. 36.
2 Vgl. *Mitscherlich, Brocher, Mehring, Horn,* Der Mensch in der modernen Gesellschaft, Köln, Berlin 1967.
3 *R. Virchow*, Die Not im Spessart –, Mitteilungen über die in Oberschlesien herrschende Typhus-Epidemie, Darmstadt 1968, S. 234.
4 Ebda., S. 221.
5 Ebda., S. 223.
6 Ebda., S. 224.
7 *H. E. Ackerknecht*, a.a.O., S. 36.
8 *C. L. Schleich*, Besonnte Vergangenheit, Hamburg 1961, S. 66.
9 So richtig *H. Grebing*, Geschichte der deutschen Parteien, Wiesbaden 1962, S. 30.
10 Ebda., S. 11.
11 *R. Virchow*, Stenografische Berichte über die Verhandlungen des Preußischen Abgeordnetenhauses, Berlin 1862, S. 122. Vgl. dazu *M. Hess*, Roter Katechismus für das deutsche Volk (1850), in: *K. M. Michel* (Hrsg.), Politische Katechismen, Frankfurt 1966, S. 71–87.
12 *H. Grebing* a.a.O., S. 13; Vgl. auch: *L. Kofler*, Geschichte der bürgerlichen Gesellschaft, Neuwied 1966, S. 561; zur gleichen Reaktion in Frankreich vgl. *A. Rosenberg*, Demokratie und Sozialismus, Frankfurt 1962; vgl. weiter *J. Habermas*, Strukturwandel der Öffentlichkeit, Neuwied 1962, S. 151.
13 *Marx/Engels*, Werke, Bd. 8, Berlin 1960, S. 5.
14 *L. Kofler*, a.a.O., S. 565.
15 *H. Grebing*, a.a.O., S. 13.
16 *L. Kofler*, a.a.O., S. 564.
17 Dies entsprach der ursprünglich liberalen Theorie der Trennung von Staat und Gesellschaft, die dem Staat die Rolle des bloßen »Nachtwächters« zuweisen wollte.
18 *H. A. Winkler*, Preußischer Liberalismus und Deutscher Nationalstaat, Tübingen 1964, S. 37.
19 Vgl. dazu *W. Grube*, Die neue Ära und der Nationalverein, phil. Diss., Marburg 1933, S. 132ff.
20 Vgl. *H. E. Ackerknecht*, a.a.O., S. 142.
21 Vgl. *L. Parisius*, Deutschlands politische Parteien und das Ministerium Bismarck, Berlin 1878, S. 35f.
22 Ebda., S. 38.
23 *A. Rosenberg*, a.a.O., S. 132.
24 So richtig *Th. Schieder*, Staat und Gesellschaft im Wandel unserer Zeit, München 1958, S. 140; vgl. auch *U. Steinbrecher*, Liberale Parteiorganisation ... 1871–1893, phil. Diss., Köln 1960, S. 11.
25 Vgl. *L. Parisius*, a.a.O., S. 37; vgl. auch: *F. Salomon*, Die deutschen Parteiprogramme I, Leipzig – Berlin 1912, S. 75ff.
26 *R. Virchow*, Nationalzeitung, 16. 7. 1861 A. B. I., In: *A. H. Winkler*, a.a.O., S. 12; Vgl. ebenfalls: *L. Kofler*, a.a.O., S. 577.
27 *L. Parisius*, a.a.O., S. 39.
28 Vgl. hierzu *F. Engels*, Analyse des deutschen Kleinbürgertums in der 48er Revolution, in: *Marx/Engels*, Werke, Bd. 8, Berlin 1960, S. 5–13. »Seine (des Kleinbürgertums) Zwischenstellung zwischen den Klassen ..., der Kaufleute und Industriellen, der eigentlichen Bourgeoisie, und dem

Proletariat oder der Arbeiterklasse ist für seinen Charakter bestimmend ... Das ewige Hin- und Hergerissensein zwischen der Hoffnung, in die Reihen der wohlhabenden Klasse aufzusteigen, und der Furcht, auf das Niveau von Proletariern oder gar Paupers hinabgedrückt zu werden ..., macht das Kleinbürgertum äußerst wankelmütig in seinen Anschauungen. Demütig ... unter einer starken feudalen oder monarchistischen Regierung, wendet es sich dem Liberalismus zu, wenn die Bourgeoisie im Aufstieg ist; sobald jedoch die Bourgeoisie ihre eigene Herrschaft gesichert hat, wird es von heftigen demokratischen Anwandlungen befallen, versinkt aber jämmerlich in Furcht und Zagen, sobald die Klasse unter ihm, das Proletariat, eine selbständige Bewegung wagt«.

29 *A. Rosenberg*, a.a.O., S. 132f.

30 *U. Steinbrecher*, Liberale Parteiorganisation unter bes. Berücksichtigung des Linksliberalismus 1871–93, phil. Diss., Köln 1960, S. 11. ebenfalls: *Th. Nipperdey*, Die Organisation der deutschen Parteien vor 1918, Düsseldorf 1961, S. 17.

31 *Th. Nipperdey*, a.a.O., S. 17.

32 *E. R. Huber* (Hrsg.), Dokumente zur deutschen Verfassungsgeschichte, Bd. 2, Stuttgart 1964, S. 535.

33 *R. Virchow*, Stenografische Berichte über die Verhandlungen des Preußischen Abgeordnetenhauses, Berlin 1862, S. 285.

34 *E. R. Huber*, a.a.O., S. 535.

35 *O. Westphal*, Welt- und Staatsauffassung des deutschen Liberalismus 1858–63, Berlin u. München 1919, S. 297.

36 *R. Virchow*, Stenographische Berichte (1863), a.a.O., S. 1290.

37 *M. Weber*, Wirtschaft und Gesellschaft, Tübingen 1966, S. 818.

38 *J. Habermas*, Student und Politik, Neuwied 1961, S. 21.

39 *R. Virchow*, Stenografische Berichte (1865), a.a.O., S. 21, 496.

40 Haus der Abgeordneten, Berlin 1863–64, Drucksache Nr. 23.

41 *R. Virchow*, Stenografische Berichte (1864), a.a.O., S. 817.

42 Ebda., S. 266.

43 Ebda., S. 264.

44 *O. Klein-Hattingen*, Geschichte des deutschen Liberalismus, Bd. 1, Berlin 1911, S. 266.

45 Ebda., S. 265.

46 *W. Eyck*, Bismarck, Bd. 1, S. 596; vgl. *H. E. Ackerknecht*, a.a.O., S. 148.

47 *E. R. Huber*, a.a.O., S. 535.

48 *O. Klein-Hattingen*, a.a.O., S. 278.

49 *H. E. Ackerknecht*, a.a.O., S. 144.

50 So zutreffend *F. Mehring*, Rudolf Virchow, in: Gesammelte Schriften, Berlin 1964, Bd. 14, S. 433.

Zur geschichtlichen Dimension in der Medizinischen Soziologie

I. Der soziale Aspekt und die Medizinische Soziologie

Die Diskussion um die Beziehungen von Medizin und Gesellschaft hat Geschichte; sie wird geprägt von den spezifischen historischen Ereignissen und Verhältnissen, im Rahmen derer sie stattfindet. Die Beziehungen zwischen der Medizin und der Gesellschaft sind daher auch keine statischen, natürlich gegebenen, sondern veränderbare, von Menschen gemachte. Sie sind das Resultat menschlicher Tätigkeit. Wissenschaft, die die gesetzmäßigen Beziehungen zwischen Medizin und Gesellschaft analysiert, kann auf die Untersuchung geschichtlicher Voraussetzungen nicht verzichten, wenn sie über die Deskription und formale Systematisierung von Erscheinungen hinaus deren Bedeutung als realen Prozeß bestimmen und erklären will. Diese Zusammenhänge sollen schlaglichtartig dargestellt und an zwei hervorragenden Ereignissen der Gesundheitspolitik im 19. Jahrhundert ausgeführt werden. Die Auswahl der historischen Beispiele bedeutet freilich nicht, daß nur sie unter diesen Gesichtspunkten zu analysieren sind. Ebenso gilt dies für gesellschaftlich bedingte medizinische Sachverhalte und Vorgänge in der Gegenwart. Die Interpretation konkreter geschichtlicher Ereignisse hat hier lediglich die Funktion des Lehrmeisters für die Erklärung von Gegenwärtigem.

Einen ersten Überblick von den Anfängen der Diskussion um die Beziehungen zwischen Medizin und Gesellschaft bis in die Gegenwart hat *George Rosen* in einer materialreichen historischen Monographie über die Entwicklung der sozialen Medizin[1] zusammengestellt. Die Beschreibung konzentriert sich auf Vorstellungen von Ärzten aus Westeuropa und Nordamerika, die sich mit der Bedeutung gesellschaftlicher Einflüsse auf die Entstehung und den Verlauf von Krankheiten beschäftigt haben. Rosen kommt dabei zu dem Ergebnis, daß die soziale Medizin und die aus ihr arbeitsteilig hervorgegangenen Disziplinen bis heute vor allem *pragmatisch* verfahren sind und eine allgemeine theoretische Grundlegung noch aussteht. »In sehr hohem Maße«, schreibt Rosen, »war die soziale Medizin pragmatisch und benutzte jegliche zur Verfügung stehende und ihrem Zwecke dienliche

Methode [...] Die soziale Medizin hat im Laufe ihrer gesamten Geschichte Methoden verwendet, die keine Analyse von Sozialstrukturen einschlossen.«[2] Die Wissenschaft von der sozialen Medizin erschöpfte sich gleichsam in einer voluntaristischen Wiederholung und Betonung eines abstrakten sozialen Aspekts einerseits und einer Fülle konkreter statistisch erhobener Daten andererseits. Dabei sind letztere kaum Ausdruck allgemein theoretischer Anstrengungen, sondern stellen vielmehr die notwendige Reaktion auf aktuelle Erfordernisse dar und zielen demzufolge auch lediglich auf unmittelbaren Nutzen und begrenzten Erfolg ab. Theoretische Erkenntnisse, die hier weiterhelfen können, die eine Differenzierung und Vertiefung des sozialen Aspektes in der Medizin ermöglichen und dessen inhaltlichen Zusammenhang mit den empirisch erforschbaren Merkmalen für praktisch relevante Zwecke herzustellen in der Lage sind, bietet die Soziologie als die Wissenschaft von den allgemeinen Struktur- und Entwicklungsgesetzen, die die gesellschaftlichen Verhältnisse bestimmen und regulieren.[3] Der Anwendungsbereich und Geltungsanspruch der Soziologie ist heute außerordentlich weitreichend geworden und prägt inzwischen nicht nur die Einzelwissenschaften von der Gesellschaft, sondern erfaßt darüber hinaus auch andere Humanwissenschaften wie die Medizin mittels der sich etablierenden Medizinischen Soziologie. Dies kann jedoch nicht durch ein schlichtes Überstülpen der allgemeinen Soziologie über die Medizin oder durch die additive Anwendung soziologischer Ergebnisse und Methoden in der Medizin geleistet werden, sondern hier bedarf es der Ermittlung und Analyse der in der Medizin spezifischen sozialen Beziehungen, ihrer besonderen Erscheinungen ebenso wie ihrer wesentlichen Bedingungen. Die spezifischen sozialen Zusammenhänge und Widersprüche in der Medizin, der eigentliche Gegenstand der Medizinischen Soziologie, existieren freilich nicht selbständig, unabhängig und losgelöst von anderen sozialen Beziehungen, sondern sie sind Ausdruck und Moment des gesellschaftlichen Ganzen. Die Menschen in der Medizin – ob Patienten, Krankenschwestern oder Ärzte – handeln nämlich nicht allein unter dem Einfluß der in diesem Bereich jeweils gültigen Regeln, sondern zugleich auch unter dem unmittelbaren und mittelbaren Einfluß anderer Bereiche des gesellschaftlichen Lebens.

Erste Ansätze zur Einbeziehung soziologischer Erkenntnisse in die Analyse und Systematik sozialmedizinischer Sachverhalte deuten sich schon Ende des 19. Jahrhunderts an; so beruft sich bereits *E. Reich* 1870 wiederholt auf *L. v. Stein*[4], und *A. Grotjahn* beteiligt sich sogar an einer soziologischen Lehrveranstaltung des staatstreuen Sozialreformers und konservativen »Kathedersozialisten« *G. Schmoller.*[5] Diese Ansätze bleiben jedoch bei der »sozialen Frage«, bei dem Benennen und Ordnen singulärer Erscheinungen des Gesundheitszustandes der Bevölkerung, die aus dem gesellschaftlichen Umwälzungsprozeß von einer agrarisch-feudalen zu einer industriell-kapitalistischen Gesellschaft resultieren, stehen, und es gelingt damit nicht, zu den strukturellen Voraussetzungen jener Erscheinung vorzudringen und diese als grundlegenden Bestandteil in die soziale Medizin einzubeziehen. Angesichts dieser wissenschaftlichen Beschränkung auf die Registratur oberflächlicher Erscheinungen hatten praktische Handlungsanweisungen zur Linderung der »sozialen Frage« kaum mehr als symptomatisch-integrativen Charakter.

2. Zur Triebkraft der geschichtlichen Entwicklung

Von dem umfassenden Problembereich, der sich mit der treibenden Kraft der geschichtlichen Entwicklung befaßt, können hier nur einige Aspekte skizziert werden. Dennoch läßt sich verallgemeinernd sagen, daß Geschichte gewissermaßen immer von zwei Seiten betrachtet werden kann: zum einen als Geschichte der Natur und zum anderen als Geschichte der Menschen. Voneinander trennen lassen sich beide Betrachtungsweisen freilich nicht, da sie lediglich zwei Aspekte ein und desselben Sachverhaltes sind. Solange nämlich Menschen existieren, ist die Geschichte der Natur und die der Menschen eng miteinander verflochten, sie bedingen sich gegenseitig. Schon in den ersten Formen der Auseinandersetzung der Menschen mit der Natur zur Erzeugung jener Mittel, die sie zu ihrer primären Bedürfnisbefriedigung benötigen, haben wir es sowohl mit einem natürlichen als auch mit einem gesellschaftlichen Verhältnis zu tun. Natürlich insofern, als es sich dabei um die Aneignung von Teilen der Natur handelt, und gesellschaftlich, weil diese Aneignung stets durch das Zusammenwirken mehrerer Individuen geschieht. Während die Erforschung der Geschichte der Natur, die sich in Form der Naturwissenschaften institutionalisierte, seit Mitte des vorigen Jahrhunderts in Deutschland einen lebhaften Aufschwung genommen hat und allseits anerkannt wird, ist die Geschichte der menschlichen Beziehungen insbesondere in unserem Jahrhundert stark vernachlässigt worden. Hierher gehört das bewußte Ignorieren und Verdrängen der geschichtlichen Dimension in weiten Bereichen der bürgerlichen Sozialwissenschaften nicht weniger als im Alltagsdenken. Angesichts dieser strukturellen Geschichtsfeindlichkeit scheint es angebracht, die Bedeutung der geschichtlichen Dimension in der Diskussion um die gesellschaftlichen Beziehungen und ihre Relevanz für die Medizin zu überdenken und fortzuführen.[6] Dazu ist es notwendig, an jene Theorie anzuknüpfen, die es als erste unternahm, die jeweiligen sozialen Beziehungen der Individuen untereinander als geschichtlich produzierte, d. h. als historisch gewordene und daher auch veränderbare zu entwickeln: an die historisch-materialistische Theorie der Gesellschaft, deren Geschichtsauffassung hier in ihren Grundzügen nachgezeichnet werden soll.[7]

Das immer wiederkehrende Problem, das die Theorie der Geschichte von Anfang beschäftigt, ist die Frage nach dem Motor der Geschichte, nach der treibenden Kraft geschichtlicher Entwicklung. Diese Frage stellte sich am Umbruch vom Feudalismus zur bürgerlichen Gesellschaft erneut mit aller Schärfe. Sie stellte sich in dem Ausmaß, in dem die bestehenden gesellschaftlichen Widersprüche, die in den einzelnen Ländern Westeuropas keineswegs den gleichen Entwicklungsgrad hatten, zu einer Lösung drängten. Während das aufstrebende französische Bürgertum sich von der Feudalherrschaft emanzipierte und bereits die Industrie als einzige Macht feierte, die die Menschheit zu einer freien und vernünftigen Gesellschaft führen könne, war in Deutschland davon noch nichts zu spüren. Das Bürgertum war hier schwach und regional zerstreut, die ökonomische Entwicklung hatte weit geringere Fortschritte gemacht als in Frankreich oder England. Das Feudalsystem dominierte unverkennbar gegenüber den wenigen industriellen Unternehmern, und für die Revolution fehlten die materiellen Grundlagen. Dies hatte zur Folge, daß man sich in Deutschland, wo die französischen Ereignisse bekannt waren, zunächst vorrangig mit deren Ideen beschäftigte. Konkrete Anstrengungen, eine vernünftige Form der Gesellschaft herzustellen, wurden hier auf die philosophische Ebene verlagert und äußerten sich in der Ausarbeitung des Begriffs der Vernunft.

Dieser Entwicklung traten *Marx* und *Engels* entschieden entgegen, und zwar zu einem Zeitpunkt, als die Auswirkungen der ersten Industrialisierungsphase auch in Deutschland sichtbar wurden. Insbesondere wandten sie sich gegen eine Geschichtsauffassung, die von der realen gesellschaftlichen Entwicklung, von der Praxis der Menschen, abstrahierte, wie sie zu der damaligen Zeit insbesondere von *Hegels* Schülern *B. Bauer* und *M. Stirner* vertreten wurde.[8] Nach den Vorstellungen von *Marx* und *Engels* tut »die Geschichte [...] nichts, sie ›besitzt keinen ungeheuren Reichtum‹, sie ›kämpft keine Kämpfe‹! Es ist vielmehr der Mensch, der wirkliche, lebendige Mensch, der das alles tut, besitzt und kämpft; es ist nicht etwa die ›Geschichte‹, die den Menschen zum Mittel braucht, um ihre – als ob sie eine aparte Person wäre – Zwecke durchzuarbeiten, sondern sie ist nichts als die Tätigkeit des seine Zwecke verfolgenden Menschen.«[9] Und weiter heißt es: »Ideen können nie über einen alten Weltzustand, sondern immer nur über die Ideen eines alten Weltzustandes hinausführen. Ideen können überhaupt *nichts ausführen.* Zum Ausführen der Ideen bedarf es der Menschen, welche eine praktische Gewalt aufbieten.«[10]

Die grundsätzlichen Voraussetzungen von geschichtlicher Entwicklung bilden hiernach also die Menschen, und zwar Menschen, die unter bestimmten Bedingungen leben und mit Hilfe bestimmter Werkzeuge die Bedürfnisse ihres Lebens befriedigen. Das Leben der Menschen ist ohne Arbeit nicht denkbar, und die Art und Weise, in der Arbeit geleistet wird, ihre jeweilige konkrete Form, verleiht dem Inhalt, der Beschaffenheit, dem Charakter und der Gestalt der übrigen Bereiche des gesellschaftlichen Lebens wesentliche Züge und Merkmale. Die spezifische Art und Weise der Produktion prägt den Inhalt und Typus der übrigen Bereiche des gesellschaftlichen Lebens. Deshalb bezeichnet *Marx* die Arbeit als die Basis des menschlichen Lebensprozesses: »Als Bildnerin von Gebrauchswerten, als nützliche Arbeit«, schreibt *Marx*, »ist die Arbeit [...] eine von allen Gesellschaftsformen unabhängige Existenzbedingung des Menschen, ewige Naturnotwendigkeit, um den Stoffwechsel zwischen Mensch und Natur, also das menschliche Leben zu vermitteln«[11]. Verändert sich nun der Charakter der Arbeit, so zieht dies auch die Veränderung des menschlichen Lebens insgesamt nach sich. Es zeigt sich, daß immer dann, wenn eine bestimmte Art der materiellen Produktion auftritt, auch bestimmte Formen der sozialen Beziehungen der Menschen, bestimmte Normen und Werte, bestimmte Staatsformen und soziale Strukturen vorhanden sind. Der Begriff der menschlichen Arbeit, der organisierten Tätigkeit, als Grundkategorie der Gesellschaftstheorie von *Marx* und *Engels* rückt daher auch in den Mittelpunkt der historisch-materialistischen Geschichtsauffassung. Hiernach ergeben sich nämlich aus der spezifischen Gestaltung der Arbeit Spannungen und Widersprüche, deren Aufhebung den Kern geschichtlicher Dynamik ausmachen. Diesen Sachverhalt konkretisierte *Marx* in dem bekannten Vorwort *Zur Kritik der politischen Ökonomie.* Hier heißt es: »Auf einer gewissen Stufe ihrer Entwicklung geraten die materiellen Produktivkräfte der Gesellschaft in Widerspruch mit den vorhandenen Produktionsverhältnissen oder, was nur ein juristischer Ausdruck dafür ist, mit den Eigentumsverhältnissen, innerhalb deren sie sich bisher bewegt hatten. Aus Entwicklungsformen der Produktivkräfte schlagen diese Verhältnisse in Fesseln derselben um. Es tritt dann eine Epoche sozialer Revolution ein. Mit der Veränderung der ökonomischen Grundlagen wälzt sich der ganze ungeheure Überbau langsamer oder rascher um. In der Betrachtung solcher Umwälzungen muß man stets unterscheiden zwischen der materiellen naturwissenschaftlich treu zu konstatierenden Umwälzung in den ökonomischen Produktionsbedingungen und den juristischen, politischen, religiösen, künstlerischen oder philosophischen, kurz ideologischen Formen, worin sich die Menschen dieses Konflikts bewußt werden und ihn ausfechten. Sowenig man das, was ein Individuum ist, nach dem beurteilt, was es sich selbst dünkt, ebensowenig kann man eine solche Umwälzungsepoche aus ihrem Bewußtsein beurteilen, sondern muß vielmehr dies Bewußtsein aus den Widersprüchen des materiellen Lebens, aus dem vorhandenen Konflikt zwischen gesellschaftlichen Produktivkräften und Produktionsverhältnissen erklären.«[12]

Der Gegensatz zwischen der Entwicklung der menschlichen Produktivkräfte einerseits und den jeweils vorhandenen gesellschaftlichen Strukturen, unter denen produziert wird, andererseits ist nach der Geschichtstheorie von *Marx* die wesentliche Triebkraft gesellschaftlicher Entwicklung, die sich aufgrund der besonderen historischen und gesellschaftlichen Bedingungen in vielfältigen Erscheinungsformen äußert.

Mit dem Übergang vom Feudalsystem zur bürgerlichen Gesellschaft haben sowohl die Produktivkräfte (wie Rohstoffe, Grund und Boden, Arbeitsmittel und nicht zuletzt die Arbeitskraft selbst) als auch die Eigentums- und Aneignungsverhältnisse den Charakter von Kapital angenommen. In ihm sieht *Marx* die spezifische Kraft, die die Entwicklung der bürgerlichen Gesellschaft doppelt vorantreibt: Zum einen unterliegt nämlich Kapital dem Zwang, sich permanent zu vermehren, zu akkumulieren, wenn es im Kampf der Konkurrenz bestehen will. Die Dynamik des Kapitals ergibt sich hier aus seiner Beziehung auf andere Kapitalien. Zum zweiten erzeugt das Eindringen des Kapitals in die Sphäre der Produktion eine Veränderung des Arbeits- und Aneignungsverhältnisses; denn Kapital ist, wenn es seine Funktion erfüllen will, auf die Existenz von Lohnarbeit angewiesen. Das heißt, daß die Arbeitskraft Warencharakter angenommen haben muß, um von Kapital verwertet werden zu können. In dem Maße, wie nun das Kapital gesamtgesellschaftlich relevant wurde, spaltete sich die bürgerliche Gesellschaft in die beiden sozialen Hauptklassen, in die Eigentümer der Produktionsmittel und die lohn- und gehaltsabhängigen Arbeitskräfte. Aus dieser Spaltung der Gesellschaft ergaben sich Auseinandersetzungen und Kämpfe, die wesentlich zur geschichtlichen Entwicklung beigetragen haben.

3. Geschichtliche Entwicklung und Gesundheitsschutz der Arbeitskräfte

a) Als Deutschland in den 20er Jahren und 30er Jahren des vorigen Jahrhunderts seinen ersten industriellen Aufschwung nimmt, beginnt sich der Gesundheitszustand der arbeitenden Bevölkerung rapide zu verschlechtern, und die Arbeiterschaft ist noch nicht in der Lage, dieser Entwicklung organisiert und wirkungsvoll zu begegnen. Es sind vielmehr ein preußischer Kultusminister, ein Generalleutnant und ein Fabrikant, die in der Öffentlichkeit insbesondere auf die schlechte gesundheitliche Situation der »Fabrikkinder« hinweisen und entsprechende gesetzliche Maßnahmen fordern. Schon im Jahre 1818 forderte der preußische Kultusminister *v. Altenstein* »im Einvernehmen mit dem Handelsminister einige Regierungspräsidenten zum Bericht auf und erhielt Rapporte, in denen die von ihm beobachteten Zustände durchaus bestätigt wurden. Die Berichte enthielten verschiedene Vorschläge zur Abhilfe, darunter auch den der Einrichtung einer staatlichen Gewerbeaufsicht. *V. Altenstein* bereitete sofort gesetzliche Maßnahmen vor, stieß aber beim Minister des Inneren auf Widerstand. Da wurde ihm von Generalleutnant *v. Horn* gewichtige Hilfe zuteil. Dieser meldete 1828, daß in manchen Industriebezirken der Erfolg der Aushebungen in Folge der Kinderarbeit außerordentlich stark gesunken sei, und dieses Argument verfing bei *Friedrich Wilhelm II.*, der nunmehr durch Kabinettsorder vom 12. Mai 1828 die Minister des Kultus und des Inneren aufforderte, ihm Maßregeln gegen die bestehenden Mißstände vorzuschlagen. Der eingeforderte Bericht wurde indessen jahrelang durch bürokratische Widerstände verschleppt, und erst 1837 erhielt die sozialpolitische Bewegung einen neuen starken

Anstoß: der menschenfreundliche Fabrikant *Schuchard* aus Barmen forderte im rheinischen Provinziallandtag und in der Presse ein Kinderschutzgesetz, und er fand beim Oberpräsidenten *v. Bodelschwingh*, dem Kultusminister und dem neuen Innenminister *v. Rochow* volle Zustimmung. Das Staatsministerium beschloß einstimmig ein Regulativ, das die Arbeit von Kindern unter 9 Jahren verbot und den Jugendlichen unter 16 Jahren den 10stündigen Höchstarbeitstag neben Nacht- und Sonntagsarbeitsverbot brachte. Dieses Regulativ wurde am 6. April 1839 sanktioniert und ist das erste sozialpolitische Gesetz in Preußen gewesen. Eine besondere Gewerbeaufsicht neben der Ortspolizei wurde in dem Gesetz, entgegen der Anregung *v. Altensteins*, nicht vorgesehen, so daß sich auch in Preußen ebenso wie in England bald herausstellte, daß die Durchführung des Kinderschutzes überhaupt viel zu wünschen übrig ließ. 1845 wurden durch Ministerialerlaß ›Lokalkommissionen‹ für die Aufsicht über die Einhaltung der Schutzvorschriften eingeführt, denen 1853 die fakultative und erst 1878 die obligatorische Fabrikinspektion folgte.«[14]

Das erste sozial- und gesundheitspolitische Gesetz in Deutschland diente also dem Schutz der Gesundheit der »Fabrikkinder«. Es legte eine Verkürzung der Arbeitszeit von Kindern fest, und begann damit die selbstzerstörerische Tendenz des Kapitals einzudämmen. Daß es sich hierbei als erstes um die Regelung der Kinderarbeit handelt, ist gewiß kein Zufall, denn die Kinder als schwächstes Glied in der Kette der Arbeitskräfte hatten unter der industriellen Tätigkeit am stärksten zu leiden; zugleich erkannte man auch bald, daß mit der gesundheitlichen Reduzierung und Vernichtung heranwachsender vollwertiger Arbeitskräfte die Existenz vor allem des Staates aber auch des neuen Wirtschaftsprozesses selbst in Gefahr geriet. So meldeten sich Teile der preußischen Bürokratie, bei denen sicher nicht nur fiskalische, sondern auch noch feudal-patriarchalische Gesichtspunkte eine Rolle spielten, als erste zu Wort. Allein konnten sie sich indessen nicht durchsetzen. Erst als die Folgen der Kinderarbeit schon so weit fortgeschritten waren, daß eine weitere Säule des preußischen Staates, das Heer – Hauptinstrument fürstlicher Machtpolitik – und schließlich auch die Fabrikanten, die sich zunehmend zu einer gesellschaftlich relevanten Kraft entwickelten, von diesem Verfallsprozeß betroffen wurden, gelang es, Schutzmaßnahmen gesetzlich zu sanktionieren.

An der Entstehung dieses ersten gesundheitspolitischen Gesetzes in Deutschland zeigt sich, daß es sich hierbei keineswegs allein um

die Bewegung sich eigenständig entfaltender Ideen handelt, sondern daß es vielmehr das Resultat realer gesellschaftlicher Kräfte, nämlich des preußischen Staates und des aufstrebenden Industriebürgertums, ist, deren Interessen ganz offensichtlich materiell bedingt sind. Das Gesetz ist Ausdruck sich verändernder gesellschaftlicher *Produktionsbedingungen* und wurde in deren Windschatten mit deutlicher Verzögerung verabschiedet. Wie sich zeigt, bedeutet indessen die formale gesetzliche Fixierung des Schutzes der arbeitenden Kinder noch wenig, wenn die darin enthaltenen Vorschriften nicht zugleich durch »praktische Gewalt« kontrolliert und durchgesetzt werden.
Ohne die Einbeziehung der realen gesellschaftlichen Entwicklung, den Ablauf der konkreten, sozialen, ökonomischen, gesundheitlichen und politischen Erscheinungen ebenso wie der allgemeinen materiellen Gesetzmäßigkeiten, die jene bedingen, ist dieses Gesetz – wie jedes Gesetz – seines Inhalts beraubt und stellt nicht mehr als eine leere Hülse dar. Nicht minder schwerwiegend ist es, wenn vorhandene Gesetze als unabänderliche konserviert und nicht wiederum zur Voraussetzung für die weitere Entwicklung gemacht werden, denn die materiellen Bedingungen von Gesetzen verändern sich in dem Maße, wie sich die ökonomische Basis der Gesellschaft verändert, und es wird dann auch zur Zerreißprobe zwischen dieser und den vorhandenen gesetzlichen Strukturen kommen. Gesetze, als soziale Strukturen, sind also nicht nur Resultate, sondern zugleich auch Voraussetzung zur gesellschaftlichen Entwicklung. In dieser Einheit von Resultat und Voraussetzung konstituiert sich ihr dynamischer Charakter.

b) Ist die Entwicklung der gesellschaftlichen Produktivkräfte wesentliches Element für den materiellen Fortschritt des menschlichen Lebens, und wird die Qualifikation der Arbeitskräfte neben der Ausbildung entscheidend durch den Gesundheitszustand der arbeitenden Bevölkerung bestimmt, so muß in Deutschland den 80er Jahren des vorigen Jahrhunderts besondere Bedeutung beigemessen werden. Während bis zu dieser Zeit der Schwerpunkt der zweifellos geringfügigen gesundheitspolitischen Maßnahmen auf dem Kinderschutz liegt, werden mit wachsender gesellschaftlicher Bedeutung der industriellen Arbeit auch die erwachsenen Arbeitskräfte einbezogen. Dabei geht es nun nicht mehr nur um Arbeitszeitverkürzungen, die die Arbeiterschaft inzwischen selbst erkämpfte, und um gesundheitspolitische Maßnahmen, die unmittelbar den Arbeitsplatz betreffen, sondern es geht darüber hinaus um die allgemeine gesundheitliche Versor-

gung der gesamten lohnabhängigen Bevölkerung. 1876 beginnt diese Entwicklung mit der Gründung des Reichsgesundheitsamtes in Berlin, das vor allem die wissenschaftlichen Grundlagen, die für die Entwicklung von Gesetzen notwendig sind, erarbeiten soll. Nach heftigen parlamentarischen Auseinandersetzungen wird 1883 das Krankenversicherungsgesetz verabschiedet, wodurch einem Teil der Arbeiter im Krankheitsfalle kostenlose ärztliche Behandlung gewährt wird. Im folgenden Jahr kommt das Gesetz zur Unfallversicherung zustande, und 1889 ergeht das Alters- und Invaliditätsversicherungsgesetz, das Erwerbsunfähige und Alte über 70 Jahre finanziell unterstützt. Die Kosten für die Versicherungen werden formal von Arbeitern und Unternehmern getragen. Erfaßt werden davon zunächst nur 10 Prozent der Lohnarbeiter – insbesondere das Industrieproletariat –, 1911 sind es etwa 30 Prozent.
Im Gegensatz zu den Verhältnissen, unter denen das erste Kinderschutzgesetz entstand, haben wir es in diesem Fall mit einer organisierten, wesentlich stärkeren Arbeiterbewegung zu tun, deren emanzipatorische Losungen die herrschenden Kräfte im Kaiserreich zutiefst beunruhigen. Kennzeichnend für die zunehmende Organisierung der Arbeiterschaft ist die Gründung von politischen Parteien wie des Allgemeinen Deutschen Arbeitervereins 1863 und der Sozialdemokratischen Arbeiterpartei 1869, die sich 1875 zur Sozialistischen Arbeiterpartei vereinigen, sowie gegen Ende der 60er Jahre Zusammenschlüsse zu größeren gewerkschaftlichen Organisationen, die sich vor allem auf betriebliche Probleme konzentrieren. Auf die Erstarkung der Arbeiterbewegung reagiert der Staat 1878 mit dem »Gesetz gegen die gemeingefährlichen Bestrebungen der Sozialdemokratie«, das alle Organisationen verbietet, die »durch sozialdemokratische, sozialistische und kommunistische Bestrebungen den Umsturz der bestehenden Staats- und Gesellschaftsordnung bezwecken«.[15] Die Ausarbeitung und Einführung der Arbeiterversicherungen kurz nach der Verabschiedung des Sozialistengesetzes ist nur im engen Kontext mit diesem zu interpretieren. Es war gleichsam die Gegenleistung des Staates für seine Repressionspolitik, die dazu beitragen sollte, den offenen Konflikt mit der Arbeiterschaft zu vermeiden. Man hoffte nämlich auf diese Art, die Arbeiter dem politischen Einfluß der Sozialdemokratie entziehen und für den etablierten Staat gewinnen zu können. Deutlich kommt diese Intention in der kaiserlichen Botschaft vom 17. November 1881 zum Ausdruck, in der es heißt, »daß die Heilung der sozialen Schäden nicht ausschließlich im Weg der Repression sozialdemo-

kratischer Ausschreitungen, sondern gleichmäßig auf dem der positiven Förderung des Wohls der Arbeiter zu suchen sein werde«.[16]

Ähnliche Motive bestimmten auch die betriebliche Sozialpolitik eines Teils der Unternehmer, wie aus einer Rede des Großindustriellen *Stumm* 1889 vor seinen Arbeitern hervorgeht. »Auf diese Weise hoffe ich«, sagte er, »weit über meine eigenen Lebenstage dafür zu sorgen, daß ihr für die Lockungen der Sozialdemokraten [...] unempfänglich bleibt; das ist die beste Wohlfahrtseinrichtung, welche ich euch gewähren kann. Bleibt fest für alle Zeiten in der alten unerschütterlichen Treue zu unserem erhabenen Monarchen, bleibt fest in der christlichen Nächstenliebe und der echten Gottesfurcht [...], dann wird es euch nach menschlichem Ermessen auch fernerhin wohlergehen«.[17]

c) Sozialpolitik in den 80er Jahren des 19. Jahrhunderts war also bewußte Befriedungsaktion im Zuge der Unterdrückungsmaßnahmen gegen die Arbeiterbewegung. Ihre Funktion sollte darin bestehen, einerseits den Arbeitskräften im Fall von Krankheit, Invalidität und Alter eine Versorgung zu ermöglichen, andererseits jedoch von ihnen die bedingungslose Anerkennung des bestehenden gesellschaftlichen und politischen Systems, das nicht zuletzt für den gesundheitlichen Verschleiß der Arbeitenden verantwortlich zeichnete, abverlangte. Über diese politische Funktion hinaus trug die Einführung der Arbeiterversicherung dazu bei, die Arbeitskraft als Quelle der Kapitalverwertung nicht nur zu erhalten, sondern sie auch zu verbessern. Dies wurde um so notwendiger, als nämlich die Arbeiterklasse immer stärker auf eine Verkürzung des Arbeitstages drängte und demzufolge in der verbleibenden Zeit von den Unternehmern eine intensivere Nutzung der Arbeitskräfte, die höhere gesundheitliche Qualität voraussetzt, angestrebt wurde. Der damit verbundene zusätzliche finanzielle Aufwand wurde von einzelnen Kapitaleignern nur widerwillig hingenommen, da solche Maßnahmen die Profitrate drückten; gleichwohl war es für das gesamte Kapital in seiner damaligen Entwicklung erträglich und gefährdete dessen Existenz nicht ernsthaft.

1 *G. Rosen*, Die Entwicklung der sozialen Medizin, in: *H.-U. Deppe/M. Regus*, Medizin, Gesellschaft, Geschichte, Frankfurt a. M. 1975, S. 74–131.
2 Ebda., S. 119f.
3 Vgl. *P. Bollhagen*, Soziologie und Geschichte, Berlin 1966, S. 20 passim.
4 Vgl. *E. Reich*, System der Hygiene, Bd. 1, Leipzig 1870, S. 262; ebenso Bd. 2, Leipzig 1871, S. 400.
5 *G. Rosen*, a.a.O., S. 111.
6 Vgl. hierzu auch: *K. Dörner*, Bürger und Irre. Zur Sozialgeschichte und Wissenschaftssoziologie der Psychiatrie, Frankfurt 1969 [Fischer Taschenbuch Bd. 6282] und *A. Thom*, Grundlegende Wandlungen des theoretischen Denkens in der Medizin in philosophisch-wissenschaftstheoretischer Sicht, in: Lenin und die Naturwissenschaft, Berlin 1970, S. 345–373.
7 Vgl. ausführlich: *K. Marx/F. Engels*, Die deutsche Ideologie, in: *Marx/Engels* Werke (MEW), Bd. 3, Berlin 1962; *dies.*, Die heilige Familie, in: MEW, Bd. 2, Berlin 1962; *K. Marx*, Das Kapital, Bd. 1, in MEW, Bd. 23, Berlin 1962; *K. Marx*, der achtzehnte Brumaire des Louis Bonaparte, Berlin 1953; *G. Lukács*, Geschichte und Klassenbewußtsein, Berlin 1923.
8 *K. Marx/F. Engels*, Die deutsche Ideologie, a.a.O., S. 39f.
9 *F. Engels/K. Marx*, Die heilige Familie, a.a.O., S. 98.
10 Ebda., S. 126.
11 *K. Marx*, Das Kapital, Bd. I, a.a.O., S. 57.
12 *Ders.*, Zur Kritik der politischen Ökonomie, a.a.O., S. 13f.
13 In welch engem Zusammenhang der Begriff der Gesundheit bzw. Krankheit mit dem der Arbeitsfähigkeit bzw. Arbeitsunfähigkeit steht, demonstriert die Formulierung des Preußischen Oberverwaltungsgerichts vom 10. Oktober 1889 für den Tatbestand der Krankheit. Hier heißt es: »Krankheit im Sinne der gesetzlichen Krankenversicherung ist ein regelwidriger Körper- oder Geisteszustand, dessen Eintritt entweder die Notwendigkeit einer Heilbehandlung – allein oder in Verbindung mit Arbeitsunfähigkeit – oder Arbeitsunfähigkeit zur Folge hat.« Diese Definition wurde am 16. Mai 1972 durch ein Urteil des Bundessozialgerichts bestätigt. Vgl. Deutsches Ärzteblatt, Heft 7 (1973), S. 400.
14 *L. Heyde*, Abriß der Sozialpolitik, Leipzig 1928, S. 23f.
15 *E. R. Huber* (Hrsg.), Dokumente zur deutschen Verfassungsgeschichte, Bd. 2, Stuttgart 1964, S. 364ff (vollständiger Text des Gesetzes).
16 Zit. nach *L. Heyde*, a.a.O., S. 32.
17 Zit. nach *E. Schraepler*, Quellen zur Geschichte der sozialen Frage in Deutschland, Bd. 2 (1871 bis zur Gegenwart), Göttingen 1957, S. 93.

Zur Entwicklung der Medizinischen Soziologie in der Bundesrepublik Deutschland

Die spezifische Entwicklung der Medizinischen Soziologie in der Bundesrepublik umfaßt einen relativ kurzen Zeitraum, dennoch läßt sie sich nur schwer darstellen und ableiten. An dieser Stelle sollen deshalb auch lediglich die wichtigsten Schritte in der Entwicklung charakterisiert und auf ihren gesellschaftlichen Bezug zurückgeführt werden.

I. Ideengeschichtlicher Teil und historische Entwicklung der Institutionalisierung der Medizinischen Soziologie

a) *Ideengeschichte und informelle Organisierung*

Die ideengeschichtliche Entwicklung der Medizinischen Soziologie ist weder in scharf abgrenzbaren und sich ablösenden Etappen verlaufen, noch läßt sie sich als Resultat harter wissenschaftspolitischer Auseinandersetzungen darstellen. Dazu war die Anzahl der Wissenschaftler in der Bundesrepublik, die sich mit der Medizinsoziologie befaßten, schlicht zu klein. Gleichwohl wurde die Medizinsoziologie in den 60er Jahren wesentlich von drei wissenschaftlichen Strömungen geprägt:

- der Rollensoziologie, die sich an US-amerikanischen Vorbildern ausrichtet,
- der soziologisch orientierten Psychoanalyse und
- jener Soziologie, die von einer materialistischen Analyse der Gesellschaft ausgeht.

Diesen Strömungen, die auch heute noch einen bedeutenden Einfluß auf die Medizinische Soziologie und deren Entwicklung haben, soll im folgenden nachgegangen werden.

Der erste öffentliche Auftritt der Medizinsoziologie in der Bundesrepublik wird in der Regel recht präzise mit dem Jahr 1958 angegeben.[1] Am 30. Juni trafen sich nämlich in Köln auf Einladung des Soziologen *René König* etwa 30 Wissenschaftler aus der Bundesrepublik und den Vereinigten Staaten von Amerika; darunter waren mehr Mediziner als Soziologen. Auf dieser Tagung referierte *August B. Hollingshead* über seine gerade publizierte Untersuchung ›Social Class and Mental Illness‹[2], also über den Zusammenhang zwischen sozialer Schicht und psychischer Störungen. Es war zu diesem Zeitpunkt noch keineswegs klar, wohin die Entwicklung der Medizinsoziologie gehen sollte. So wurde sogar der Vorschlag ernsthaft diskutiert, die Medizinsoziologie an den medizinischen Fakultäten den Lehrstühlen für Geschichte der Medizin zu überlassen.[3]

Auf dieser Tagung wurde der Gedanke geboren, im Rahmen der ›Kölner Zeitschrift für Soziologie und Sozialpsychologie‹ ein Sonderheft ›Probleme der Medizin-Soziologie‹ herauszugeben. In diesem Heft, das in seiner ersten Auflage noch 1958 erschien, wurden US-amerikanische Arbeiten von *Talcott Parsons, Morris L. Fried* und *Albert F. Wessen* ins Deutsche übersetzt. Hinzu kamen Arbeiten bundesrepublikanischer Soziologen, Psychosomatiker, Anthropologen und Sozialmediziner.

Während die ›Probleme der Medizin-Soziologie‹ den Versuch darstellt, einen Überblick über die Medizinsoziologie zu geben, hielt zu dem gleichen Zeitpunkt *Helmut Schelsky* einen Vortrag auf dem Deutschen Krankenhaustag über das Thema ›Die Soziologie des Krankenhauses im Rahmen einer Soziologie der Medizin‹.[4] *Schelsky* konzentrierte sich darin auf jene medizinische Institution, von der man annahm, daß sie zum ärztlichen Selbstverständnis – im Gegensatz zur ärztlichen Praxis – nur wenig beitrage. Er verwies darauf, daß für die Analyse solcher Großorganisationen betriebssoziologische, berufssoziologische und arbeitssoziologische Gesichtspunkte dringend berücksichtigt werden müssen. Überdies wurde in dem Referat von *Schelsky* erstmals die von *Robert Straus*[5] eingeführte Gliederung der Medizinsoziologie in ›Sociology of Medicine‹ (Soziologie der Medizin) und in ›Sociology in Medicine‹ (Soziologie in der Medizin) in der Bundesrepublik vor einer breiteren Öffentlichkeit dargestellt und interpretiert. Dieser Vortrag löste eine heftige Diskussion in der Zeitschrift des Hartmannbundes ›Der Deutsche Arzt‹ aus.[6]

In engem Zusammenhang mit den beiden genannten Publikationen ist die Schrift von *Jürgen Rohde* ›Soziologie des Krankenhauses‹[7], die 1962 erschien, zu sehen. So verstand sich *Rohde* zu der damaligen Zeit insbesondere als Interpret von *Talcott Parsons* in der Bundesrepublik und versuchte dessen Vorstellungen auf die Organisationsstruktur des bundesrepublikanischen Krankenhauses zu übertragen. Hinzu kommt, daß *Rohde* als Mitarbeiter von *Helmut Schelsky* wesentlich zur Erstellung dessen Referats über ›Die Soziologie des Krankenhauses‹ beigetragen hat.

Bei diesen ersten in der Bundesrepublik erschienenen Schriften zur Medizinsoziologie ist deutlich der Einfluß der amerikanischen Soziologie und insbesondere jener Variante, die von der sozialen Rolle als soziologischer Grundkategorie ausgeht, zu verspüren.
Im gleichen Jahr wie *Rohdes* Krankenhaussoziologie erschien ein weiteres Werk – allerdings nicht aus der Soziologie, sondern aus der Medizin –, welches zur Erweiterung der Medizinsoziologie in Richtung Sozialmedizin wesentlich beigetragen hat. Es handelt sich dabei um die Habilitationsschrift von *Manfred Pflanz* mit dem Titel ›Sozialer Wandel und Krankheit‹[8]. *Pflanz*, seiner wissenschaftlichen Herkunft nach Internist, untersucht in seiner Arbeit vor allem den Einfluß sozialer Faktoren auf die Entstehung, Auslösung und den Verlauf der Krankheiten.
Die Arbeit hat ihren Schwerpunkt in der Aufarbeitung wichtiger empirischer Materialien und geht dabei weniger auf theoretische soziologische Differenzierungen ein.
Mitte der 60er Jahre (1966) erscheint dann das Taschenbuch ›Krankheit als Konflikt, Studien zur psychosomatischen Medizin‹ von *Alexander Mitscherlich*.[9] Es handelt sich dabei um eine Aufsatzsammlung, in welcher wichtige medizinsoziologische Arbeiten von *Alexander Mitscherlich* – wie die Krankheit der Gesellschaft und die psychosomatische Medizin, zur Soziologie des ärztlichen Berufes, oder über die Vielschichtigkeit sozialer Einflüsse auf Entstehung und Behandlung von Psychosen und Neurosen, aus dem Jahr 1951 bis 1953 und 1957 bis 1962 – zusammengestellt und einem interessierten breiteren Publikum zugängig gemacht wurden.
Der Psychoanalytiker *Mitscherlich* orientiert sich weitgehend an den wissenschaftlichen Vorstellungen von *Sigmund Freud* und hatte von hierher bereits relativ früh auch engen Kontakt zur Soziologie der Frankfurter Schule, die mit den Namen *Horkheimer* und *Adorno* verbunden ist und als ›Kritische Theorie‹ bekannt wurde. Wesentliche Impulse für die Entwicklung der Medizinsoziologie gab *Mitscherlich* durch seine Initiierung einer Diskussion über den Krankheitsbegriff. Diese Diskussion wurde im Zuge der politischen Studentenbewegung seit Mitte der 60er Jahre (in der Medizin seit 1967 als ›Kritische Medizin‹) von einer engagierten medizinischen Studentenschaft aufgegriffen und in die verschiedensten Disziplinen der Medizin – insbesondere die Psychiatrie – hineingetragen. Da *Mitscherlich* für die Entwicklung der medizinischen Soziologie zu einer kritischen Wissenschaft wesentliche Grundsteine gelegt hat, soll im folgenden seine Defi-

nition der sozialen Krankheit, in seinen eigenen Worten wiedergegeben werden. Zunächst fiel der provokatorische Ausspruch: »Medizin ohne Kenntnis der Phantasie ist eigentlich Veterinärmedizin«[10].

Dann heißt es: »Für die herkömmliche Medizin begann Krankheit mit Veränderungen in der *Physiologie* des Menschen. Die Medizin, für welche ich sprechen will, fragt weiter im Sinne der vielen dynamischen Modellvorstellungen unseres Zeitalters: Was setzt die Physiologie unter Druck, so daß die Funktion sich ins Krankhafte verändern muß?

Unsere Hypothese lautet: Letztlich ist die *Erlebnisverarbeitung,* die das *Individuum* zu leisten hat, die Antriebskraft hinter vielen – eben den psychosomatischen, den seelisch-leiblichen Krankheiten. Erlebnisverarbeitung: Das meint, wie ein Mensch mit den Grenzen seiner Begabung, mit den Fakten seiner Mitwelt, mit den Gesetzen der Sittlichkeit seiner Gesellschaft zu Rande kommt – oder nicht. In dieser Auseinandersetzung zwischen wahrnehmendem Ich und der Innenwelt, zwischen Ich und Welt läßt die Entstehung einer Krankheit eine Rückzugslinie sichtbar werden. Viel Kummer, viel Angst und Mißgunst, viel Erniedrigung, die andere uns und wir selbst und anderen zufügen, wäre zu vermeiden, wenn wir eine bessere, eine spezifisch auf den Menschen zugeschnittene Krankheits- und Heilungslehre besäßen.

Zunächst kommt es darauf an, den Blick für das Problem zu schärfen: Krankheit bei uns allen ist nicht anonym wirkender Zufall, sondern *Krankheit ist Reaktionsmöglichkeit des erlebenden Individuums* in hilfloser Lage.«[11]

»Es wurde klar, daß es sich hier um erlebnisbedingte Störungen handelte, die zu seelischen wie körperlichen Leistungseinbußen führten, und daß man in der Therapie nach Methoden der *Erlebniskorrektur* suchte, um wirksame Hilfe bieten zu können.«[12]

Und als ›Soziale Krankheiten‹ sind nach *Mitscherlich* ›Verhaltensformen der Gesellschaft‹ zu verstehen, »durch die im einzelnen Mitglied Gefühlserregungen bewußt und unbewußt, je nachdem, erweckt oder unterdrückt werden, aber in einer Weise, die den affektiven Spannungen keine ausreichenden rhythmischen Entspannungsmöglichkeiten gewährt«.[13]

In seinen Arbeiten attackiert *Mitscherlich* einen bloß naturwissenschaftlichen Krankheitsbegriff, was bei einem Teil der Medizinstudenten später in einer Art Übersprungsreaktion dazu führte, daß sie die naturwissenschaftliche Qualifikation des Arztes für weitgehend überflüssig hielten. Dennoch ist es das Verdienst von *Alexander Mitscherlich,* daß er wesentlich dazu beigetragen hat,

die Medizin aus ihrem bornierten naturwissenschaftlichen Alleinherrschaftsanspruch herausgerissen zu haben. Er konzentriert sich dabei insbesondere auf die Erlebnissphäre des Individuums. Hierin zeigen sich allerdings zugleich auch die Grenzen seiner Vorstellungen, weil er der politisch-ökonomischen Dimension nicht den gebührenden Stellenwert einräumt.
Aus dem Kreis um *Alexander Mitscherlich* ist dann 1967 der Reader ›Der Kranke in der modernen Gesellschaft‹[14] hervorgegangen. In diesem versucht der Soziologe *Klaus Horn*, der sich der Frankfurter Schule verbunden fühlt, Schwerpunkte der medizinischen Soziologie herauszuarbeiten und sie durch differenzierte soziologische Einführungen miteinander in Beziehung zu setzen.
In den Jahren 1968 und 1969 fanden dann noch zwei informelle Treffen von Medizinsoziologen statt, auf die an dieser Stelle nur kurz verwiesen werden soll. Auf einem Treffen im Mai 1968 in Hannover haben sich anläßlich der Eröffnung des Instituts für Epidemiologie und Sozialmedizin der Medizinischen Hochschule Hannover 70 Wissenschaftler aus der Bundesrepublik zusammengefunden, die mittelbar oder unmittelbar über medizinsoziologische Probleme arbeiteten. Es wurde hier auch der formelle Zusammenschluß der Medizinsoziologen diskutiert, der allerdings nicht zustande kam.
Dies hauptsächlich deshalb, weil sie – wie *Pflanz* schreibt – »den Machtansprüchen der Deutschen Gesellschaft für Sozialmedizin nicht gewachsen waren, die alle Medizinsoziologen aufforderte, Mitglied in ihrer Gesellschaft zu werden«.[15]
Dieser Konflikt, der sich auch außerhalb der bundesrepublikanischen Grenzen in ähnlicher Weise abspielte, hat heute an Schärfe verloren.
Das zweite informelle Medizinsoziologentreffen fand 1969 in Mariazell statt und wurde von einer österreichischen Studentengruppe vorbereitet und durchgeführt. Hier kam es zu einer heftigen Kontroverse zwischen positivistischen Medizinsoziologen einerseits und kritischen Studenten andererseits.
Der Disput entfachte sich vor allem an der Frage, ob psychosomatische Krankheiten als Ausdruck objektiver gesellschaftlicher Widersprüche interpretiert werden können oder nicht.
Nachdem die Medizinische Soziologie in der Bundesrepublik zunächst von der amerikanischen Rollensoziologie, dann von der Sozialmedizin und ab Mitte der 60er Jahre von einer soziologisch orientierten Psychoanalyse maßgeblich bestimmt wurde, kristallisierte sich gegen Ende der 60er Jahre eine Gruppe von Medizinsoziologen heraus, deren wissenschaftliche Arbeiten vornehm-

lich in den Bänden ›Kritik der bürgerlichen Medizin‹ der Westberliner Zeitschrift für Philosophie und Sozialwissenschaften *Das Argument* erschienen sind. Diese Autorengruppe geht vornehmlich davon aus, daß die Probleme im Gesundheitswesen – ob im bipersonalen, im institutionellen oder im gesamtgesellschaftlichen Bereich – losgelöst von einer materialistischen Analyse der Gesellschaft nicht betrachtet werden können.
Insofern gehen diese Autoren auch über *Alexander Mitscherlich*, der vorwiegend die Erlebnissphäre – also den subjektiven Bereich – betont, hinaus und beziehen in ihre Untersuchungen als wesentliches Element die sozialökonomische Dimension ein. Der erste Argument-Band zu diesem Thema erschien 1969, inzwischen sind sechs weitere gefolgt.

b) *Zur formellen Institutionalisierung in der Medizinischen Soziologie*

Beim Übergang von den 60er zu den 70er Jahren entwickelt sich die Medizinische Soziologie von einer informellen wissenschaftlichen Disziplin, mit der sich in der Bundesrepublik mehr oder weniger voneinander isolierte Wissenschaftler aus persönlichen oder zufälligen Gründen beschäftigten, zu einer formell institutionalisierten Wissenschaft. Entscheidend dafür war das Jahr 1970, in dem die Approbationsordnung für Ärzte – also die neue Ausbildungsordnung, die nicht zuletzt das Ergebnis der hochschulpolitischen Auseinandersetzungen um eine neue Universitätsstruktur war – im November Rechtskraft erlangte. Für unser Thema zeichnet sich diese Approbationsordnung dadurch aus, daß sie erstmals psychosoziale Stoffgebiete als Pflichtlehr- und Prüfungsfächer einführt. Dies sind im vorklinischen Bereich die Medizinische Soziologie und die Medizinische Psychologie; im klinischen Bereich handelt es sich um die Arbeitsmedizin, die Sozialmedizin und die Psychotherapie. Die Medizinische Soziologie soll sich nach der Approbationsordnung auf folgende Inhalte konzentrieren: »Rollenbeziehungen und -konflikte in den verschiedenen altersspezifischen Gruppenkonstellationen einschließlich Arzt-Patient-Beziehung. Soziale Schichtung; Bevölkerungsstruktur.«
Die erste Berufung für eine eigene Professur für Medizinische Soziologie in der Bundesrepublik wurde im Oktober 1972 vom Hessischen Kultusminister für die Universität Frankfurt ausgesprochen. Inzwischen gibt es für dieses Fach Professuren an den meisten Universitäten und Medizinischen Hochschulen.

Tabelle 1 Personelle Ausstattung der Medizinischen Soziologie in den Medizinischen Fachbereichen und Fakultäten an den Universitäten und Medizinischen Hochschulen; ohne Personal aus Drittmitteln. (Stand: April 1977)

Aachen:	1 Lehrbeauftragter
Berlin:	1 Professur, 1 Assistenzprofessor, 1 wiss. Mitarbeiter
Bochum:	1 Professur, 3 wiss. Mitarbeiter
Bonn:	1 Lehrbeauftragter
Düsseldorf:	1 Professur, 2 wiss. Mitarbeiter
Erlangen:	1 Akad. Rat (2 Professuren, 2 wiss. Mitarbeiter der Soziologie sind teilweise mit der Medizinischen Soziologie befaßt)
Essen:	1 Lehrbeauftragter
Frankfurt:	1 Professur, 1 wiss. Mitarbeiter
Freiburg:	1 Professur, 1 wiss. Mitarbeiter
Gießen:	2 Professuren (1 unbesetzt), 3 wiss. Mitarbeiter
Göttingen:	1 Professur, 2 wiss. Mitarbeiter
Hamburg:	1 Professur, 2 wiss. Mitarbeiter
Hannover:	1 Professur, 5 wiss. Mitarbeiter
Heidelberg:	wird von der Abteilung für Sozialmedizin und Epidemiologie mitbetreut: 1 Professur, 4 wiss. Mitarbeiter
Homburg/Saar:	1 Professur (nicht besetzt), 1 wiss. Mitarbeiter
Kiel:	1 Lehrbeauftragter
Köln:	1 Lehrbeauftragter
Lübeck:	1 Lehrbeauftragter
Mainz:	1 Honorarprofessur, 3 Lehrbeauftragte
Marburg:	1 Professur, 2 wiss. Mitarbeiter
München:	Institut für Geschichte der Medizin und Medizinische Soziologie: 2 Professuren, 4 wiss. Mitarbeiter
Münster:	1 Professur, 2 wiss. Mitarbeiter
Regensburg:	1 Professur (nicht besetzt)
Tübingen:	1 Professur (nicht besetzt), 2 wiss. Mitarbeiter
Ulm:	1 Professur, 2 wiss. Mitarbeiter
Würzburg:	1 wiss. Mitarbeiter; 2 Professuren (Psychotherapie und Hygiene) sind teilweise mit Lehre in Medizinischer Soziologie befaßt

Jene Universitäten, die bisher noch keine Professur für Medizinische Soziologie eingerichtet haben, versuchen die medizinsoziologische Lehre durch Lehraufträge abzudecken. Dies ist allerdings nicht im Interesse einer stabilen Entwicklung der Medizinischen Soziologie, da Lehraufträge in der Regel nur ein begrenztes Lehrangebot ermöglichen und zudem keinerlei Mittel für die dringend notwendige Forschung auf dem Gebiet der Medizinischen Soziologie beinhalten. Seit 1973 wird nahezu an allen bundesrepublikanischen Universitäten und Medizinischen Hochschulen die Medizinische Soziologie gelehrt. Im August 1974 fand im Rahmen der ärztlichen Ausbildung die erste schriftliche Prüfung in der Medizinischen Soziologie statt und seitdem nach jedem Semester. Die Prüfungen werden im Rahmen der ärztlichen Vorprüfung schriftlich nach dem Prüfungssystem des multiple choice abgenommen; sie werden zentral vom ›Institut für medizinische und pharmazeutische Prüfungsfragen‹ in Mainz organisiert und ausgewertet. Dieses Institut initiierte auch die Erarbeitung von Lehr- und Lernzielkatalogen für die einzelnen Stoffgebiete durch Vertreter der jeweiligen Fachgesellschaften und die Aufstellung und Sammlung von Prüfungsfragen. Zu diesem Zweck wurden für die jeweiligen Fächer Sachverständige von dem Prüfungsinstitut ernannt, die zur Auswahl der Prüfungsfragen und zur Beurteilung der Lernzielkataloge von dem Institut herangezogen werden.
An dem Institut für medizinische und pharmazeutische Prüfungsfragen ist die Medizinische Soziologie von Anfang an lediglich durch einen Medizinsoziologen vertreten und dies erst nach heftigen Auseinandersetzungen. Die Medizinsoziologen sind in diesem wichtigen Institut nach wie vor unterrepräsentiert.
In unmittelbarem Zusammenhang mit der formellen Einführung der Medizinischen Soziologie als Prüfungsfach in die medizinische Ausbildung ist die Entwicklung fachspezifischer und berufspolitischer Organisationen zu sehen. Es handelt sich dabei um die *›Ständige Konferenz der Hochschullehrer für Psychotherapie/ Psychosomatik, Medizinische Psychologie und Medizinische Soziologie‹*, der sich am 20. Februar 1971 in Mainz ein Teil der bundesrepublikanischen Medizinsoziologen anschloß. Die Ständige Konferenz war bis Mitte 1975 ein informeller und lockerer Zusammenschluß von Hochschullehrern, die sich in der Regel ein- bis zweimal pro Jahr trafen und in relativ unverbindlicher Weise für die Durchsetzung der neuen Fächer in der medizinischen Ausbildung eintrat. Von ihr wurde die erste Fassung eines Lehr- und Lernzielkatalogs für die Medizinische Soziologie ent-

worfen. 1975 hat sich die Ständige Konferenz eine Satzung gegeben, d. h., sie ist zu einer formellen Organisierung übergegangen.
Da die organisatorische Zusammensetzung der medizinischen Soziologen in der Bundesrepublik Anfang der 70er Jahre in der Ständigen Konferenz nur eine sehr lockere Verbindung darstellte, was ihre Vertretung in den entsprechenden wissenschaftlichen Institutionen – insbesondere gegenüber dem Institut für Medizinische und Pharmazeutische Prüfungsfragen in Mainz – erschwerte, wurde im Sommer auf einer Tagung der Lernzielkommission Medizinische Soziologie der Ständigen Konferenz, in Ulm, der Beschluß gefaßt, am 4. November 1972, in Marburg, die *›Deutsche Gesellschaft für Medizinische Soziologie in der Bundesrepublik‹ (DGMS)* zu gründen. Dies ist wie vereinbart geschehen.
Ziel und Zweck der *DGMS* ist es, der Förderung der wissenschaftlichen Arbeit auf dem Gebiet der medizinischen Soziologie, insbesondere der Lehre zu dienen. Überdies vertritt die Gesellschaft die berufs- und fachpolitischen Belange der medizinischen Soziologen in Forschung und Lehre.
Der *DGMS* ist es nach heftigen Auseinandersetzungen – insbesondere mit der Deutschen Gesellschaft für Sozialmedizin und deren Vorsitzendem *H. Schaefer* (Heidelberg) – gelungen, einen Lehr- und Lernzielkatalog für die Medizinische Soziologie[16] und einen medizinischen Soziologen als Sachverständigen für dieses Fachgebiet am Institut für Medizinische und Pharmazeutische Prüfungsfragen in Mainz durchzusetzen.
Inzwischen hat sich die Deutsche Gesellschaft für Medizinische Soziologie zu *der* Fachgesellschaft der medizinischen Soziologen in der Bundesrepublik entwickelt. In ihr sind nahezu alle Hochschullehrer und medizinsoziologisch arbeitenden Wissenschaftler organisiert. Seit Januar 1975 wird von der *DGMS* das erste regelmäßig erscheinende medizinsoziologische Publikationsorgan für die Bundesrepublik herausgegeben. Es sind die ›Medizinsoziologischen Mitteilungen‹, die berufspolitischen und wissenschaftlichen Informationen der Deutschen Gesellschaft für Medizinische Soziologie in der Bundesrepublik. Die *DGMS* hat mit heftigen Schwierigkeiten zu kämpfen, da sie nicht nur eine sehr tief sitzende Abneigung von Medizinern gegenüber der Soziologie zu überwinden hat, sondern sich darüber hinaus auch noch mit den unterschiedlichen wissenschaftstheoretischen Positionen innerhalb der Soziologie beschäftigen muß. Dennoch konnte sich die Deutsche Gesellschaft für Medizinische Soziologie in den ersten

Jahren ihrer Existenz konsolidieren und muß in zunehmendem Maße als eigentliche Fachvertretung der Medizinischen Soziologie in der Bundesrepublik angesehen werden. Ferner hat sich im Rahmen der Deutschen Gesellschaft für Soziologie 1973 die *Sektion Medizinsoziologie* konstituiert. Sie trat erstmals im Rahmen des Deutschen Soziologentags im November 1974 mit einer eigenen Arbeitsgruppe, in welcher fachspezifische – das heißt medizinsoziologische – Probleme referiert wurden, an die wissenschaftliche Öffentlichkeit. Die Sektion Medizinsoziologie der Deutschen Gesellschaft für Soziologie sieht ihren Schwerpunkt darin, die Forschung auf dem Gebiet der Medizinischen Soziologie auszuweiten und zu vertiefen.

Ende 1976 richtete die Deutsche Forschungsgemeinschaft einen Forschungsschwerpunkt »Medizinsoziologie« ein, für den jährlich etwa 800000 DM ausgegeben werden sollen.

Ein wichtiger Fortschritt auf dem Wege der Institutionalisierung ist die Einführung einer Pflichtlehrveranstaltung für Medizinische Soziologie. Nach den Entwürfen zur »Zweiten Verordnung zur Änderung der Approbationsordnung für Ärzte« vom 10. Juli und 15. November 1977 sowie der Bundesratsvorlage vom 5. Januar 1978 soll ab 1979 ein »Kursus der Medizinischen Soziologie« für alle Medizinstudenten verbindlich werden.

Die organisatorische Zusammenfassung der Medizinsoziologen in der Bundesrepublik ist äußerst wichtig. Die Medizinische Soziologie ist zwar in die ärztliche Ausbildung als Pflichtfach eingeführt, gleichwohl muß sie sich noch immer gegen den Widerstand der etablierten Medizin durchsetzen und behaupten. Schwierigkeiten ergeben sich bei der Besetzung der Sachverständigen für Medizinische Soziologie am Institut für Medizinische Prüfungsfragen in Mainz, bei der Einrichtung und Besetzung von Professuren[17], bei der inhaltlichen Gestaltung der Lehre mittels des Lernzielkatalogs, der unter dem starken Einfluß von Medizinern modifiziert wurde, bei der finanziellen und personellen Ausstattung der Abteilungen Medizinische Soziologie und bei der Auseinandersetzung mit konservativen Tageszeitungen sowie Gazetten der ärztlichen Standespolitik[18], die gegen die Medizinische Soziologie in der ärztlichen Ausbildung heftig polemisieren.

II. Zur medizinischen und gesellschaftlichen Notwendigkeit der Einführung der Medizinischen Soziologie in der Bundesrepublik

Geschichtliche Erscheinungen und Prozesse beruhen nicht allein auf Zufälligkeiten oder individuellen Initiativen, sondern sind in aller Regel das Resultat organisierter Aktivitäten auf dem Hintergrund historisch bedingter gesellschaftlicher Notwendigkeiten. Deshalb ist die Entfaltung der Medizinischen Soziologie in der Bundesrepublik in engem Zusammenhang mit der allgemeinen medizinischen Entwicklung – insbesondere mit den krisenhaften Erscheinungen im Gesundheitswesen gegen Ende der 60er Jahre – zu sehen. Erscheinungsmerkmale dieser Krise, die sich in Versorgungsmängeln und unzureichenden medizinischen Arbeitsbedingungen niederschlugen und dann von gesundheitspolitischen Gruppierungen als Forderungen aufgegriffen wurden, lassen sich auf drei Ebenen darstellen:

- in der Veränderung der Morbiditätsstruktur,
- Widersprüche in den medizinischen Institutionen,
- Widersprüche im Gesundheitssystem, die aus der gesamtgesellschaftlichen Entwicklung resultieren.

Seit Mitte der 60er Jahre zeichnet sich deutlich eine Veränderung der Morbiditätsstruktur ab. Durch empirische Untersuchungen konnte gezeigt werden, daß bis zur Hälfte der Patienten, die einen praktischen Arzt aufsuchten, kein nachweisbares organisches Leiden hatten. Diese Patienten waren also nicht mit den herkömmlichen Methoden einer rein naturwissenschaftlich orientierten Medizin zu diagnostizieren und zu behandeln.
Hierzu bedurfte es vielmehr zunächst psychosozialer Erkenntnisse und Anwendungsmöglichkeiten.
Hinzu kam eine deutliche Vermehrung der chronisch-degenerativen Erkrankungen wie des Kreislauf- und Skelettsystems. Überdies zeigte sich, daß in der Bundesrepublik die Arbeitsunfälle im internationalen Vergleich weit über dem Durchschnitt lagen und daß die Lebenserwartung der Bevölkerung ab dem vierzigsten Lebensjahr stagnierte.[19] In diesem Zusammenhang wurde deutlich, daß in der Bundesrepublik nur äußerst unzureichende Morbiditätsstatistiken vorhanden sind, die als Grundlage für eine wirksame krankheitsbezogene Organisation der medizinischen Versorgung hätten dienen können. Dieses Problem ist bis heute noch nicht zufriedenstellend gelöst.

Konflikte und Widersprüche in medizinischen Institutionen wurden zunächst – und zwar in der zweiten Hälfte der 60er Jahre – in den Krankenhäusern virulent. Ihr Inhalt konzentrierte sich vor allem auf die hierarchische Gliederung: die Gliederung in Chefarzt, Assistenzärzte, Medizinalassistenten, Schwestern und technisches Personal. Die daraus resultierenden Spannungen äußerten sich schließlich in Boykottmaßnahmen von Assistenten und jüngeren Krankenschwestern. *Diese Unruhe in den bundesrepublikanischen Krankenhäusern gegen Ende der 60er Jahre ist letztlich aus dem Widerspruch eines zunehmenden wissenschaftlichen und technischen Fortschritts in den Krankenhäusern bei gleichbleibender Organisationsstruktur zu erklären.*
Denn mit der wachsenden Spezialisierung und Differenzierung der ärztlichen und pflegerischen Arbeit, mit der Vervollkommnung und Ausweitung des Labors, der Einführung der Datenverarbeitung in der Verwaltung wurden neue Formen der Kooperation notwendig. Hier haben wir es mit jenem Widerspruch zu tun, der dann sichtbar und spürbar wird, wenn sich die Technik weiter entwickelt – aber die Verhältnisse, unter denen gearbeitet wird, stehenbleiben. Es müssen also neue Formen der Zusammenarbeit gefunden werden, wenn der wissenschaftlich-technische Fortschritt in der Medizin nicht in sein Gegenteil verkehrt werden soll; d. h., wenn die mögliche medizinische Versorgung der Bevölkerung nicht durch enorme Reibungsverluste in der Organisation von Krankenhäusern – und darüber hinaus im gesamten Gesundheitssystem – wieder zunichte gemacht werden soll. Aufgrund des hohen Grades der Arbeitsteilung wird es also in Zukunft immer weniger möglich sein, die Krankenversorgung in einer Klinik durch eine rigide vertikale Kooperation zu organisieren. Vielmehr bedarf es hier einer differenzierten horizontalen Zusammenarbeit und Gliederung der Verantwortung.
Nach einer breiten Kritik an den Arbeitsplatzbedingungen und der Patientensituation im Krankenhaus übertrug sich das Unbehagen an der Medizin auch auf die ambulante medizinische Versorgung, d. h. auf die Praxis des niedergelassenen Arztes. Insbesondere äußerte sich die Kritik an den übervollen Wartezimmern, der schlechten Organisation der ärztlichen Praxis, der disparitären regionalen Verteilung von Ärzten zwischen Stadt und Land, der überalterten technologischen Ausstattung von Arztpraxen und den seit Ende der 60er Jahre überdurchschnittlich gestiegenen Einkommen der niedergelassenen Ärzte. Es machten sich auch wesentliche Mängel im Öffentlichen Gesundheitsdienst und die

Folgen eines nahezu fehlenden betriebsärztlichen Dienstes immer deutlicher bemerkbar.
Die zunehmende Verwissenschaftlichung der Arbeitsmethoden – insbesondere in den Krankenhäusern – stellte keine Sonderentwicklung dar.[20] Sie war vielmehr typisch für den gesamten wirtschaftlichen Prozeß der 60er Jahre in der Bundesrepublik. Auf diesem Hintergrund entwickelte sich schließlich seit Mitte der 60er Jahre eine politische Bewegung an den Hochschulen, die Studentenbewegung, die sich auch mit den Widersprüchen, Mängeln und Konflikten in der Medizin auseinandersetzte. Die Forderung der Medizinstudenten war zunächst auf ihre Arbeitsplätze oder fachspezifisch orientiert. Die Studenten wandten sich gegen den Numerus clausus, gegen die Art der abstrakten und frontalen Lehrvermittlung und sie setzten sich insbesondere für die Einführung psychosozialer Fächer in der Medizin ein. Ein Teil der studentischen Forderungen, insbesondere die Praxisorientierung des Medizinstudiums und die partielle Einführung von psychosozialen Fächern, wurde, wie die Approbationsordnung zeigt, berücksichtigt. Um andere Forderungen, die über das Studium hinausgingen und gesundheitspolitischen Charakter hatten, wie z. B. die Aufhebung der Kluft zwischen der ambulanten und stationären medizinischen Versorgung, finden gegenwärtig noch Auseinandersetzungen statt.

ANMERKUNGEN

1 Vgl. hierzu: *M. Pflanz*, Die zunehmende Soziologisierung der Medizin, in: *G. Albrecht u. a.* (Hrsg.), Soziologie, Sprache – Bezug zur Praxis – Verhältnis zu anderen Wissenschaften, Opladen 1973, S. 588ff.
2 *A. B. Hollingshead/F. C. Redlich*, Social Class and Mental Illness, New York 1958. Dieses inzwischen klassische Werk wurde an der Abteilung Medizinische Soziologie der Universität Frankfurt am Main ins Deutsche übersetzt und wissenschaftlich bearbeitet. Es erschien 1975 beim S. Fischer Verlag in Frankfurt a. M. unter dem Titel ›Der Sozialcharakter psychischer Störungen‹.
3 Ausdruck dieser Vorstellung ist, daß die medizinsoziologische Lehre an der Universität München bis heute von der Geschichte der Medizin vertreten wird.
4 *H. Schelsky*, Die Soziologie des Krankenhauses im Rahmen einer Soziologie der Medizin, in: Der Krankenhausarzt, Heft 31 (1958), S. 169ff.
5 *R. Straus*, The Nature and Status of Medical Sociology, in: American Sociological Review, Heft 2 (1957), S. 200–204.
6 Der Deutsche Arzt, Heft 8 (1958) und Heft 9 (1959).
7 *J. J. Rohde*, Soziologie des Krankenhauses, 2. Auflage, Stuttgart 1974.

8 *M. Pflanz,* Sozialer Wandel und Krankheit, Stuttgart 1962.
9 *A. Mitscherlich,* Krankheit als Konflikt, Studien zur psychosomatischen Medizin I, Frankfurt am Main 1966.
10 Ebda., S. 131.
11 Ebda., S. 9 (Hervorhebung d. V.).
12 Ebda., S. 12 (Hervorhebung d. V.).
13 Ebda., S. 30.
14 *A. Mitscherlich u. a.* (Hrsg.), Der Kranke in der Modernen Gesellschaft, Köln 1967.
15 *M. Pflanz,* Die zunehmende Soziologisierung der Medizin, a.a.O., S. 593.
16 *Institut für medizinische Prüfungsfragen* (Hrsg.), Gegenstandskatalog für die Fächer der Ärztlichen Vorprüfung, Mainz 1973, S. 375–389.
17 So hatte 1974 der Vorstand des westdeutschen medizinischen Fakultätentages beschlossen, daß Professuren für Medizinische Soziologie nur noch mit Medizinern besetzt werden sollten.
18 Vgl. Hierzu: *H. Schipperges,* Wie lehrt man Medizinische Soziologie? In: Arbeitsmedizin, Sozialmedizin, Präventivmedizin, Heft 7 (1974), S. XXIX f; diese polemische Buchbesprechung ist anschließend nahezu in allen Landesärzteblättern als Hauptartikel erschienen. Zu einer anderen Kontroverse vgl. Medizinsoziologische Mitteilungen, Heft 3 (1975), S. 16–18.
19 Vgl. *Der Bundesminister für Jugend, Familie und Gesundheit,* Gesundheitsbericht, Stuttgart 1971, S. 178 (Entwicklung der durchschnittlichen Lebenserwartung).
20 vgl. hierzu: *H.-U. Deppe,* Ärzteschaft und Gesundheitspolitik in der Bundesrepublik Deutschland, in diesem Buch S. 112f.

II. Zur Theorie der Medizinischen Soziologie

Medizinische Soziologie

Aspekte einer neuen wissenschaftlichen Disziplin

Schon Anfang der sechziger Jahre hatte sich herausgestellt, daß die ärztliche Ausbildung in der Bundesrepublik Deutschland einer umfassenden Neuordnung bedurfte, da die Disparität zwischen dem ärztlichen Qualifikationsprozeß und den Erfordernissen der ärztlichen Praxis immer größer zu werden drohte. Resultat dieser Entwicklung war die Approbationsordnung für Ärzte, an welcher seit Anfang der sechziger Jahre gearbeitet wurde und die schließlich im November 1970 Rechtskraft erlangte. Nach dieser Ausbildungsordnung haben die inhaltlichen Prüfungs- und damit auch Lehrschwerpunkte in der Medizinischen Soziologie im Bereich der Rollensoziologie mit besonderer Hinwendung zum Arzt-Patient-Verhältnis, der sozialen Schichtung sowie der Entwicklung der Bevölkerungsstruktur zu liegen. Gelegentlich wird versucht, diese Merkmale auch als Definition von Medizinischer Soziologie auszugeben. Ein solches formales Vorgehen führt jedoch nicht nur zum Ausschluß wesentlicher medizinsoziologischer Problemkomplexe wie der Soziologie und Ökonomie des Gesundheitssystems oder der gesellschaftswissenschaftlichen Analyse medizinischer Institutionen, sondern suggeriert überdies, daß man eine wissenschaftliche Disziplin aus singulären Symptomen und Sozialfaktoren konstruieren könne. Auf diese Weise erhält man indessen lediglich ein »Sammelsurium« von mehr oder weniger relevanten Erscheinungsmerkmalen, deren innerer Zusammenhang verdeckt bleibt. Deshalb muß bei der Begriffsbestimmung der Medizinischen Soziologie von einer wissenschaftlichen Ebene ausgegangen werden, von der aus allgemeinere Zusammenhänge angeschnitten und erkannt werden können, ohne daß dabei von den Besonderheiten des Gesundheitssystems abstrahiert wird. *Insofern ist die Medizinische Soziologie als die Wissenschaft zu verstehen, die gesellschaftliche Beziehun-*

gen und Vorgänge der Menschen unter spezifischen Bedingungen – nämlich denen von Gesundheitssicherung und Krankheitsbewältigung – zum Gegenstand hat. Die Medizinische Soziologie ist also eine *spezielle Soziologie*, die bestrebt ist, die allgemeinen und besonderen Wirkungszusammenhänge, die Theorie und Empirie ihres Gegenstandsbereichs[1] sowie dessen historische Explikation zu analysieren und sie in praktisch relevante Lehr- und Lernziele umzusetzen.

Bei einer weiteren Spezifizierung der Medizinischen Soziologie zeigt sich, daß diese sich vornehmlich unter zwei Aspekten mit den gesellschaftlichen Beziehungen der Menschen beschäftigt: *Zum einen untersucht sie die gesellschaftlichen Beziehungen, die zur Verhinderung und Bewältigung von Krankheit entwickelt werden, und zum anderen befaßt sie sich mit den gesellschaftlichen Beziehungen, die zu Krankheit führen.* Völlig voneinander trennen lassen sich die beiden Aspekte freilich nicht, da soziale Faktoren und Verhältnisse, die zu Krankheiten führen, in der Regel organisatorische Maßnahmen hervorrufen und umgekehrt ebenso medizinische Einrichtungen wesentlich zur Bestimmung dessen beitragen, was in der jeweiligen Gesellschaft als krank gilt. Bei dieser Trennung handelt es sich also nicht um die losgelöste Betrachtung zweier Bereiche, sondern lediglich um die Gewichtung zweier Schwerpunkte ein und derselben Sache.

Zum ersten Aspekt: *Die gesellschaftlichen Beziehungen und Vorgänge, die zur Verhinderung und Bewältigung von Krankheit entwickelt werden,* sind grob nach drei Dimensionen zu differenzieren:

1. Im Mittelpunkt des ersten Problemkomplexes stehen die Beziehungen der Patienten zu den im Gesundheitssystem tätigen Personen: den Ärzten, dem Pflege- und dem technischen Personal u. a. Gemeinhin wird diese Beziehung verkürzt als *Arzt-Patient-Verhältnis* dargestellt. Eine Vertiefung jener Beziehungen der Patienten findet vor allem nach zwei Seiten hin statt: Von der Psychologie werden insbesondere die individuellen und unmittelbaren Beziehungen zwischen dem medizinischen Personal und den Patienten untersucht, wie Interaktionsmuster, Affekte, Ängste, Abwehrhaltungen, Übertragungen und Gegenübertragungen: von der Medizinischen Soziologie hingegen werden in diesem Bereich vornehmlich das Verhalten, wie das Krankheits- und Gesundheitsverhalten und das Bewußtsein von Kranken und Gruppen des medizinischen Personals untersucht sowie die Eigenart der Beziehungen, die daraus resultieren. Hier bestehen

also enge inhaltliche Verbindungen zur Psychologie und Sozialpsychologie.

2. Die zweite Dimension bilden die in den *Institutionen* des Gesundheitssystems gebündelten gesellschaftlichen Beziehungen und ihre Entwicklung. Bei diesen Dienstleistungseinrichtungen interessieren die besonderen medizinischen Aufgaben, die Spezifizierung und Differenzierung der medizinischen Arbeit infolge wissenschaftlich-technologischer Neuerungen, die Formen der Kooperation, also die innere Organisationsstruktur, die Entstehung und Funktion beruflicher Rollen, die Art der Finanzierung und nicht zuletzt der Zweck der jeweiligen Einrichtung, denn erst die Reflexion des gesellschaftlichen Zwecks einer sozialen Institution eröffnet der soziologischen Analyse – auch des Verhaltens und des Bewußtseins ihrer Mitglieder – den Weg. Die bekanntesten Institutionen in diesem Bereich sind: die Praxis des niedergelassenen Arztes, das Krankenhaus, der sozialärztliche und der betriebsärztliche Dienst, aber auch die Krankenversicherungen als jene Institutionen, mittels deren die finanzielle Umverteilung für medizinische Einrichtungen durchgeführt wird. Charakteristisch für diese Dimensionen sind berufs- und betriebsbezogene soziologische Merkmale.

3. Die dritte und allgemeinste Dimension dieses Bereichs ist die gesellschaftliche Bedeutung des *Gesundheitssystems als Teil der Infrastruktur*; der volkswirtschaftliche und politische Stellenwert des Gesundheitssystems im Rahmen der gesellschaftlichen Reproduktion. Auf dieser Ebene sind die gesellschaftlichen Eigentums- und Aneignungsverhältnisse sowie die daraus resultierenden Herrschaftsstrukturen, die dominierenden gesellschaftlichen Interessen und ihre Organisierung ebenso wie staatliche Interventionsmaßnahmen, strukturelle Widersprüche im Gesundheitssystem, Probleme der »Kostenexplosion« und Bedarfsplanung in die Analyse der sozialen Beziehungen im Gesundheitssystem einzubeziehen. Sozialökonomische und politische Fragestellungen bilden hier den Rahmen zur Ermittlung medizinsoziologischer Erkenntnisse.

Zum zweiten Aspekt: *den gesellschaftlichen Beziehungen und Vorgängen, die zu Krankheit führen, zur Soziogenese von Krankheiten.*

Seit langer Zeit, insbesondere seit *Bernardino Ramazzini* (1633–1717) und *Johann Peter Frank* (1745–1821), ist bekannt, daß die Entstehung, Häufigkeit und Verteilung von Krankheiten durch die Arbeits-, und Lebensverhältnisse der Menschen vermittelt sind. Dabei handelt es sich im Bereich der Produktionsphäre um die Einwirkungen der mechanisch-technologischen Arbeitsbedingungen ebenso wie um die Art der gesellschaftlichen Organisation der Arbeit, also die spezifischen gesellschaftlichen Verhältnisse, unter denen produziert wird. Die Bedeutung der Lebensverhältnisse für Krankheitsentstehung und -verlauf wird vor allem am Konsumverhalten, in den Ernährungs- und Wohnverhältnissen, dem Freizeitverhalten, aber auch der spezifischen gesellschaftlichen Struktur und Bedeutung der Familie transparent. Mit diesem Gesamtbereich beschäftigte sich bisher vornehmlich die soziale Epidemiologie und die Ökologie. Während die soziale Epidemiologie vorrangig die klassen- und schichtenspezifische Verteilung von Krankheiten untersuchte, bemühte sich die Ökologie zunächst um die regionale Verteilung von Krankheiten. Eine scharfe Trennung zwischen Ökologie und Epidemiologie wird heute nicht mehr stringent durchgehalten, da die regionale Verteilung der Menschen in aller Regel Ergebnis sozialstruktureller Entwicklung ist. Die Analyse der gesellschaftlichen Beziehungen, die zur Krankheit führen, erfordert also die Berücksichtigung eines breiten Spektrums allgemeiner und spezieller soziologischer Erkenntnisse, wobei der Analyse der Sozialstruktur und ihrer Entwicklung besondere Bedeutung beizumessen ist. Die Untersuchung dieses Komplexes ist an enge wissenschaftliche Beziehungen zur Sozialmedizin, der Sozialhygiene und der Arbeitsmedizin, aber auch an alle jene klinischen Fachrichtungen gebunden, in denen epidemiologische Untersuchungen durchgeführt werden.

Diese hier unter zwei verschiedenen Aspekten entwickelten gesellschaftlichen Beziehungen in der Medizin existieren freilich nicht selbständig, unabhängig und losgelöst von anderen sozialen Beziehungen, sondern sind Ausdruck allgemeiner gesellschaftlicher Zusammenhänge, Widersprüche und Abhängigkeitsverhältnisse. Die Menschen in der Medizin – ob Patienten, Krankenschwestern oder Ärzte – handeln und denken nämlich nicht allein unter dem Einfluß der in diesem Bereich jeweils gültigen Regeln, sondern zugleich auch unter dem unmittelbaren und mittelbaren Einfluß anderer Bereiche des gesellschaftlichen, ökonomischen, politischen und kulturellen Lebens. Dabei ist zweifellos den prägenden Bedingungen der gesellschaftlich organisierten Arbeit, der Art und Weise der Produktion, eine dominierende Bedeutung beizumessen. Denn die gesellschaftlichen Einrichtungen, die Krankheit verhindern und bewältigen sollen, sind letztlich ebenso wie die gesellschaftlichen Bedingungen, die zu Krankheit führen, wesentlich von der materiellen Struktur einer Gesellschaft – der

Gesamtheit der Eigentums- und Aneignungsverhältnisse, die sich von dem Entwicklungsstand der Produktivkräfte nicht abstrahieren lassen – abhängig. Verändern sich diese, so zieht dies auch eine Veränderung des menschlichen Lebens insgesamt nach sich. Immer dann, wenn nämlich eine bestimmte Art der materiellen Produktion auftritt, entwickeln sich auch langsamer oder rascher bestimmte Formen der gesellschaftlichen Beziehungen der Menschen, bestimmte Normen und Werte, bestimmte Staatsformen und soziale Strukturen. Davon bleibt auch der gesellschaftliche Teilbereich der Gesundheitsversorgung nicht unberührt. Dieser besondere Teilbereich der Gesellschaft liegt zwar weitgehend außerhalb der Sphäre der Produktion, die Wiederherstellung und Erhaltung von Gesundheit kann sich jedoch nur in dem Maße erfüllen, wie die materiellen Voraussetzungen dafür mittels gesellschaftlicher Produktion geschaffen und eingesetzt werden. Medizinische Soziologie, die diese gesellschaftlichen Grundsachverhalte und Entwicklungsprozesse in ihre Analyse einbezieht, ist letztlich als *materialistische Wissenschaft* zu begreifen.
Gleichwohl lassen sich gesellschaftliche Teilbereiche nicht als bloße Widerspiegelung ökonomischer Grundstrukturen interpretieren, denn die ökonomischen Gesetzmäßigkeiten setzen sich hier in aller Regel nicht direkt und unvermittelt durch. Vielmehr werden Teilbereiche in unterschiedlichem Ausmaß von politischen, juristischen und kulturellen Einwirkungen überformt und entwickeln demzufolge *relative Eigenständigkeiten.* Die hier vorherrschenden Eigengesetzmäßigkeiten sind um so stärker: 1. je weiter der spezielle Bereich von der ökonomischen Basis entfernt ist, je mittelbarer er mit dieser Berührung kommt und 2. je schärfer grundlegende gesellschaftliche Widersprüche werden. Denn mit einer Verschärfung gesellschaftlicher Antagonismen können ideologische Momente zunehmend die Oberhand über unmittelbar ökonomische gewinnen. In der soziologischen Analyse spezieller gesellschaftlicher Bereiche ist daher der Diskussion um die Vermittlung zwischen Allgemeinem und Besonderem oder zwischen Teil und Ganzem große Bedeutung beizumessen. So kommt es darauf an, zu zeigen, welche Ebenen der gesellschaftlichen Wirklichkeit auf den speziellen Bereich besonderen Einfluß haben und in welchem Zusammenhang sie seine Entwicklung bestimmen. Überdies ist zu untersuchen, in welchem Verhältnis die einen speziellen Bereich bestimmenden gesellschaftlichen Gesetzmäßigkeiten zu der Eigengesetzlichkeit des zu untersuchenden Teilbereichs stehen, die sich aus seiner besonderen stofflichen Beschaffenheit ergibt.

Will die Medizinische Soziologie die tatsächlichen Voraussetzungen und Funktionen der Gesundheitssicherung und Krankheitsbewältigung erfassen, so kommt sie nicht umhin, sich auch mit den Interessen, die den realen medizinsoziologischen Gegenstandsbereich von innen heraus strukturieren, wissenschaftlich auseinanderzusetzen und Stellung zu beziehen. Sie wird dabei mit der in der Soziologie seit ihren Anfängen heftig diskutierten Frage nach ihrer *gesellschaftlichen Funktion* konfrontiert. Sie wird in diesem Zusammenhang zu beantworten haben, ob sie vorab als positive Wissenschaft mit ordnenden und integrierenden Funktionen im Sinne der Rechtfertigung des Status quo oder als kritische auf grundsätzliche Aufklärung, Emanzipation und Veränderung orientierte Wissenschaft zu begreifen ist. Auf eine Formel gebracht heißt das für die Medizinische Soziologie: ist sie »Konfliktventil«, technokratisches Instrumentarium zur Kompensation oder gar Manipulation von sozialen Spannungen und Widersprüchen im Gesundheitssystem – oder ist sie mehr; kann sie Wege für einen höheren Grad an Humanisierung aufzeigen und deren Realisierung durchsetzen helfen. Hier wird der Zweck von Medizinischer Soziologie, die Intention wissenschaftlichen Handelns überhaupt, angesprochen, dessen Reflexion der wissenschaftlichen Analyse grundsätzliche Dimensionen eröffnet. Diese Frage stellt sich heute um so dringlicher, als nämlich die reale Sicherung von Gesundheit und die Bewältigung von Krankheit offensichtliche Mängel aufweist und die praktische Anwendung sozialwissenschaftlicher Erkenntnisse im Gesundheitswesen dringend erforderlich ist. In dem Maße wie es gelingt, die Medizinische Soziologie in diesen Zusammenhang einzubeziehen, wird sich auch ihr Charakter als wissenschaftliche *Produktivkraft* erweisen.

Und schließlich ist an dieser Stelle zu erwähnen, daß die Medizinische Soziologie eine historisch verfahrende Wissenschaft ist. Denn wollen wir Gegenwärtiges analysieren, d. h. mehr über einen sozialen Sachverhalt erfahren, als dies durch oberflächliche Wahrnehmung möglich ist, so zeigt sich, daß ein gegenwärtiger gesellschaftlicher Sachverhalt sowohl Resultat als auch Voraussetzung geschichtlicher Entwicklung ist. Geschichtliches ist in der Gegenwart stets aufgehoben – und zwar in doppeltem Sinne. Die Medizinische Soziologie, die gegenwärtig Vorhandenes analysiert, ist deshalb auf die Einbeziehung des Prozeßcharakters oder der Dynamik der sozialen Wirklichkeit angewiesen. Deshalb wird nicht zu Unrecht auch die *Sozialgeschichte der Medizin* als relevanter Teil der Medizinischen Soziologie begriffen.

Die Medizinische Soziologie ist zur Zeit dabei, sich als *eigenständige wissenschaftliche Disziplin* an den Universitäten und Medizinischen Hochschulen in der Bundesrepublik im Rahmen der ärztlichen Ausbildung zu etablieren. Um ihr wissenschaftliches Selbstverständnis formulieren zu können, muß sie zunächst darauf sehen, daß sie weder inhaltlich noch organisatorisch von anderen medizinischen Fächern überdeckt wird. Sie muß aus wissenschaftlichen Gründen – als spezielle Soziologie – trotz ihrer formalen Zuordnung zur Humanmedizin engen institutionellen Kontakt zur Soziologie behalten. Gleichwohl ist die Medizinische Soziologie von ihrem Inhalt her darauf angelegt, die Kooperation mit einer Vielzahl von medizinischen Fächern zu suchen und wirkungsvoll zu gestalten. Sie läßt sich also – wie dies gelegentlich versucht wird – weder auf den vorklinischen Teil der Sozialmedizin reduzieren noch zu einem Appendix eines anderen medizinischen Stoffgebietes machen, sondern *die Medizinische Soziologie bildet den Kern des gesellschaftswissenschaftlichen Teils der Medizin.*

ANMERKUNG

1 Dieser darf nicht mit dem Krankheitsbegriff verwechselt werden, da die Bestimmung von Krankheit als Kern einer Theorie der Medizin – und nicht der Medizinischen Soziologie – zu begreifen ist.

Zum ›Objekt‹ der Medizin

I.

Will der Mediziner sein »Objekt« bestimmen, den kranken Menschen in seiner gesellschaftlichen Lage zum Gegenstand der Reflexion machen, so wird er mit erheblichen Schwierigkeiten konfrontiert. Sie bestehen darin, daß der Arzt gezwungen wird, den biologischen Fachbereich zu überschreiten – sich mit Fragen auseinanderzusetzen, die er dem Repertoire seiner Ausbildung nicht entnehmen kann. Hierzu zählen vor allem Konflikte aus der Arbeitssphäre. Obwohl an deren Bedeutung für Gesundheit und Krankheit heute nicht mehr gezweifelt wird, ist es doch in der Fülle der medizinischen Literatur bisher kaum gelungen, das System gesellschaftlicher Arbeit als Ausgangspunkt medizinischer Analyse konsequent einzubeziehen. Das würde voraussetzen, den Kranken nicht nur als isolierbare Elementarteile der Natur, sondern ebenso als »Ensemble« der gesellschaftlichen Verhältnisse zu begreifen. Diese – in Anbetracht des wissenschaftlichen Fortschritts auch in der Medizin – objektiv mögliche Einsicht wird jedoch gerade durch jene Gesellschaftsformationen erschwert, der die Medizin einen so gewaltigen Fortschritt – wie von bloßer Kunstfertigkeit, Kurpfuscherei und empiristischer Handwerkelei zu systematischer Grundlagenforschung – verdankt.

Die »bürgerliche Gesellschaft«, wie sie etwa *Hegel* nach dem Vorgang der Engländer und Franzosen[1] im 18. Jahrhundert beschrieb, ist das Resultat eines Emanzipationsprozesses, in dem das Bürgertum von feudalen Abhängigkeiten sich löste und zugleich die Ansätze neuer gesellschaftlicher Barrieren installierte. In ihr hatten die jeweiligen sozialen Gruppen unterschiedlichen Freiheitsspielraum. Dem Grade ihrer Emanzipation von staatlichen Direktiven und Kontrollen entsprechend orientierten sich die selbständigen Warenbesitzer frei nach Maßgabe der Rentabilität. Darin waren sie niemandem zu Gehorsam verpflichtet und – wie es schien – nur der dem Markte innewohnenden ökonomischen Rationalität unterworfen. Während das Bürgertum auf diesem Wege von einer minderprivilegierten zur herrschenden Klasse avancierte, beschränkte sich die Freiheit der aus feudaler und handwerklicher Abhängigkeit hervorgegangenen Lohnarbeiter vorab auf die juristische Sphäre. Sie wurden frei von Hörigkeit

und Zunftzwang. Sie wurden überdies auch frei von ihren Produktionsmitteln, gerieten somit in die Abhängigkeit von Kapitaleignern und waren an die Regeln des »freien Arbeitsvertrages« gebunden. Dies war der Entstehungsprozeß der Ware Arbeitskraft, jener Produktivkraft, die in der Lage ist, mehr zu erstellen als zu ihrer Reproduktion notwendig ist. Die institutionell gesicherte Aneignung des ›mehr‹ – also der Mehrarbeit – bestimmt die ökonomische Basis von Herrschaft und manifestiert sich in der »Nutznießung eines Teils der Gesellschaft gegenüber einem anderen«[2]. Der früher als gottgewollt angesehene Feudalzustand, der wesentlich in der offenbaren Aneignung landwirtschaftlicher Mehrarbeit durch die über den Boden Verfügungsberechtigten bestand, wurde abgelöst und durch die als natürlich und zugleich vernünftig ausgewiesene bürgerliche Ordnung ersetzt.
Das zugrundegehende »herrschende Prinzip der Geltung aus bloßer Tradition, das heißt aus Abstammung, Gewohnheit, Alter usf. wurde vom aufsteigenden bürgerlichen Geist verneint und dagegen die individuelle Leistung in theoretischer und praktischer Arbeit als gesellschaftlicher Maßstab verkündigt. Weil aber die Voraussetzungen der Leistungen ungleich waren, ist das Leben unter diesem Prinzip trotz unendlicher Steigerung der Produktivität der Arbeit hart und drückend gewesen. Das Massenelend in der absolutistischen und liberalistischen Periode, der Hunger angesichts des phantastisch gewachsenen gesellschaftlichen Reichtums an Rohstoffen und Produktionsmethoden zeigen, daß die Befreiung in der Tat eine partikulare war«[3]. Augenscheinlicher Höhepunkt jenes immanenten Widerspruchs liberaler Gesellschaftsordnung war »die Lage der arbeitenden Klasse in England«[4] im vorigen Jahrhundert. Kennzeichnend für diese Zeit sind u. a. die epidemischen Erkrankungen, wie Cholera und »Typhus«, die sowohl in Industrie- wie agrarischen Ballungsgebieten auftraten und ganze Bezirke der arbeitenden Bevölkerung dahinrafften. Die Ausbreitung jener Seuchen läßt sich von den sozialen Bedingungen nicht trennen, wie *Virchow* in seinen »Mitteilungen über die in Oberschlesien herrschende Typhus-Epidemie« eindrucksvoll schilderte: »Daran läßt sich jetzt nicht mehr zweifeln, daß eine solche epidemische Verbreitung des Typhus nur unter solchen Lebensbedingungen, wie sie Armut und Mangel an Kultur in Oberschlesien gesetzt hatte, möglich war. Man nehme diese Verhältnisse hinweg und ich bin überzeugt, daß der epidemische Typhus nicht wiederkehren würde«[5]. Solche unmittelbaren Beziehungen zwischen Krankheiten und sozialen Transformationen, wie sie am Übergang von der Agrar- zur Industriegesellschaft

in Westeuropa bestanden, demonstrieren nicht nur den einseitigen Charakter des bürgerlichen Emanzipationsprozesses, sondern bezeichnen auch zugleich den innersten Kern der Theorie und Praxis des Liberalismus, demzufolge sich der Fortschritt der Gesellschaft gleichsam in automatischer Wechselwirkung der divergierenden privaten Interessen auf dem freien Markt vollzieht. Das bürgerliche Individuum glaubte – oder wurde gelehrt zu glauben –, es gehöre einer Gesellschaft an, die den höchsten Grad an Harmonie einzig durch die unbeschränkte Konkurrenz individueller Leistungen und Interessen erreichen könne.

Wo aber die Konzentration und Zentralisation des Kapitals um sich griff, veränderten sich die Formen der Produktion. Wachsende Mechanisierung und Automatisierung begünstigten die Entwicklung der Massenproduktion, jenen Zwang zur kontinuierlich und ständig sich ausweitenden Herstellung gleichförmiger Erzeugnisse. Sichtbarer Ausdruck dieses Systems sind die schwindenden Einflußmöglichkeiten der Arbeitenden auf Produktionsgang und Produktionshöhe, da die Maschinen zunehmend den Rhythmus des Arbeitsprozesses bestimmen. In dem Maße, in dem der technische Ablauf autonom wird, Produktionstempo und Erzeugung sich der Einwirkung der Produzenten entziehen und manuelles Geschick wie Geschwindigkeit in der Ausführung keine große Bedeutung mehr für den Ausstoß ihrer Arbeitsprodukte haben, verlagert sich der Schwerpunkt der Arbeitsbelastung vom physischen in den geistig-psychischen Bereich. Als neue berufliche Qualifikationen werden nun konzentrierte Aufmerksamkeit, schnelles Reagieren, Gewissenhaftigkeit und Verantwortung in der Kontrolle komplizierter Apparaturen gefordert, Eigenschaften, die häufig im Widerspruch zur Monotonie des Produktionsprozesses stehen. Aber nicht nur gleichförmig, sondern immer undurchsichtiger und damit auch anonymer wird dieser Produktionsprozeß für den einzelnen, so daß ihm systematisch der Einblick in den betrieblichen Gesamtablauf verwehrt wird, dem er sich gleichwohl – und womöglich gerade deshalb – als unbegriffenen Zwang unterwirft.

Diese Entwicklung stellt das Verhältnis von Krankheit und sozialer Genese auf eine Stufe, wo deren Beziehungen nicht mehr unmittelbar durchsichtig sind, da sie sich immer weniger durch chemische Agentien oder bakterielle Erreger materialisieren lassen. Hier bedarf es der Zusammenarbeit und gemeinsamer Anstrengungen sowohl kritischer Medizin als auch der Sozialwissenschaften. In beiden Bereichen geht es darum, Abhängigkeitsverhältnisse aufzuspüren: von der Natur wie von der verdinglichten Organisationsstruktur der Gesellschaft. Denn Befreiung von diesen bedeutet Humanisierung der Lebensbedingungen.

II.

Der Umgang mit dem bereits oder potentiell kranken Individuum ist der wesentliche Inhalt der Medizin. Ihr »Objekt« ist etwas, das nicht ohne weiteres zum Gegenstand werden kann. Denn selbst die Abhängigkeit des Menschen von der außermenschlichen Natur und seiner biologischen Ausstattung nötigen ihm eine aktive Bewältigung seiner Umwelt auf. Dieser Aktivität zufolge, die sich als zweckmäßige und gewollte auszeichnet, ist er nämlich nicht nur Objekt, sondern zugleich auch Subjekt und verändert daher das Kategoriensystem dessen, der ihn analysieren will. Die Produktionsweise, jener Stoffwechsel des Menschen mit der Natur, heißt demnach nicht nur über bestimmte Organe verfügen oder diese durch organentlastende oder -ersetzende technische Apparaturen abzulösen, sondern beinhaltet gleichzeitig eine spezifische gesellschaftliche Organisationsweise, in der bestimmte Zwecke, Interessen, Normen und Werte sich herausbilden.
Gustav v. Bergmann, von den Arbeiten *v. Weizsäckers* aus den dreißiger Jahren beeinflußt, weist in seiner These vom »Neuen Denken in der Medizin« darauf hin, »daß wir Bewertungen erkennen und uns nicht begnügen, das Beobachtbare nur neutral objektiv zu beschreiben, sondern auch wagen zu bewerten. Wir wagen es in der modernen Medizin, ja in der gesamten Biologie wieder, was in den objektiven Naturwissenschaften als verpönt galt, den Sinn einer Funktion, ... zu erkennen und anzuerkennen«[6]. Nun lassen sich aber jene »Funktionen« oder gar »der Mensch« nicht als von Gesellschaft und Geschichte isolierte einzelne, als fiktive Ideen, begreifen, wie das zuweilen in anthropologischen Wissenschaftsansätzen geschieht[7]. Denn die Menschen sind von Natur aus dazu gezwungen, sich durch gesellschaftliche Arbeit, jenen unaufhebbaren Bereich der Notwendigkeit, am Leben zu erhalten. Mehr noch, in dieser Arbeit erzeugt er seine Welt und macht sich zum Autor seiner geschichtlichen Entwicklung. Die Einsicht in diesen Zusammenhang bewundert *Marx* an *Hegels* Phänomenologie. Er faßt – so schreibt *Marx* – »die Selbsterzeugung des Menschen als einen Prozeß, die Vergegenständlichung als Entäußerung und als Aufhebung dieser Entäuße-

rung; er (faßt) also das Wesen der Arbeit ... und (begreift) den gegenständlichen Menschen als Resultat seiner Arbeit«[8].
Wie verhält es sich aber nun mit jenem Menschen, der durch Krankheit aus dem Arbeitsprozeß ausscheiden muß, sich ärztlicher Behandlung unterzieht und zum »Objekt« der Medizin wird? Was ist das Eigentümliche dieses industriellen Produktionsprozesses? Und in welcher Beziehung steht der so definierte Patient zu der Medizin? – Sowohl der Mediziner als auch der Sozialwissenschaftler wird sehen, daß der zu diagnostizierende und zu heilende Kranke von seiner alltäglichen Arbeit, jener den Regeln des Marktes angepaßten Erwerbstätigkeit, geprägt ist. *Oswald Hall* betont daher zu Recht – wenn auch in allgemeiner Form: »When the sociologist studies medicine, he ist studying work«[9]. Allerdings erhält selbige Arbeit in unserer Epoche ihren spezifischen Charakter. Sie ist funktionsgeteilt und unterliegt den Mechanismen organisierter Konkurrenz. Die gesellschaftliche Teilung der Arbeit wird nicht mit Rücksicht auf die besonderen Eigenschaften der Individuen und ihrer Interessen durchgeführt, sondern findet nach Gesetzen kapitalistischer Warenproduktion statt. Unter diesen Gesetzen bestimmt der Warencharakter Natur und Zweck menschlicher Tätigkeit. Die Waren, die ursprünglich in der Periode der einfachen Warenproduktion noch einer differenzierten Bedürfnisbefriedigung dienten, werden in dem Maße primär zu gewinnbringenden Tauschwerten, wie die Produktion und Distribution von verschiedenen und in zunehmendem Gegensatz zueinander geratenden sozialen Gruppen übernommen werden. Dieser Prozeß wird entscheidend dadurch gefördert, daß sich infolge der Arbeitsteilung das Produkt der Arbeit der Verfügungsgewalt der Produzenten entzieht und ihm als »fremdes Wesen«, als »unabhängige Macht«, in Form des Kapitals gegenübertritt[10]. Der Abhängigkeitsgrad der Unselbständigen wächst mit der Vermehrung des Kapitals, da jedes neue Produkt die Übermacht der vergegenständlichten Arbeit potenziert. Zugleich stellt jene Entfremdung der Arbeit aber auch die gebrochene Beziehung des Arbeiters zu seiner Tätigkeit selbst dar. Obwohl sie einerseits die Möglichkeit beinhaltet, ein »Medium wahrer Selbsterfüllung zu sein«[11], so ist sie in Wirklichkeit nur noch Mittel, um Bedürfnisse außer ihr zu befriedigen. – Der Prozeß der kapitalistischen Entfremdung erfaßt alle gesellschaftlichen Gruppen. Dies gilt gleichermaßen für den Arbeiter wie denjenigen, der seine Arbeitskraft mietet, denn der sie verbindende Ort ist der Markt, auf dem sie sich als Warenkäufer und Warenverkäufer gegenüberstehen. Ihre wechselseitigen Beziehungen bestimmen sich dem-

nach durch die ihrer Waren. Den Produzenten erscheinen, so beschreibt *Marx* dieses Verhältnis, »die gesellschaftlichen Beziehungen ihrer Privatarbeiten als das, was sie sind, d. h. nicht als unmittelbar gesellschaftliche Verhältnisse der Personen in ihrer Arbeit selbst, sondern vielmehr als sachliche der Personen und gesellschaftliche Verhältnisse der Sachen«[12]. Durch jene Verdinglichung nehmen alle persönlichen Beziehungen unter den Menschen die Gestalt von Beziehungen zwischen zeitlos existierenden Dingen an und verdecken damit die historische Entstehung und den Charakter der Veränderbarkeit.

Resultat und auch Bedingung dieses Verdinglichungsprozesses ist die sich wertfrei gebende Naturwissenschaft, die im technischen Produktions- und Verteilungsapparat angewandt wird und dort ihre systematische Bewertung findet. Sie wird unter der gesellschaftlichen Prämisse der Kapitalverwertung objektiv zum Garanten vor allem der Interessen, die auf eine Kontrolle und Stabilisierung des Status quo abzielen. Die Medizin unserer Zeit aber beneidet über weite Gebiete den Teil der Naturwissenschaften, der sich mit bloßen »Objekten« befaßt und demzufolge von deren sozialen und historischen Voraussetzungen abstrahiert. Es bleibt dabei allerdings unberücksichtigt, daß sie sowohl wissenschaftlicher wie gesellschaftlicher Arbeitsteilung unterliegen, wodurch vom einstigen Anspruch der Wissenschaft, nämlich zur Selbstbefreiung von unbegriffenen Zwängen beizutragen, stipuliert wird, daß die ihn noch ernstnehmenden Aussagen nicht mehr rational begründbar seien. Der Pathologe *Franz Büchner* erkannte und beschrieb das Problem der Verdinglichung mit folgenden Worten: »Wir müssen (die Ursprünge solcher Fehlentwicklung) unter anderem darin suchen, daß die Medizin der letzten Jahrhunderte, von der Naturphilosophie enttäuscht, sich zu einseitig als Naturwissenschaft entwickelt hat. So ist sie grundsätzlich den Weg der Naturwissenschaften mitgegangen, die Erscheinungen der Natur vom Menschen abzurücken und zu verobjektivieren. Für ihren eigenen Bereich war dies nichts Geringeres als die Verdinglichung des Menschen«[13]. *Büchner* ist der gesellschaftlichen Verobjektivierung des Menschen durchaus skeptisch auf der Spur. Gleichwohl verfällt er ins bloße Komplettieren, wenn er sich auf das Beugen »vor der unverrückbaren Hierarchie der Wesenheit und Werte« sowie auf die Hingabe an *die* »ordnende Macht, die allein die Geist-Seele des Menschen gültig zu formen vermag«, beschränkt. Er hat demnach dann gegen Verdinglichung nichts einzuwenden, wenn sie im Zusammenhang mit einer gottbezogenen »Geist-Seele« steht. Hierbei bleibt allerdings unreflektiert, daß Verdinglichung bereits Ausdruck eines Prozesses ist, dessen menschliche Impulse dinghaften Charakter angenommen haben.

Die unkritische Nutzung naturwissenschaftlicher Methoden und Ergebnisse reduziert den Kranken – wenn auch womöglich nicht bewußt – auf die Dysfunktionalität isolierter Organabläufe; er wird zu einem komplexen Verhältnis von Dingen, was im klinischen Fachjargon u. a. als »der Ileus«, »der Diabetes« oder »die Schizophrenie« sich zynisch niederschlägt. Daraus bestimmt sich auch der Umgang mit dem Kranken, der durch eine bewußt verklausulierte Terminologie im allgemeinen über sein Leben nur unzureichend informiert wird und auf eine Stufe sprachloser Unmündigkeit herabsinkt. Die Kommunikation des Patienten mit einem ihm häufig zugewiesenen Arzt beschränkt sich auf geraffte Visiten, deren abstrakteste Form, die »Kurvenvisite«, jene vom Kranken gelöste Diskussion seiner pathologischen Daten, darstellt. – Die Einweisung in das Krankenhaus hat zwar zunächst ein Ausscheren aus der täglich disziplinierenden Arbeit zur Folge und befreit daher auch selektiv von Rollenverpflichtungen[14]. Gleichwohl verkehrt sich jene Emanzipation auf Zeit in ihr Gegenteil, wenn das Ziel affirmative Rehabilitation heißt und dadurch womöglich autoritäre Verhaltensweisen vor allem klinischer Praxis gesellschaftlich legitimiert werden. Denn die Forderung nach positiver Rückgliederung ist die einer Gesellschaft, die es dem Mediziner kaum gestattet, über sie zu reflektieren. Ausdruck jenes rigiden medizinischen Verhaltens ist die Lage des Patienten, der sich in extremer Abhängigkeit befindet. Symptomatisch hierfür ist nicht zuletzt die obligate Bindung des Kranken an den schmalen Ort seines Bettes sowie der »Aufenthalt im Bademantel« auch dann, wenn die Behandlung keine Bettruhe erfordert. Ihm werden Regeln vorab passiven Verhaltens verordnet. »Nur der Schwerkranke gehört ganztägig ins ›Bett‹«, sagt *H. Schaefer.* »Der Arzt (aber) spielt heute zu oft die Rolle des Befehlenden, dem der Patient gehorcht. Es steckt viel unbewußter Militarismus in unserer Medizin. Arzt und Patient aber sind vorwiegend Partner. Der Patient muß also mündig behandelt werden. Fast alle Patienten aber klagen darüber, daß man ihnen ›nichts‹ sagt.«[15] Dieses resezierte Verhältnis zwischen Arzt und Patient darf freilich kaum der Böswilligkeit einzelner Personen oder Personengruppen unterstellt werden. Es ist vielmehr als Resultat der immanenten Rationalität eines gesellschaftlichen Prozesses zu bestimmen, dessen Nerv die Erwerbstätigkeit ist.

Die mögliche Verwirklichung von Arbeit als spontaner, bewußter

»Lebenstätigkeit« ist verdeckt, denn »nach Ansicht der formalisierten Vernunft ist eine Tätigkeit nur dann vernünftig, wenn sie einem anderen Zweck dient, zum Beispiel der Gesundheit oder der Entspannung, die hilft, die Arbeitskraft wieder aufzufrischen. Mit anderen Worten, die Tätigkeit ist bloß ein Werkzeug; denn sie gewinnt ihren Sinn nur durch ihre Verbindung mit anderen Zwecken«[16]. Unter diesen Bedingungen der formalisierten Vernunft bloß naturwissenschaftlicher Provenienz können die Chancen gesamtgesellschaftlicher Heilungsmöglichkeiten weder reflektiert geschweige denn realisiert werden. Einer solchen Medizin geht es um die Wiederherstellung oder Veredelung der Ware Arbeitskraft, wie es z. B. vom »Bundesministerium für Arbeit und Sozialordnung« für die Sozialversicherungsträger explizit formuliert wurde: »Die Erwerbsfähigkeit, die Schaffenskraft des Versicherten zu erhalten, wenn sie bedroht ist, sie zu bessern, wenn sie beeinträchtigt ist, und sie, wenn möglich, wieder voll herzustellen. Dem dienen Maßnahmen der medizinischen, der beruflichen und der sozialen Rehabilitation«[17]. Selbst in die klinische Medizin hat sich jener ideologische Gesundheitsbegriff eingeschlichen, der die scheinbare Einheit von entfremdeter Arbeit und objektivem Wohlbefinden zu rechtfertigen bereit ist, ohne die wirklichen Bedingungen erwerbswirtschaftlicher Produktion zu reflektieren. Bezeichnend hierfür ist z. B. die klinische Rentenbegutachtung. So löst auch der Internist *Richard Siebeck* seine Darstellung des Verhältnisses von Gesundheit und Arbeit von den tatsächlichen gesellschaftlichen Gegebenheiten ab und kommt zu folgender Aussage: »Nur in Einsatz und Leistung ist Gesundheit ein uns anvertrautes Gut. Gesundheit ist nicht letzter Selbstzweck, sondern bestimmt und begrenzt durch den Sinn des Lebens – der Sinn des Lebens aber ist Bereitschaft, Hingabe und Opfer. Gesundheit ist Arbeit und Arbeit ist Gesundheit. Arbeit ist zum Leben so notwendig wie das tägliche Brot, ohne Leistung verkümmern die Organe, verkümmert der Mensch«[18]. Sicherlich ist es richtig, daß Gesundheit nicht im Selbstzweck ihre Bestimmung findet und daß ihr Verhältnis zu den Bedingungen der Arbeit recht unmittelbar ist. Jedoch läßt sich ihr von natürlichen und gesellschaftlichen Repressionen tatsächlich befreiender Charakter nur dann ausloten, wenn ihr nicht die verdorrte Form menschlicher Tätigkeit zugrunde gelegt wird.

Gilt es zunächst, die Arbeitskraft für den Produktionsprozeß zu regenerieren, so läßt sich von ihr allerdings jene Sphäre nicht trennen, in der das Entgelt für unselbständige Arbeit konsumiert, d. h. in Genuß verwandelt werden soll. Die Befriedigung dieses

Genusses dient heute weniger der Entwicklung und Erhaltung tatsächlich menschlicher Bedürfnisse als vielmehr dem Umschlag des Kapitals, das auf die Kalkulierbarkeit auch der arbeitsfreien Zeit immer mehr angewiesen ist und daher den Schein wahrer Befriedigung im Konsum aufrechterhält. »Was ... in unserer Markt- und Erwerbsgesellschaft zählt, ist überhaupt nicht das bloße Bedürfnis, das Verbrauchsbegehren, sondern vielmehr der verkaufskräftige Bedarf, und daher nicht der bedürfende Mensch als solcher, sondern vielmehr der Nachfrager auf den Märkten. Der Bedarf kann andererseits durch die Marktanbieter selbst planvoll hervorgebracht oder in bestimmte Richtungen gelenkt werden«[19]. Die den Konsum erzwingende Kapitalverwertung formt sich ihre Abnehmer insofern, als sie von ihnen sowohl in der Produktion wie beim Verzehr gegängelte Anpassung verlangt. Scheidet nun der Arbeitende und Konsumierende aus jenem Prozeß durch Krankheit aus, so kann er sich dieser passiven Verhaltensweisen – selbst wenn es gewünscht wäre – kaum mehr alleine entledigen. Es wäre zu überlegen, ob er nicht womöglich in dieser Situation diejenigen Kräfte, die durch Entzug des täglichen Anpassungszwanges frei werden, geballt auf den Arzt und seine Umgebung überträgt und damit dessen autoritätsgebundene Position bestätigt.

In der amerikanischen Soziologie hat sich das individuelle und private Leistungsprinzip immer weiter in das Zentrum medizinsoziologischer Forschung geschoben. *Talcott Parsons* definiert Gesundheit »als den Zustand optimaler Leistungsfähigkeit eines Individuums« oder Krankheit als seine »generalisierte Störung der Leistungsfähigkeit«[20], denn der Brennpunkt der Wertung für das Individuum amerikanischer Prägung scheint ihm »die universalistisch beurteilte Leistung«. So wundert es auch nicht, wenn Parsons eine These der Heilung vertritt, die sprachlich unmittelbar dem Vokabular des entfremdeten Arbeitsprozesses entliehen ist. Er schreibt nämlich: »Therapeutisch wird für (das Individuum) die Genesung als ›job‹ definiert, der in Kooperation mit jenen geleistet werden muß, die technisch qualifiziert sind zu helfen«[21]. Das soziologische Theorem von der fortgeschrittenen industriellen Leistungsgesellschaft beinhaltet, daß die soziale Position des einzelnen Menschen Resultat der von ihm erbrachten Leistung ist, wobei unter Leistung die Anpassung an vorgegebene Verhaltensnormen verstanden wird, zu denen auch der individuelle Beitrag zur Produktions- und Produktivitätssteigerung gehört. Dieses Leistungsprinzip, innerster Kern eines auf Erwerb und Konkurrenz basierenden sozialen Systems, liefert zugleich

die Gewähr, daß unter seiner Herrschaft die Gesellschaft nach ökonomischen Aspekten eingeteilt wird. Die überwiegende Mehrheit der Bevölkerung hat jenes Leistungsprinzip so weit verinnerlicht, daß sie verlernt hat, die eigenen Bedürfnisse und Fähigkeiten zu artikulieren und ihnen gerecht zu werden.
Schon in den frühen Phasen kindlicher Entwicklung werden die drängenden elementaren Triebwünsche häufig auf Fähigkeiten gelenkt, die oft weit vom unmittelbaren Weg der Trieberfüllung abliegen. Die Muster dieser Triebregulationen werden von den sozialen Gegebenheiten, die sich für die jeweiligen sozialen Gruppen sehr wohl unterscheiden, geprägt. Und Krankheiten, deren ursächliche, auslösende und chronifizierende Faktoren gesellschaftlichen Fehlleitungen zuzurechnen sind, stellen dann nicht mehr nur naturhaft gegebene dar, sondern werden mehr und mehr zu historisch gemachten. Die Instanz, wo soziale Einflüsse in die individuelle Persönlichkeitsentfaltung am nachhaltigsten eingehen, ist die Familie, deren Struktur wie Dynamik sich freilich nicht von den Bedingungen gesellschaftlicher Arbeit isolieren lassen. So sind z. B. das Arbeitsverhältnis, Berufsrolle, Art der Arbeit (körperliche, geistig-psychische), Einkommen, Arbeitszeit (Länge, Nachtarbeit), Arbeitsplatzsicherheit usw. kaum zu vernachlässigende Komponenten, die familiäre Interaktionsschemata bestimmen – ganz zu schweigen von solchen Situationen, wo die Mutter aus Gründen der Existenzsicherung gezwungen ist, erwerbstätig zu sein. Hier erweist sich gesellschaftliche Arbeit als ein Faktor sowohl der Sozialwissenschaften wie auch kritisischer Medizin, der es zunächst um die Analyse wirklicher Ätiologie geht.
Nach welchen Maßstäben sich das medizinische Bewußtsein vom kranken Menschen darstellt und entwickelt, läßt sich exemplarisch für klinische Vorstellungen an folgenden Äußerungen aufzeigen. *Paul Martini* versteht unter den »ärztlichen Fundamentalqualitäten«: »Verantwortung und Führungsbewußtsein, Demut, Liebe, die ärztliche Wahrhaftigkeit und Ehrfurcht« vor dem Kranken[22]. Auch *Anton Hittmair* erwartet vom »guten Arzt«: »Tiefes Verständnis für das Leben und seine mannigfachen Störungen, mitfühlendes Wissen um den Kranken als einmaliges Wesen, um seine seelische Verfassung, die Kenntnis von Krankheitsabläufen und ihre Dynamik, das alles macht den guten Arzt«[23]. Es ist wohl kaum daran zu zweifeln, daß der Inhalt dieser Aussagen zum Allgemeingut medizinischen Bewußtseins geworden ist und auch den subjektiven Intentionen vieler Ärzte entspricht. Klopft man jene Vorstellungen aber auf ihren Wirklich-

keitsgehalt ab, so läßt sich leider feststellen, daß sie häufig nicht mehr als bloße Etikette sind und der Sonntagssprache medizinischer Praxis angehören. Versucht der »pflichtbewußte Arzt« dennoch jene Prinzipien in seiner alltäglichen Arbeit praktisch umzusetzen, so lassen sich gravierende Frustrationen keineswegs vermeiden, da er im allgemeinen eine Ausbildung erhalten hat, die es ihm nicht ermöglicht, jene Zusammenhänge kritisch zu reflektieren, und er zudem unter Arbeitsbedingungen tätig ist, die dem historischen Stand der gesellschaftlichen Entwicklung völlig unangemessen sind[24]. Somit ergibt sich für den Arzt fortwährend der Zwang zu unbewußter Rechtfertigung nicht realisierbarer Wünsche und Handlungen. Das aber heißt: »Alogischem Verhalten wird mit Hilfe von Rationalisierungen der Anschein des Vernünftigen gegeben«[25]. Dieser Konflikt, der sich im Bereich des Widerstreites von ärztlichem Anspruch und medizinischem Handeln permanent reproduziert – wo man vom Menschen redet, ihn aber als Objekt behandelt – ist einem System zuzurechnen, das am Besonderen medizinischer Praxis, d. h. dem Verhältnis von Arzt und Patient, die grundlegenden Antagonismen der Gesellschaft erkennen läßt.

III.

Diese Überlegungen lassen die Verarbeitung von kritischer Theorie in der Medizin als notwendig erscheinen. Solche Theorie aber besteht in der möglichst eindringlichen und kritischen Analyse der historischen Wirklichkeit und nicht in einem Schema abstrakter Werte von Humanität. Die Darstellung und Analyse der Wirklichkeit bestimmt sich vielmehr durch praktische Impulse und durch Bestrebungen, die die Abhängigkeitsverhältnisse der vergesellschafteten Individuen gleichermaßen von der Natur wie von den sozialen Bedürfnissen und Interessen thematisieren.
Die Entfaltung und Struktur der heutigen Medizin ist in weiten Bereichen noch immer an den Naturwissenschaften ausgerichtet, die die Umwelt sowie die in ihr befindlichen Objekte unter »neutralen« Bedingungen nach Ähnlichkeiten ordnen, nach bestimmten Merkmalen beschreiben und schließlich alles an ihr messen, was zufällig meßbar ist. Naturwissenschaftliche Neutralität jedoch hat sich mit ihrer immanenten Begriffsbildung zu begnügen und zerbricht, wenn sie angewandt, d. h. mit der gesellschaftlichen Wirklichkeit konfrontiert wird. Denn dort gewinnt die Nutzbarmachung im Interesse privater Kapitaleigner

den Vorrang vor der Befriedigung gesellschaftlicher Bedürfnisse nach unmittelbarer Naturbeherrschung. Dieser Widerspruch von angewandter und reiner Naturwissenschaft fließt auch in die differenzierten Methoden medizinischer Diagnostik und Therapie ein. Solange nämlich naturwissenschaftliche Medizintheorie sich streng am Begriffsrahmen pathophysiologischer Kausalität orientiert, wo sie freilich den neutralen Regeln der Retorte folgen kann, solange läßt sich ihr Anspruch auf totale Heilung – schon in der Theorie – nicht einlösen. Denn sie abstrahiert von denjenigen auslösenden und chronifizierenden Krankheitsfaktoren, die durch gesellschaftliche Wertsetzung bedingt sind. Es wundert daher auch nicht, wenn »etwa 60–70 Prozent der Kreislaufkranken der Ludolf-Krehl-Klinik (Heidelberg) keinen Befund haben, infolgedessen ihre Krankheit nicht mit naturwissenschaftlichen ... Methoden erklärt werden«[26] kann, wenn »an einer großen Poliklinik in Gießen ... von undifferenzierten Gesundheitsstörungen bei annähernd 30 Prozent aller um ärztliche Hilfe nachsuchenden Patienten«[27] berichtet wird oder aber, wenn in den letzten Jahren ziemlich übereinstimmend sogar davon ausgegangen wird, »daß 30–50 Prozent der Kranken«, welche ärztliche Leistungen in Anspruch nehmen, »sogenannte funktionelle Leiden«[28] zeigen.
Die zunehmende Zahl der »Fälle«, die entgegen wachsendem naturwissenschaftlichen Aufwand therapieresistent bleiben, da ihre tatsächliche Ätiologie mit den derzeitig dominierenden Mitteln nicht allein erklärt werden kann, sind Symbol jener Medizin, die in der immer schnelleren Parzellierung und Reproduktion des Status quo »heiß zu laufen« droht. So kommt es auch in Krankenhäusern immer wieder vor, daß Patienten gegen ärztliche Anordnungen rebellieren oder gar »gegen dringenden ärztlichen Rat« die Klinik verlassen. Aus einer kürzlich erschienenen Meldung[29] geht hervor, daß die Zahl derer, die auf eigenen Wunsch die untersuchte Klinik verlassen, etwa 3–4 Prozent beträgt. Die gleichen Ergebnisse lassen erkennen, daß »nicht weniger als 65 Prozent aller chronisch Kranken einer Privatstation zugaben, mindestens einmal einen Naturheilkundigen« – also einen Nicht-Mediziner – »zu Rate gezogen (zu) haben«. Dies gestanden sie in der Regel nicht dem Arzt, sondern eher der Stationsschwester. Mißtrauen oder Desinteresse gegenüber ärztlichen Anordnungen konnte *M. Pflanz* selbst in der disziplinierten Situation eines Arzneimittelversuches feststellen. Hier ist ein »Proband«, welcher regelmäßig die verordnete Tablettenmenge einnimmt, eher die Ausnahme. Bestellt man z. B. »Patienten, die dreimal eine

Tablette täglich einnehmen sollen, nach sieben Tagen wieder, so zeigt nur selten jemand ein leeres Zwanziger-Röhrchen vor. Die meisten haben noch mehrere Tabletten im Röhrchen oder Fläschchen«. Diese Nachlässigkeit kann jedoch nicht grundsätzlich dadurch behoben werden, daß der Patient im Sinne »einer patriarchalischen oder autoritären Abhängigkeitsbeziehung, die noch vielen Kollegen als Ideal vorschwebt«, geführt wird. Voraussetzung ist vielmehr »der aufgeklärte, selbstverantwortliche und mündige Patient«[30].
Schließlich gehören zu denjenigen medizinischen Fragen, die sich mit dem naturwissenschaftlichen Therapieansatz nur partiell klären lassen, das Placebo: jener Teil der verschriebenen Droge, der ihrer Applikation und nicht dem Pharmakon selbst zuzuordnen ist. Obwohl ständig Versuche unternommen werden, die Arzneimittelwirkung im Blindversuch zu objektivieren, bleibt immer noch ein wesentlicher Teil, der nicht chemisch-pharmakologisch bedingt ist, von großer Bedeutung für die ärztliche Praxis. *Modell* faßt die Ergebnisse seiner Untersuchung zu diesem Problem wie folgt zusammen: »The placebo action of drugs is the most blinding artefact in all of drug response, and since it is always there regardless of the utility of the drug, the only aspect of it which is subjekt to change is the physician's greater understanding of it«[31].
Diese Formen medizinischer Behandlung sowie deren Erfolge, die mehr oder weniger vom Zufall abhängen, beruhen demnach vor allem auf einer suggestiven Beeinflussung des Kranken. Sie scheinen ein Bedürfnis zu befriedigen, für das die naturwissenschaftliche Medizin offenbar kaum Verständnis hat, auf das sie deshalb auch keine treffende Antwort weiß.
Die Medizin der Aufklärung ist mit Recht ausgezogen, die Theologisierung oder gar Fetischisierung der Krankheiten im Mittelalter aufzuweichen und Kriterien zu entwickeln, mit denen es gelang, Seuchen einzudämmen, die Säuglingssterblichkeit zu senken sowie lebensrettende chirurgische Techniken zu schaffen. Über den großen Erfolgen, die sie zweifellos errang, hat sie allerdings für lange Zeit die gesellschaftliche Prägung von Entwicklung, Erleben und Verhalten sowie deren Einfluß auf die Krankheiten verkannt und ihre Erforschung vernachlässigt. Während also in den westeuropäischen Industrienationen der Einfluß sozialer Faktoren auf die Pathogenese bis heute den Nischen der Schulmedizin vorbehalten blieb, entfaltete sich in den USA die Forschung jenes Bereiches bereits auf breiterer Ebene. In Anlehnung an die von *E. Mayo, F. J. Roethlisberger* und *Dickson* für den industriellen Großbetrieb entwickelten Psychotechniken, deren

wirksamer Einsatz sich in der psychologischen Kriegsführung der US-Armee während des Zweiten Weltkrieges[32] und später im Koreakrieg bewährte, machte man sich nun auch Ende der vierziger Jahre in der Medizin zunehmend psychoanalytische und sozialmedizinische Methoden nutzbar, um die Reintegration des Kranken in die Gesellschaft zu effektivieren. Somit erkannte man zwar soziale Auswirkungen im Bereich der Krankheit, kam aber therapeutisch kaum über die individuelle Wiederherstellung passiver Anpassung hinaus. Es wurde darauf verzichtet, die auslösenden Konflikte auf ihre objektiven gesellschaftlichen Inhalte zurückzuführen und sie dem Patienten einsichtig zu machen. Das allerdings würde radikale gesellschaftliche Aufklärung des Individuums bedeuten.

Der modernen Medizin ist es also im Laufe ihres Fortschreitens weder durch naturwissenschaftliche Techniken noch durch die apologetische Einbeziehung sozialwissenschaftlicher Erkenntnisse gelungen, den Zusammenhang zwischen den verschiedenen arbeitsteiligen Tätigkeiten zu durchdringen, geschweige denn, ihn im Heilprozeß wirksamer Therapie zugänglich zu machen. Medizinische Theorie ist Aufklärung im Detail geblieben. Sie stagniert beim bloßen Erkunden isolierter Fakten und verdrängt dabei, daß diese aus einem historischen Zusammenhang gelöst sind, dessen fermentativer Verbund bewußte gesellschaftliche Arbeit sein kann. Diese Ideologie des »matter-of-fact«, die in den USA offensichtlich zur »zweiten Natur« geworden ist – die schon im deutschen Faschismus Ärzte zur »Medizin ohne Menschlichkeit« verführte[33] und deren Folgen schließlich im algerischen Befreiungskampf schwerste psychische Störungen hinterließen[34] – diese Ideologie ist heute noch tragendes Element des imperialistischen Krieges in Vietnam. *»Georg W. Alsheimer«*, ein deutscher Arzt in Hue, schrieb hierzu: »Der gesellschaftliche, wirtschaftliche und historische Zusammenhang, in dem die ›facts‹ sich ereignen, bleibt unbefragt und die eigene Urheberschaft an einem solchen Zusammenhang kann getrost verdrängt werden. Elend und Luxus, aber auch Bombenregen lassen sich auf diese Weise zu natur- und schicksalhaften ›Gegebenheiten‹ hypostasieren, für die eine höhere Macht einstehen muß, ganz ähnlich wie klimatische Verhältnisse, Naturkatastrophen oder angeborene Mißbildungen, an denen ja auch ›kein Mensch‹ schuld ist und die man eben respektvoll als eine Art Gottesurteil hinnehmen muß. Zu diesem Respekt gehört es dann auch, daß Nächstenliebe ihre schlimmsten Konsequenzen durch Wohltätigkeit abzumildern versucht. Die ... Matter-of-fact-Ideologie der Amerikaner gestattet also, unter dem äußeren Anschein der Nüchternheit und Objektivität, die Zementierung der bestehenden Herrschaftsverhältnisse, indem sie die Verdrängung der eigenen Urheberschaft an ihnen erkenntnistheoretisch rechtfertigen und damit auf nationaler Ebene institutionalisieren.«[35] Der Charakter sogenannter »harter« Fakten wird in dem Maße trügerisch, wie er die gegebenen Interessen der Kapitalverwertung in der spätbürgerlichen Gesellschaft verdeckt. Der Arzt, der dem Kranken mit scheinbaren Fakten sowie Techniken kommt, nur um ihn blindlings zu konformieren und rehabilitieren, um die Arbeits- und Genußfähigkeit wiederherzustellen, wie sie Arbeitgeber und Marktangebot fordern, verfehlt die Chance, vom Verständnis der Krankheit her zu jenen gesellschaftlichen Verhältnissen vorzudringen, unter denen diese Fakten Krankheit erzeugen. Aufgabe der Medizin indessen sollte sein, die Menschen zunehmend von ihren Naturabhängigkeiten und gesellschaftlichen Zwängen zu emanzipieren, denn das allein heißt, sie auch heilen.

»Gesundheit ist etwas, das genossen, nicht verbraucht werden soll!«[36]

ANMERKUNGEN

1 Hier ist besonders auf *Francoise Quesnay* (1694–1774) hinzuweisen, der sowohl als Arzt wie politischer Ökonom den Gang der Entwicklung in Frankreich entscheidend beeinflußte. Auf dem Höhepunkt seiner ärztlichen Laufbahn – bekannt durch seine medizinischen Werke und auserwählt zum Leibarzt der Pompadour – begann er, sich im Alter von 60 Jahren mit der Ökonomie zu beschäftigen und wurde innerhalb kurzer Zeit zum Haupt der physiokratischen Schule. Wie der englische Arzt *Harvey* 1628 den Blutkreislauf entdeckt und beschrieben hatte, so wollte *Quesnay* den ökonomischen Kreislauf, die Entstehung und Verteilung der jährlichen Ausgaben des damals noch vorwiegend agrarisch ausgerichteten Frankreichs, in seinem Tableau Economique (1758) darstellen. Dem Mediziner schien es notwendig, die wirtschaftliche Zirkulation und die Aufgaben der verschiedenen Wirtschaftszweige zu kennen, um feststellen zu können, wo eine Gesellschaft krankt und welche Maßnahmen ergriffen werden müssen, damit die Krankheit kuriert werden kann (vgl. hierzu: *W. Braeuer*, Handbuch zur Geschichte der Volkswirtschaft, Frankfurt 1952, S. 86; ebenso: *J. Kuczynski,* Zur Theorie der Physiokraten, in: Grundpositionen der französischen Aufklärung, hrsg. v. *W. Krauss* und *F. Mayer*, Berlin 1955, S. 42).

2 *W. Hofmann,* Stalinismus und Antikommunismus, Frankfurt 1967, S. 13.

3 *M. Horkheimer* (Hrsg.), Studien über Autorität und Familie, Paris 1936, S. 30.

4 *F. Engels,* Die Lage der arbeitenden Klasse in England, in: *Marx/Engels*, Werke, Bd. 2, Berlin 1962.

5 *R. Virchow*, Mitteilungen über die in Oberschlesien herrschende Typhus-Epidemie, Darmstadt 1968, S. 221.
6 *G. v. Bergmann*, Neues Denken in der Medizin, München 1947, S. 7.
7 Vgl. *H. Schelsky*, Der Mensch in der wissenschaftlichen Zivilisation, Köln und Opladen 1961, S. 5, 40.
8 *K. Marx*, in: *Marx/Engels*, Gesamtausgabe, Bd. III, S. 156.
9 *O. Hall*, Sociological Research in the Field of Medicine – Progress and Prospects, in: American Sociological Review, 16 (1951), S. 639.
10 *K. Marx*, Zur Kritik der Nationalökonomie, Ökonomisch-Philosophische Manuskripte, in: *Marx/Engels*, Kleine ökonomische Schriften, Berlin 1955, S. 98.
11 *H. Marcuse*, Vernunft und Revolution, Neuwied 1962, S. 245.
12 *K. Marx*, Das Kapital, Bd. I, Berlin 1962, S. 87.
13 *F. Büchner*, Das Menschenbild der modernen Medizin, Freiburg 1946, S. 7f, 30.
14 *T. Parsons*, Struktur und Funktion der modernen Medizin, in: Kölner Zeitschr. für Soziologie und Sozialpsychologie, Sonderheft 3, Köln und Opladen 1961, S. 16.
15 *H. Schaefer*, Die Medizin in unserer Zeit, München 1963, S. 363.
16 *M. Horkheimer*, Zur Kritik der instrumentellen Vernunft, Frankfurt 1967, S. 44.
17 *K. Jantz*, Strukturprinzipien der sozialen Krankenversicherung in der Gegenwart, in: Übersicht über die soziale Sicherung in Deutschland, hrsg. v.: *Bundesministerium für Arbeit und Sozialordnung*, Jan. 1967, S. 4.
18 *R. Siebeck*, Medizin in Bewegung, 2. Aufl., Stuttgart 1953, S. 459.
19 *W. Hofmann*, Grundelemente der Wirtschaftsgesellschaft, Reinbek 1969, S. 20.
20 *T. Parsons*, Definition von Gesundheit und Krankheit im Lichte der Wertbegriffe, in: *Mitscherlich, Brocher, Mering, Horn* (Hrsg.), Der Kranke in der modernen Gesellschaft, Köln-Berlin 1967, S. 71 passim.
21 Ebda., S. 81;
Diese Vorstellungen lassen sich nicht ohne weiteres auf die Bundesrepublik übertragen, da hier der Entwicklung der Sozialgesetze, die seit den 80er Jahren des 19. Jahrhunderts auf das Verhältnis von Arzt und Patient prägenden Einfluß nehmen, besondere Bedeutung beigemessen werden muß. In den USA dagegen ist die Krankenversorgung weit mehr an privatwirtschaftlichen Kategorien orientiert als bei uns, so daß dort der Leistungsdruck auch in der Krankheit wie deren Behandlung deutlicher zum Ausdruck kommt.
22 *P. Martini*, Einseitigkeit und Mitte in der Medizin, Rede zum Antritt des Rektorats der Rheinischen Friedrich-Wilhelms-Universität in Bonn, am 7. November 1953, Bonn 1954, S. 23.
23 *A. Hittmair*, Medizin und Wissenschaft, Antrittsrede gehalten anläßlich der Inauguration zum Rector magnificus, am 17. November 1956, Universität Innsbruck, S. 8.
24 Vgl. hierzu: Deutsches Ärzteblatt, 12. 1968, S. 2817: »Ununterbrochene Dienstzeiten (medizinisch-wissenschaftlicher Assistenten) von 24 bis 36 Stunden seien durchaus üblich, wöchentliche Arbeitszeiten zwischen 70 und 90 Stunden seien keine Ausnahme.«
Oder in: REZENTE, Studienmagazin für Mediziner, 15. 1. 69, S. 6: »Die Arbeitszeit chirurgischer Assistenten liegt bei operativ tätigen Klinikern mit 80 Wochenstunden sehr hoch ... Die Zusammenfassung operativer und nichtoperativer Kliniker ergab immer noch eine durchschnittliche wöchentliche Belastung von fast 70 Wochenstunden.«

Oder aber: Man sehe sich die überfüllten Praxen der niedergelassenen Ärzte an, die teilweise bis zu 60 Patienten am Tag durchschleusen müssen und zusätzlich noch Krankenbesuche ausführen.

25 *K. Lenk* (Hrsg.), Ideologie, Neuwied 1964, 2. Aufl., S. 31.

26 *H. Schaefer*, Die Krise der Naturwissenschaft (vor allem Medizin), in: Pädagogische Provinz, 17. Jg., 1/2 (1963), S. 52.

27 *O. v. Mering* und *L. W. Early*, Die Diagnose der Problempatienten, in: *Mitscherlich, Brocher, Mering, Horn* (Hrsg.), a.a.O., S. 325.

28 *A. Mitscherlich*, Krankheit als Konflikt, Bd. 1, Frankfurt 1966, S. 13; vgl. hierzu auch: *Birkmayer*, in: Med. Welt, 1966, S. 1463–67.

29 Frankfurter Rundschau vom 7. 2. 1969.

30 *M. Pflanz*, Sozialmedizinische Aspekte der Herz- und Kreislauferkrankungen, in: n + m (Naturwissenschaft u. Medizin), Nr. 25 (1968), S. 62.

31 *W. Modell*, Placebo Effects in the Therapeutic Encounter, in: *W. R. Scott* and *E. H. Volkart* (Eds.), Medical Care, New York, London/Sydney 1966, p. 380.

32 *A. B. Hollingshead/F. C. Redlich*, Social Class and Mental Illness, New York, London 1958, S. 144 und S. 380 [S. Fischer Verlag 1975]. »Before Worlds War II, only three psychiatrists were in fulltime practice in the city (New Haven) ... The importance of psychotherapy was demonstrated in the Armed Forces during World War II, and a strong demand for practitioners of psychotherapeutic methods resulted. In 1950, there were 16 psychiatrists (11 psychoanalysts) in full-time private practic most of them psychotherapy.« Vgl. auch S. 375 und 380.

33 *A. Mitscherlich/F. Mielke*, Medizin ohne Menschlichkeit, Frankfurt 1962 [Fischer Taschenbuch Bd. 2003].

34 *F. Fanon*, Die Verdammten dieser Erde, Frankfurt 1966, S. 190ff (Kolonialkrieg und psychische Störungen).

35 »Georg W. Alsheimer« *(E. Wulff)*, Amerikaner in Vietnam, in: Argument, 36 (1966), S. 380.

36 *E. Bloch*, Das Prinzip Hoffnung, Bd. II, Berlin 1955, S. 32.

III. Epidemiologie und Medizinische Soziologie

Sozialstruktur und Schizophrenie

I.

Wenn sich heute Mediziner und Soziologen nach dem sozialen Hintergrund der Entstehung, Diagnose, Therapie und Prognose von schizophren Erkrankten fragen, so ist dies kein Novum mehr. Sie können bereits auf eine Vielfalt an Vorarbeiten zurückgreifen, die vornehmlich in den USA, England, Skandinavien und in den letzten Jahren auch in der Bundesrepublik erstellt wurden. Daher mußte hier eine Auswahl vorgenommen werden, die exemplarische Züge hat und sich auf jene Untersuchungen beschränkt, deren Inhalt gleichsam Innovationen im historischen Prozeß der sozialpsychiatrischen Schizophrenieforschung darstellen. Meine Ausführungen sollen sich besonders auf räumliche und soziale Verteilungskriterien konzentrieren und sie im Vorfeld medizinsoziologischer Empirie und Methodologie neu diskutieren. Dabei scheint es mir notwendig, nach Möglichkeiten zu suchen, die über die bestehenden Modelle hinaus den Zusammenhang spezifischer Erkrankungen mit dem gesellschaftlichen Ganzen vergegenwärtigen.

Ein zweites Moment sollte ebenfalls schon zu Beginn erwähnt werden: das Verhältnis von Natur- und Sozialwissenschaften. Beiden geht es in der Sozialpsychiatrie um die Analyse psychiatrischer Massenerkrankungen. Aus dieser Kooperation können sich aufgrund des unterschiedlichen wissenschaftlichen Rahmens Schwierigkeiten und Mißverständnisse ergeben, die leicht Untersuchungsergebnisse verfälschend beeinflussen. Denn in der Soziologie ist nicht ohne weiteres von beliebigen partiellen Feststellungen über gesellschaftliche Sachverhalte zu deren Allgemeingültigkeit fortzuschreiten, wie man von der naturwissenschaftlichen Beobachtung der Eigentümlichkeit eines Ferments oder Aktionsstroms auf deren Allgemeinheit zu schließen gewohnt ist. Die Soziologie kommt nicht umhin, daß alle von ihr untersuchten

Gegebenheiten, Bewußtseinsprozesse nicht weniger als die Verhältnisse der organisierten menschlichen Arbeit, durch ökonomische, politische und soziale Vorgänge historisch vermittelt sind. Empirische Sozialforschung gerät daher auf eine abstrakt-formale Ebene, wenn sie sich mit der Beschreibung und Feststellung wohldefinierter aber tendenziell zufälliger Felder der sozialen Wirklichkeit begnügt, oder sie wird zur Ideologie, sobald sie isolierte soziale Fakten, auf welche sie ihren Methoden nach stößt, verabsolutiert. Dies gilt für jenen Teil der Soziologie, der seit *Auguste Comtes* Positivismus mehr oder minder die Naturwissenschaften zum Vorbild hat und demzufolge immer wieder in Versuchung gerät, dieses Modell der gesellschaftlichen Wirklichkeit überzustülpen. Hierzu mögen zwar naturwissenschaftliche Exaktheit und ein pragmatischer Konkretismus verleiten, wenn auch die tatsächlichen gesellschaftlichen Widersprüche dadurch eher verdeckt denn geklärt werden können.

II.

Disziplinen, die der Sozialpsychiatrie zentrale Impulse vermittelt haben und auch bis heute noch zu ihrem differenzierten Instrumentarium zählen, sind naturwissenschaftlicher Provenienz. Die Ökologie läßt sich in die Biologie zurückverfolgen, und die Epidemiologie ist seit *Hippokrates* bestrebt, die natürlichen Einflüsse auf Massenerkrankungen zu untersuchen. Als der Begriff der Ökologie 1866 von *Ernst Haeckel* geprägt wurde, beinhaltete er nicht nur die Anpassung von Organismen an die äußeren physischen Lebensbedingungen, sondern überdies auch »die gesamten Beziehungen des Organismus zu allen anderen Organismen, mit denen er in Berührung kommt«[1]. Dieses biologische Interaktionsmodell wurde von der »positiven Soziologie« aufgegriffen, da der Einfluß natürlicher, geophysischer und besonders klimatischer Gegebenheiten auf gesellschaftliche Institutionen lange Zeit ihr Lieblingsthema war. Hieraus entwickelte sich in den 20er und 30er Jahren unseres Jahrhunderts in den USA ein selbständiger soziologischer Zweig, die Human Ecology. Sie begann das Verhältnis der Menschen zu den Formen ihrer Vergesellschaftung nicht selten nach botanischem oder zoologischem Vorbild zu untersuchen. *McKenzie*, einer der Initiatoren der Human Ecology schrieb: »Ökologie befaßt sich mit den räumlichen Aspekten der *symbiotischen* Beziehungen zwischen Menschen und Institutionen«[2], und *Park* unterschied die »symbiotic society« sehr deutlich von der »cultural society«[3]. Um *Park* und seine Studien über die amerikanische Großstadt Chicago entstand eine ganze soziologische Schule, der sich auch *Faris* und *Dunham* in ihrem schon klassischen ökologischen Beitrag, »Mental Disorders in Urban Areas«, verbunden fühlten. Ein soziologisches Modell, das von biologischen oder geophysischen Bedingungen ausgeht, um das Zusammenleben der Menschen zu begreifen, läuft allerdings Gefahr, die natürlichen Gegebenheiten zu hypostasieren und vom eigentlich Sozialen abzulenken. Gewiß ist die Beschaffenheit der vorgefundenen Naturbedingungen für die Befriedigung der menschlichen Bedürfnisse ein nicht zu vernachlässigender Faktor, gleichwohl gilt aber zu beachten, daß die sozusagen natürlich erscheinenden Strukturen selbst bereits gesellschaftlich präformiert sind, ohne daß dies auf Anhieb mit den Methoden einer deskriptiv-klassifizierenden Soziologie zu erfassen wäre. Diese Einsicht ist nicht unerheblich, da sie die bestehende Kollektion an gleichwertigen Variablen unter dem inhaltlichen Aspekt ihrer Veränderbarkeit gewichtet. Dieser wesentliche Gedankengang soll im folgenden an *Faris'* und *Dunhams* obengenannter Untersuchung erläutert werden.

Faris und *Dunham* berufen sich in ihrer ökologischen Studie, die die Verteilung funktioneller Psychosen in Chicago darstellt und damit erstmals Aussagen über das Verhältnis von Gemeindeleben und Geisteskrankheiten macht, auf jenen wissenschaftlichen Ansatz, wie er von *Park, McKenzie* und *Burgess* für die Großstadt entwickelt wurde[4]. Die City wird hier als soziologische »Entität« definiert und beschrieben, die sich durch die Wechselbeziehungen und Integration ihrer unterschiedlichen Bezirke bestimmt[5]. Sie bildet in diesem theoretischen Rahmen gleichsam die Grundkategorie, die als geschlossene Einheit aus dem Ganzen isoliert und an den Anfang gesetzt wird. Dahinter steht die Annahme, daß man von solchen Gemeinstudien extrapolieren könne, wenn man sich nur tief genug ins Detail versenke, und die Auswahl des Objekts typisch sei, ohne die Kenntnis außerstädtischer, sozialer Prozesse voraussetzen zu müssen. »Das alte Problem, das die Natur des Verhältnisses von Bewußtsein und Gesellschaft umfaßt«, schreiben *Faris* und *Dunham*, »ist in unserer Studie über die Verteilung der Geisteskranken in der Großstadt einbegriffen«[6]. Bevor dieser Schluß gewagt werden kann, ist allerdings zu zeigen, daß die Community selbst von gesamtgesellschaftlichen Vorgängen – wie Wechselwirkungen zwischen »Überbau und Unterbau« oder ökonomischen Krisen – abhängt und keine »soziale Monade«[7] ist.

Die sozialtechnischen Voraussetzungen der Untersuchung werden durch die Einteilung in »natürliche Räume« (natural areas) gegeben, die ebenfalls in der ökologischen Schule von Chicago ausgearbeitet wurden. Sie bilden die Feinstruktur der Stadt. Die »natürlichen Räume« sind entweder ein System konzentrischer Zonen, die sich um den Stadtkern legen, oder nach einer Skala von spezifischen Wohnbedingungen ausgerichtet. Von sechs Zonen liegt die erste unmittelbar im Stadtzentrum und wird vornehmlich vom Geschäftsleben geprägt. Wie in der Zone II (Übergangszone) befinden sich auch hier Slums und Einwandererviertel, in denen meist unqualifizierte Arbeiter wohnen. Das Bild der Zone III ist in der Regel durch Arbeiterwohnviertel – vor allem qualifizierter Arbeiter – gekennzeichnet, und die Zonen IV und V sind die Wohngegenden der oberen Mittelschicht. Im Vergleich mit den anderen Zonen scheint hier eine relative Stabilität des Wohnsitzes zu dominieren, die aus der hohen Eigenheimquote abgeleitet wird. Nach *Faris* und *Dunham* werden die typischen Merkmale der Bevölkerung in den jeweiligen Zonen eher durch die innerzonale »nature of life« als durch äußere Einflüsse geformt. Dies wird mit der Tatsache belegt, daß die Zonen alle ihre Merkmale aufrechterhalten konnten, wie unterschiedlich auch die durchlaufenden Bevölkerungsgruppen waren[8]. Zur groben Identifizierung der »natürlichen Räume« sowie ihrer Stabilität dienen mathematische Indizes, die auf umschriebene demographische Phänomene zugeschnitten sind. Solche Indizes orientieren sich am prozentualen Anteil von Einwanderern und Hausbesitzern, an der Verteilung der Geschlechter, der durchschnittlichen Mietshöhe, der Bevölkerungsdichte, der Mobilitätsrate, der Ausbildungsrate, dem prozentualen Anteil an Gasthäusern, Hotels usw.[9]

Der Begriff der »natürlichen Räume« suggeriert, daß die Ausbildung konzentrischer Ringe und die Entwicklung instabiler Viertel im Stadtkern gleichsam »natürlich«, ohne bewußtes menschliches Zutun, gewachsen sind. Solche Naturgesetzlichkeit mag zwar den inneren Zusammenhang biologischer Modelle erhellen und dazu auch prognostische Informationen liefern, sie wird aber in dem Maße fragwürdig, wie mit ihr versucht wird, die gesellschaftliche Entwicklung zu analysieren. Denn die bestehenden Eigentumsverhältnisse und Marktbedingungen sind historischer Ausdruck der Auseinandersetzungen sozialer Klassen. In unserer privatwirtschaftlichen Gesamtordnung ist der Boden – ehemals natürliche Wohn- und Nutzfläche – Marktgut, Ware, und als solche Kapital geworden. Die Gesetze der Kapitalverwertung aber zählen zur Welt der Menschen und nicht der Natur. Daher sind auch die »natürlichen Räume« das Resultat sozialer Vorgänge, selbst wenn sie nicht mehr durchschaut werden und somit gewissermaßen zur »zweiten Natur«[10] gerinnen. Unter diesem Aspekt ist ferner der diagnostische Stellenwert differenzierter mathematischer Indizes zu beurteilen, die von sich aus kaum in der Lage sind, jene vorgegebenen Grenzen zu durchbrechen. Die »natürlichen Räume« sowie ihre mathematischen Spezifizierungen bleiben so lange abstrakt und formal, solange es nicht gelingt, die »Stadt ... als Gruppenausdruck und Ausdruck der Geschichte von Gruppen, ihrer Machtentfaltung und Untergänge«[11] zu begreifen.

Obgleich das mehr oder weniger pragmatisch-mechanische Vorgehen von *Faris* und *Dunham* keine wesentlichen sozialökonomischen Strukturen freilegt und diese auf ihren Zusammenhang mit psychiatrischen Erkrankungen abklopft, lassen sich dennoch weiterführende, wenn auch grobe medizinsoziologische Aussagen machen, die allerdings nicht losgelöst von ihren begrenzten methodologischen Implikationen diskutiert werden können. Anhand der Daten von etwa 10000 erstbehandelten schizophrenen Patienten stellen sie fest, daß Schizophrene nicht gleichmäßig aus allen Teilen von Chicago (1922–1934) kommen, sondern sich im Stadtzentrum konzentrieren und zur Peripherie hin abnehmen. Sie häufen sich vor allem in jenen Vierteln, die von Einwanderern, Farbigen, unqualifizierten Arbeitskräften und Gasthäusern geprägt sind und einen hohen Grad an Wohnlabilität zeigen. Damit unterscheiden sich die schizophrenen von manisch-depressiven Psychotikern insofern, als diese eine unregelmäßige Streuung über das gesamte Stadtgebiet aufweisen[12]. Das Ergebnis, daß die höchste Rate an Schizophrenen in den depravierten und desorganisierten Vierteln des Stadtkerns auftritt, konnte später auch für andere Städte bestätigt werden[13]. – Die psychiatrische Ökologie läßt sich wohl als ersten Versuch bezeichnen, in dem Mediziner und Sozialwissenschaftler gemeinsam die räumliche und zeitliche Verteilung psychiatrischer Massenerkrankungen in größerem Umfang empirisch untersuchten. Sie ist dabei bemüht, Kriterien zu entwickeln, die die soziale Umwelt empirisch faßbar machen, wenn sie auch noch nicht bis zu den gesellschaftlich relevanten Beziehungen vorzudringen vermag.

III.

In enger Zusammenarbeit mit der psychiatrischen Ökologie entwickelte sich die psychiatrische Epidemiologie, die seit dem Zweiten Weltkrieg zunehmend an Bedeutung gewinnt. Ihr leitendes Interesse gilt dem Verhältnis von psychiatrischen Massenerkrankungen und sozialer Schichtung. Ungeachtet experimenteller und methodischer Schwierigkeiten und Differenzen, die die Quantität und Qualität des zu untersuchenden Samples, Prävalenz und Inzidenz[14] oder die Problematik des gesellschaftlichen Status betreffen, lassen die Ergebnisse auch hier erkennen, daß Schizophrene in der untersten Schicht signifikant vermehrt auftreten. 1948 veröffentlichte *Clark*[15] seine Untersuchung, in der er erstaufgenommene Psychotiker der Einkommenshöhe und dem Berufsprestige zuordnet. Sie wurde ebenfalls in Chicago durchgeführt und betrifft den gleichen Zeitraum wie Faris' und Dunhams ökologische Studie. Hauptergebnis ist, daß die niedrigsten Raten von Schizophrenen in Berufen mit höchstem Einkommen und höchstem Prestige (white collar occupations) und die höchsten Raten bei geringem Einkommen und niedrigem Prestige auftraten. *Frumkin*[16] kommt in seinen Arbeiten 1952 und 1955 zu einem ähnlichen Ergebnis. Auch sein soziales Schichtenmodell orientiert sich vornehmlich an persönlichen Berufsmerkmalen, die nach normativen Gesichtspunkten gestuft sind. In beiden Fällen konnte gezeigt werden, daß sich in der Schicht der Ungelernten (unskilled) – also der untersten Schicht – Schizophrene häufen, während die Gruppe der Manager die geringste Zahl aufweist. Daraus leitet Frumkin die These ab, daß das Berufsprestige möglicherweise die psychische Gesundheit stärker beeinflußt als das Einkommen.
Die weitere Entwicklung der psychiatrischen Epidemiologie wird vor allem durch die New-Haven-Studie von *Hollingshead* und *Redlich*[17] geprägt. Ein Team von Psychiatern, Soziologen und klinischen Psychologen erfaßte alle Personen von New-Haven, die sich in der Zeit vom 31.5. bis zum 1.12.1950 in psychiatrischer Behandlung befanden. Für die Bestimmung der sozialen Schichten wird ein »Index of Social Position« *(Hollingshead-Index)* angegeben, der ausführlicher behandelt werden soll, da er wegweisend für einen Teil der empirischen Untersuchungen in den 60er Jahren geworden ist[18] und zugleich die wesentlichen Bedingungen medizinsoziologischer Schichtungsmodelle verdeutlicht. *Hollingsheads* theoretische Vorarbeiten sind karg. Er geht von den undiskutierten Prämissen aus, daß die Gemeinde schichten-

spezifisch strukturiert ist, daß die Statuspositionen durch gemeinsam anerkannte symbolische Merkmale determiniert sind und daß sich die symbolischen Merkmale gewichten und statistisch verwerten lassen[19]. Darauf baut sich der technisch ausgeklügelte Index auf, dem die drei Komponenten Wohngegend, Beruf und Ausbildung zugrunde liegen. Er ist ein Versuch, die gesellschaftlich diskriminierenden Vergleiche, die die Leute in ihrem tagtäglichen Umgang ziehen, zu skizzieren und zu operationalisieren[20]. Durch die Korrelation mit Faktoren wie Konsumverhalten, Geschmack, Einstellung, Fernsehprogramm, Zeitungsauswahl und anderen *soziokulturellen* Merkmalen – also vornehmlich subjektive Kriterien – wird das ermittelt, was *Hollingshead* und *Redlich* als »social class« beschreiben. Kurz, »social classes« in ihrem Sinn zeichnen sich durch unterschiedliche Subkulturen aus[21]. Mit diesem Instrumentarium wurde die Bevölkerung von New-Haven in fünf Schichten eingeteilt. Die Schicht I setzt sich aus Vorstandsmitgliedern und Präsidenten industrieller Unternehmen, hohen Beamten des öffentlichen Lebens, Vertretern »freier« akademischer Berufe (Rechtsanwälte, Ärzte oder Architekten) und angestellten Akademikern (Professoren, hohe geistliche Würdenträger, Diplomingenieure) zusammen. In der Einkommensskala liegen sie an der Spitze. Ihr Lebensunterhalt ist vor allem durch Einnahmen aus ererbtem Vermögen gesichert. In der Regel haben sie Universitätsausbildung und bewohnen die besten Gegenden. Der Schicht II (9 Prozent der Haushalte) werden vornehmlich das mittlere Management, kleinere Unternehmer und angestellte Akademiker (Ingenieure, Lehrer, Fürsorger, Optiker, Pharmazeuten) zugerechnet. Diese Gruppe ist ausgesprochen status- und

Tabelle 2: Schichtenspezifische Verteilung von behandelten psychiatrischen Patienten (nach Alter und Geschlecht bereinigt) pro 100000 Mitglieder der Bevölkerung

	Schicht			
Diagnosen	I–II	III	IV	V
Affektive Psychose	40	41	68	105
Alkoholismus und Arzneimittelsüchte	15	29	32	116
Organische Psychosen	9	24	46	254
Schizophrene Psychosen	111	168	300	895
Alterspsychosen	21	32	60	175
n =	53	142	585	672

aufstiegsbewußt. Der Schicht III (21 Prozent der Haushalte) gehören etwa 70 Prozent Kirchen- und Verwaltungangestellte, kleine Gewerbetreibende, Techniker und qualifizierte Handwerker an. Die Schicht IV (49 Prozent der Haushalte) rekrutiert sich aus gelernten und angelernten Arbeitern und Verkäufern. 37 Prozent aller Ehefrauen und Mütter sind etwa 17 Jahre und länger erwerbstätig. Zur Schicht V (18 Prozent der Haushalte) zählen an- und ungelernte Arbeiter, Einwanderer aus Süd- und Osteuropa, vor allem Slumbevölkerung. 48 Prozent der Ehefrauen sind erwerbstätig[22].

Auch diese Studie ergab, daß Schizophrene in der untersten sozialen Schicht deutlich überrepräsentiert waren.

Eine detaillierte Diskussion der Ergebnisse soll allerdings hier nicht geführt werden[24]. Denn mir scheint die Auseinandersetzung mit jenem theoretischen Rahmen, der dieser Untersuchung zugrunde liegt und wie er in der amerikanischen Sozialforschung durchaus nicht selten ist, zunächst notwendiger, um die Relativität der Aussagekraft seiner empirischen Befunde auch kritisch beurteilen zu können. *Hollingshead* geht analog zur sozialpsychiatrischen Ökologie von der Gemeinde als sozialer Grundkategorie aus. Er beschreibt und ordnet Erscheinungsformen menschlichen Zusammenlebens, ohne sie nach ihrem volkswirtschaftlichen, politischen und gesamtgesellschaftlichen Kontext zu befragen. Da nun die Formen des sozialen Handelns aber sehr vielfältig sind – er spricht selbst von einer »Plethora an Fakten«[25] – und sich die Schichtentheoretiker über verbindliche Kriterien der Statuszuordnung kaum einig sind, entscheidet er sich für eine spezifische vertikale und horizontale Gliederung der Sozialstruktur von New-Haven. Während die Vertikale vornehmlich auf rassischen, ethnischen und religiösen Faktoren beruht, ist die Horizontale Ausdruck gemeinsam empfundener und akzeptierter kultureller Werte, mit welchen besonders Berufe, Erziehung oder Wohngegenden besetzt sind[26]. Ein kulturelles Wertsystem, dessen Ableitung offenbleibt, wird somit zur Ursache und zum Träger seines Schichtungsmodells hypostasiert. *Hollingshead* geht es zunächst um die Deskription tendenziell beliebiger sozialer Diskriminierungen, die aus dem unterschiedlichen Prestige bestimmter persönlicher Merkmale resultieren und tagtäglich praktiziert werden. Im zweiten Schritt wird dann die statistische Zuordnung psychiatrischer Erkrankungen, deren Ätiologie, Diagnose, Therapie und Prognose nicht minder problematisch ist, zu dieser Diskriminierungsskala untersucht. Diese Art des Vorgehens kollidiert jedoch mit einer elementaren soziologischen Erkenntnis:

daß nämlich Wertvorstellungen und Normen – sei es in der Gemeinde oder der Gesellschaft – nicht unabhängig vom jeweiligen gesellschaftlichen Reproduktionsprozeß zu denken sind. Die Soziologie und damit auch die Medizinsoziologie kann sich heute nicht mehr darauf beschränken, den Widerspruch von öffentlich propagierter Gleichheit und privater diskriminierender Ungleichheit[27] auf dieser allgemeinen Ebene bloß festzustellen. Es gilt vielmehr, die objektiven Bedingungen dieses Konflikts aus der Analyse der materiellen Produktion, den je spezifischen Eigentums- und Aneignungsverhältnissen, zu erarbeiten und ihren unmittelbaren oder mittelbaren Einfluß auf Krankheitsvorgänge herauszufinden.

Dieser Auffassung verschließt sich auch *Hollingshead* nicht völlig. Das geht aus der Tatsache hervor, daß er dem Beruf, der organisierten und geteilten menschlichen Arbeit zum Zwecke der Reproduktion, den höchsten Stellenwert in seinem »Index der sozialen Position« beimißt. Dennoch dominiert in der Aufstellung der beruflichen Rangordnung die subjektive Wertschätzung, das Berufsprestige, das den jeweiligen Berufsgruppen von den Mitgliedern der Gesellschaft zugeschrieben wird[28]. Die *berufliche* Klassifizierung richtet sich also nach *außerberuflichen* Merkmalen und erweckt damit den Anschein, daß die durch den Arbeitsprozeß – als Prozeß der Kapitalverwertung – vermittelten Bedingungen von Herrschaft sowie deren subjektive Erfahrung von geringer Bedeutung sind. Dieser prinzipielle methodologische Mangel impliziert, daß die objektiven sozialen Antagonismen, die sich in der konkreten Arbeitssituation der Selbständigen und Unselbständigen niederschlagen, verdeckt werden und sich der therapeutischen Intention empirischer Sozialforschung entziehen. Die Ausklammerung der gesellschaftlichen Arbeitsverfassung und damit die Verschleierung ihrer jederzeit wahrnehmbaren Derivate, die sich empirisch bestimmen und auswerten lassen, macht es *Hollingshead* z. B. möglich, einerseits Unternehmer, freipraktizierende und angestellte Akademiker sowie hohe geistliche Würdenträger ohne Bedenken in der Oberschicht zusammenzufassen und andererseits Arbeiter über Schicht III, IV und V zu verteilen. Unter gleichem Aspekt muß auch das Merkmal »Einkommen« diskutiert werden, das hier als quantitatives Symptom und nicht in seiner sozialökonomischen Funktion berücksichtigt wird. Dadurch verwischen sich die qualitativen Einkommensunterschiede sowohl nach der Seite ihrer Herkunft (Gewinn- oder Arbeitseinkommen) als auch nach der Seite ihrer Verwendung (zur Akkumulation oder zum Konsum bestimmtes

Einkommen). Dieses Verfahren widerspricht soziologisch-analytischem Vorgehen, dem es um die Klärung objektiver gesellschaftlicher Abhängigkeitsverhältnisse und Zusammenhänge geht, dem es darauf ankommt, den Nerv sozialer Transformationen zu erfassen und nicht immer wieder aufs neue scheinbar therapieresistente Strukturen nur zu beschreiben.

Die epidemiologisch statistischen Untersuchungen, für die hier Arbeiten von *Clark, Frumkin, Hollingshead* und *Redlich* exemplarisch dargestellt wurden, haben versucht, Erkrankungswahrscheinlichkeiten für bestimmte soziale Schichten zu ermitteln. In dem Maße, wie räumliche Stadtstrukturen durch soziologische ersetzt und ergänzt wurden, gingen sie über das ökologische Modell hinaus. Beide Konzeptionen sind bestrebt, diagnostisch verschwommene Begriffe wie »Umwelteinflüsse«, »Milieu« oder »soziales Verhalten«, die noch immer gern als soziologisches Alibi fungieren, ohne daß sie sich theoretisch und praktisch fassen lassen, zu operationalisieren. Gemäß amerikanischen Schichtungstheorien werden in der psychiatrischen Epidemiologie vor allem subjektive Faktoren zwischenmenschlicher Beziehung isoliert, die mit hoher Wahrscheinlichkeit den Krankheitsverlauf beeinflussen. Gleichwohl bewegen sich diese Untersuchungen so lange an der Oberfläche gesellschaftlicher Vorgänge, solange die schichtenspezifischen Faktoren nicht auf ihre Voraussetzungen im gesellschaftlichen Reproduktionsprozeß zurückgeführt werden. Dabei können zunächst Untersuchungen weiterhelfen, die die konkreten Auswirkungen der Erwerbstätigkeit auf Geisteskranke analysieren.

IV.

Einige Überlegungen und empirische Befunde zur Auswirkung der gesellschaftlichen Arbeit auf das Bewußtsein und damit auch die »mental health« von Arbeitenden liegen bereits vor. Hier sind besonders die Studien von *Arthur Kornhauser*[29] zu erwähnen, in welchen der Einfluß der Massenproduktion auf die psychische Gesundheit von Autoarbeitern in Detroit untersucht wurde. Er fand heraus, daß die »mental health«[30] mit dem Qualifikationsgrad sowohl bei jüngeren als auch bei älteren Arbeitern zunimmt[31]. Für dieses Ergebnis können zwei alternative Voraussetzungen ausschlaggebend sein: entweder es ist eine Selektion spezifischer Personentypen oder aber Ausdruck der Arbeitsbedingungen selbst. Beruht die »mental health« der Arbeiter auf

einem personellen Selektionsprozeß, so müßten sich personelle Differenzen bereits in vorberuflichen Bereichen, wie der Ausbildung, bemerkbar machen. Diese These wurde von *Kornhauser* falsifiziert, so daß die Persönlichkeit der Arbeiter als Ursache ihres psychischen Zustandes weitgehend ausscheidet. Statt dessen bestätigte sich die Vermutung, daß der Grad der mentalen Gesundheit der untersuchten Autoarbeiter als Ausdruck der Produktion und deren konkreter Bedingungen zu begreifen ist.
Eine Arbeitsgruppe der *World Health Organization*, die nach potentiell pathogenen Faktoren suchte, welche im Zuge zunehmender Automation in der industriellen Produktion die »mental illhealth« beeinflussen, kam zu dem Ergebnis, daß die wachsende Verantwortung und Aufmerksamkeit, der Verlust sozialer Kontakte, die Reduktion spontaner Initiativen sowie die Anonymität des Produktionsprozesses die mentale Entwicklung der dort Arbeitenden prägen[32]. Dies bedeutet, daß nicht nur die Anpassung an die technologische Veränderung des Arbeitsrhythmus, der in der Regel für bestimmte Berufsgruppen immer monotoner wird, sondern auch die zunehmende Organisierung und Planung der betrieblichen und gesellschaftlichen Arbeit auf psychische Prozesse einwirken. Dazu zählen vor allem die Arbeitsplatzsicherheit, gute Arbeitszeiten, reale Aufstiegsmöglichkeiten sowie der Stellenwert horizontaler und vertikaler Kooperation innerhalb des Betriebs. Der Einfluß solcher objektiver Arbeitsbedingungen auf das Bewußtsein der Arbeitenden wurde bereits in betriebssoziologischen Untersuchungen geltend gemacht[33], so daß psychiatrische Forschung, die psychopathologische Funktionen von Arbeit ermitteln will, auf soziologische Vorarbeiten zurückgreifen kann.
Der Wandel der technischen Apparatur und der betrieblichen Organisation ist allerdings nicht nur ein mechanischer. Das ergibt sich schon daraus, daß die Veränderung der Produktionsmethoden selbst auf einen nicht-technischen Sachverhalt, den Betriebszweck, zurückzuführen ist. Erst die Reflexion dieses gesellschaftlichen Zweckes einer sozialen Institution erschließt der soziologischen Analyse die objektiven Funktionen, das Verhalten und das Bewußtsein ihrer Mitglieder. Solange die betriebliche Intention der privaten Aneignung des gesellschaftlichen Mehrprodukts gilt, bleiben die unmittelbar erfahrenen Spannungen am Arbeitsplatz Symptom des konstitutiven Interessengegensatzes zwischen Management und Belegschaft, auch wenn dieser zeitweise von »Sachzwängen«[34] verdeckt zu sein scheint.
Dem Teil der Psychiatrie, dem es um die Transparenz des Verhält-

nisses zwischen sozialen Widersprüchen und Geisteskranken geht, muß daran gelegen sein, den spezifischen Charakter der gesellschaftlichen Arbeit, ihrer Funktionsteilung sowie ihrer Abhängigkeit von den Bedingungen der spätkapitalistischen Konkurrenz, zum Gegenstand wissenschaftlicher Auseinandersetzungen zu machen. Ohne Zweifel reicht es nicht aus, sich mit der Einsicht in diese allgemeinen Wirkungszusammenhänge zu begnügen, sondern es gehört zur wesentlichen Aufgabe, diejenigen Gesetze und Regeln zu erforschen, nach denen sich die konkreten Beziehungen zwischen psychiatrisch Erkrankten und der Erwerbstätigkeit entfalten. Unter solchen Bedingungen verändert sich der vorherrschende Inhalt der Sozialpsychiatrie. Sie konzentriert sich dann nämlich auf den Kern des Gesellschaftlichen, auf den Erwerb, und wird zu einer *kritischen Arbeits- oder Erwerbspsychiatrie*.

ANMERKUNGEN

1 *E. Haeckel*, zit. nach: *O. D. Duncan*, Humanökologie, in: Wörterbuch der Soziologie, hrsg. v. *W. Bernsdorf*, Stuttgart 1969, S. 427.
2 *R. D. McKenzie*, Ecology Human, in: Encyclopaedia of the Social Science, Bd. V, S. 314, siehe: *Th. W. Adorno und W. Dirks* (Hrsg.), Soziologische Exkurse, Frankfurt 1956, S. 146, Anm. 2 und 3 (Hervorhebung durch Verf.).
3 *R. E. Park*, Human Ecology, in: Amer. J. Sociol. 42 (Jul. 1936), S. 1 ff.
4 *R. E. Park, E. W. Burgess* und *R. D. McKenzie* (Eds.), The City, Chicago, University of Chicago Press, 1925.
5 Vgl. hierzu: *E. W. Burgess* in der Einführung zu *R. E. L. Faris/H. W. Dunham*, Mental Disorders in Urban Areas, New York, Hafner Publishing Co., 1960, S. XVII.
6 *R. E. L. Faris/H. W. Dunham*, a.a.O., S. 151.
7 Soziologische Exkurse, a.a.O., S. 136.
8 Vgl. hierzu: *R. E. L. Faris/H. W. Dunham*, a.a.O., S. 1–22; besonders: S. 4.
9 Ebda., S. 20f.
10 Vgl. hierzu: *G. W. F. Hegel*, Grundlinien der Philosophie des Rechts, hrsg. von *J. Hoffmeister*, Hamburg 1955, S. 28.
11 *A. Mitscherlich*, Die Unwirtlichkeit unserer Städte, Frankfurt 1965, S. 32; vgl. hierzu auch: *W. Hofmann*, Bodeneigentum und Gesellschaft – Theorie und Wirklichkeit, in: Bodenordnung? Vorschläge zur Verbesserung der Sozialfunktion des Bodeneigentums, hrsg. v. *F. Schreiber*, Stuttgart, Bern 1969; *H. Berndt, A. Lorenzer, K. Horn*, Architektur als Ideologie, Frankfurt 1968. – *Faris* und *Dunham* gehen wohl auf die Konkurrenz der Bodenpreise ein, die als Mittel der Differenzierung innerhalb der Zonen fungiert (a.a.O., S. 4). Da dieser Gedankengang aber nicht näher ausgeführt und begründet wird, ist anzunehmen, daß auch hier die Vorstellungen von Park akzeptiert werden. Für ihn war nämlich »der Wettbewerb ein sozialer

Prozeß, dessen Ausgang ›natürlich‹ ist, jedenfalls in dem Sinne, daß er ungeplant und ungewollt ist« (*A. H. Hawley*, Theorie und Forschung in der Sozialökologie, in: Handbuch der empirischen Sozialforschung, hrsg. v. *R. König*, Bd. I, Stuttgart 1967, S. 481).

12 *R. E. L. Faris/H. W. Dunham*, a.a.O., S. 38–62.

13 Vgl. hierzu: *R. Lapouse, M. A. Monk, M. Terris*, The Drift Hypothesis and Socioeconomic Differentials in Schizophrenia, in: Amer. J. Public, 46 (1956), S. 978–986; *S. K. Weinberg*, Urban Areas and Hospitalized Psychotics, in: *ders.*, The Sociology of Mental Disorders, Chicago, Aldine Publishing Company, 1967 (Literaturübers.). *Levy* und *Rowitz*, die 1960/61 ebenfalls die räumliche Verteilung von Schizophrenen in Chicago untersuchten, konnten für die einmalige Aufnahme (unduplicated admission) von Schizophrenen das Verteilungsmuster von Faris und Dunham bestätigen, während sie für die Erstaufnahme (first admission) Schizophrener keine eindeutige Verteilung fanden. Diesen Unterschied erklären sie mit den »vielen Veränderungen in der sozialen Zusammensetzung, in der Bodennutzung und anderen geographischen Veränderungen, die in den dazwischenliegenden 30 Jahren durch die industrielle Entwicklung Chicagos stattgefunden haben (*L. Levy, L. Rowitz*, The Spatial Distribution of Treated Mental Disorders in Chicago, in: Sozialpsychiatrie, Vol. 5, No. 1, 1970, S. 1–11). Obwohl hier die historische Dynamik gesellschaftlicher Institutionen festgestellt wird, gelingt es den Autoren nicht, zu jenen Kräften, die diese Entwicklung vornehmlich prägen, den veränderten Bedingungen der Kapitalverwertung, vorzudringen und sie in ihre Analyse einzubeziehen. Daher bleibt auch der Interpretationsversuch ihrer neuen Ergebnisse mehr oder weniger unverbindlich.
Für die Bundesrepublik: *H. Häfner, H. Reimann, H. Immich, H. Martini*, Inzidenz seelischer Erkrankungen in Mannheim 1965, in: Sozialpsychiatrie, 4 (1969), S. 126–135; ebenso die aufschlußreiche Untersuchung von *W. D. Michaelis*, Methoden und Ergebnisse psychiatrischer Ökologie, Vortrag gehalten auf den »7. Hamburger psychiatrisch-medizinischen Gesprächen« über die Rückkehr der Kranken in die Gesellschaft, 3./4. April 1970, hier: »Ich habe in Köln 1960/61 für einige Bezirke Erstaufnahmeraten für Schizophrenie und Zyklothymie gefunden, die doppelt so hoch waren wie der Stadtdurchschnitt.... Entsprechende Raten für Schizophrene, Psychopathen und abnorme Erlebnisreaktionen waren bei Arbeitern (für ganz Köln) doppelt so hoch wie bei Angehörigen der höheren Sozialschichten.«, erschienen in: *K. Dörner/U. Plog* (Hrsg.), Sozialpsychiatrie, Neuwied 1972, S. 77ff.

14 Die Inzidenz gibt die Zahl der Neuerkrankten einer Population innerhalb eines bestimmten Zeitraumes an, und die Prävalenz bezeichnet die totale Anzahl der Erkrankten, also Neuerkrankte und solche, die schon vor dem Untersuchungszeitraum erkrankt waren. Während die Prävalenzrate aufgrund des langen Zeitraums durch therapeutische und iatrogene Effekte modifiziert sein kann, ermöglicht die Inzidenzrate eher die Einsicht in die ätiologischen Voraussetzungen einer Krankheit.

15 *R. E. Clark*, The Relationship of Schizophrenia to Occupational Income and Occupational Prestige, in: Sociol. Rev. 13 (1948), S. 325–330; ebenso: *ders.*, Psychoses, Income, and Occupational Prestige, in: *R. Bendix, M. Lipset* (Eds.), Class, Status and Power, Glencoe, III, 1953, S. 333–340.

16 *R. M. Frumkin*, Occupation and Mental Illness, in: Ohio Public Welfare Statistics, Sept. 1952, S. 4–13; *ders.*, Occupation and Major Mental Disorder, in: Mental Health and Mental Disorder, ed. by *A. M. Rose*, New York, Norten, 1955, S. 136–160, besonders S. 153; *ders.*, Social Factors in Schizo-

phrenia, in: Sociology and Social Research, 38 (July–Aug. 1954), S. 383–386.

17 *A. B. Hollingshead/F. C. Redlich*, Social Class and Mental Illness, A Community Study, New York, John Wiley & Sons, Inc. 1958. [S. Fischer Verlag 1975].

18 Vgl. *R. A. Moore, et al.*, Social Class, Schizophrenia and the Psychiatrist, in: Amer. J. Psychiat. 120 (1963), S. 149–154; *J. K. Myers/L. L. Bean*, A Decade Later: A Fellow-up of Social Class and Mental Illness, New York, 1968, S. 16; *J. K. Myers/L. Schaffer*, Social Stratification and Psychiatric Practice: A Study of an Out-Patient Clinic, in: *S. K. Weinberg*, a.a.O., S. 276–278; *S. M. Miller/E. G. Mishler*, Social Class, Mental Illness, and American Psychiatry: An Expository Review, in: *S. K. Weinberg*, a.a.O., S. 279–290.

19 *A. B. Hollingshead/F. C. Redlich*, a.a.O., S. 387.

20 Ebda., S. 67 und 397.

21 Ebda., S. 67f. Um Mißverständnisse mit dem Begriff der sozialen Klasse, wie er in der deutschsprachigen Soziologie üblich ist, zu vermeiden, empfiehlt es sich, »social class« mit sozialer Schicht zu übersetzen.

22 Ebda., S. 66–136.

23 Ebda., S. 232 und 236.

24 Vgl. hierzu: *S. M. Miller/E. G. Mishler*, a.a.O.; *W. A. Rushing*, Two Patterns in the Relationship between Social Class and Mental Hospitalization, in: Amer. Sociol. Rev., 34 (Aug. 1969), S. 533–541; *H. Berndt*, Zur Soziogenese psychiatrischer Erkrankungen, in: Soziale Welt 19 (1968), S. 33f; *dies.*, Rezension von »Social Class and Mental Illness« (*Hollingshead/Redlich*), in: Das Argument, 54 (Dez. 1969), S. 504–506.

25 *A. B. Hollingshead/F. C. Redlich*, a.a.O., S. 388.

26 Vgl. ebda., S. 64 und 388.

27 Ebda., S. 4.

28 Ebda., S. 390f.

29 *A. Kornhauser*, Mental Health of the Industrial Worker, New York 1965; *ders.*, Toward an Assessment of the Mental Health of Factory Workers: A Detroit Study, in: *F. Riessman et al.*, Mental Health of the Poor, The Free Press of Glencoe, London 1964, S. 49–56; vgl. hierzu auch die kritische Arbeit von *H. Abholz/H. Hippius/M. Lange*, Die Arbeitssituation schizophrener Patienten als Problem der Resozialisierung, Vortrag: V. Bad Kreuznacher Symposion, Schizophrenie und Umwelt, 17./18. April 1970.

30 *A. Kornhauser*, Toward an Assessment of Mental Health of Factory Workers, a.a.O., S. 51: Hier wird ein Index angegeben, mit dem die »mental health« bestimmt wurde.

31 Ebda., S. 52.

32 *World Health Organization*, Techn. Rep. Ser., No. 183, Mental Health Problems of Automation, Geneva 1959, besonders S. 11 und 23.
Ein Symptom, das schon seit längerem bei Haftpsychosen bekannt ist, wird hier für spezifische Formen der Betriebsarbeit beschrieben: »Recent experiments have in fact shown that complete sensory deprivation, unaccompanied by any other strain, will, if prolonged, lead to psychological disturbances and even provoke hallucinations (Sperrung d. Verf.)« (S. 12).

33 Vgl. hierzu: *L. v. Friedeburg*, Soziologie des Betriebsklimas, Frankfurt 1963, S. 38ff passim.

34 Vgl. hierzu: *H.-U. Deppe*, Die technische Effizienz in *Schelskys* »Wissenschaftlicher Zivilisation«, in: Das Argument, 50/2 (1969), S. 141 bis 146.

Gesundheitssicherung am Arbeitsplatz

In der Vergangenheit war es durchaus nicht üblich, daß Gewerkschaften gemeinsam mit Universitäten ihre Probleme berieten und nach Lösungsmöglichkeiten suchten. Denn Universitätsabsolventen zählten in der Regel zu jenen, die im Betrieb zu denen »da oben« gehörten, und sie hoben sich schon äußerlich durch ihre Kleidung, den »weißen Kittel« vom »Blauen«, ab. Dies ist sicher auch heute noch in weiten Teilen der Fall, da Akademiker sehr häufig unternehmerische Funktionen wahrnehmen und von daher der Unternehmensleitung, deren Interesse primär auf eine optimale Kapitalverwertung gerichtet ist, nahestehen. Andererseits zeigt sich jedoch, daß infolge einer zunehmenden Technisierung und Verwissenschaftlichung des Produktionsprozesses die scharfen Grenzen zwischen Technikern und Arbeitern – überhaupt zwischen Angestellten und Arbeitern – verwischt werden, und daß sich auch ein zunehmender Teil der Akademiker – insbesondere der akademischen Jugend – mit den Problemen der Arbeitenden identifiziert. Denn sie sehen immer deutlicher, daß sich darin auch ihre höchst eigenen Probleme widerspiegeln. Erwähnt sei in diesem Zusammenhang nur die Frage der Arbeitslosigkeit, die in ökonomischen Krisen heute auch nicht mehr vor Angestellten und Wissenschaftlern haltmacht. Die Inhalte und Konsequenzen der abhängigen Arbeit, die in ökonomischen Krisenzeiten besonders hart zutage treten, sind es also, die Akademiker und Arbeiter zum gemeinsamen Handeln herausfordern.

Ein Bereich gemeinsamen Vorgehens ist auch die Untersuchung des Verhältnisses von Gesundheit und Arbeit. Die wissenschaftliche Beschäftigung mit Gesundheit bzw. Krankheit wird gemeinhin zum Metier des Arztes gerechnet. Und der gesundheitliche Zustand ist sowohl Voraussetzung als auch Resultat der menschlichen Arbeit. So ist Gesundheit notwendig, um überhaupt arbeiten zu können; und das Ergebnis von Arbeit, die materiellen Werte, schaffen erst die Möglichkeiten für eine bessere Erhaltung von Gesundheit bzw. der Bewältigung von Krankheit. Gesundheit und Arbeit gehören also eng zusammen. Gleichwohl widersprechen sie sich aber auch. Seit dem 16. Jahrhundert ist bekannt, daß Arbeit auch krank macht, das heißt Gesundheit verschleißt.

Heute beschäftigen sich mit diesen Fragen vor allem die Arbeitsmedizin und die Arbeitswissenschaften. Über den Verschleiß von Gesundheit am Arbeitsplatz soll im folgenden ausführlich gesprochen werden. Ich gehe zunächst auf beruflich bedingte Krankheiten und Arbeitsunfälle ein, um dann anschließend die notwendigen medizinischen Versorgungseinrichtungen darstellen zu können.

I. Durch Arbeit bedingte Erkrankungen

Als Berufskrankheiten werden gegenwärtig laut Verordnung 47 genau umschriebene Krankheiten bezeichnet, die durch chemische Stoffe, physikalische Einwirkungen, Infektionserreger oder Abnutzungserscheinungen bedingt sind.

1975 wurden 38 296 Berufskrankheiten angezeigt und 6 104 erstmals entschädigt. Diese Zahlen sind deshalb so niedrig, weil nur ein sehr geringer Teil der durch Arbeit und Beruf hervorgerufenen Krankheiten als Berufskrankheiten anerkannt werden. So werden z. B. psychosomatische Störungen des Herz-Kreislaufsystems, des Magen-Darm-Traktes oder des vegetativen Nervensystems mit chronischen Folgen nicht als Berufskrankheiten anerkannt, obwohl viel dafür spricht, daß Technologie und Organisationsstruktur des Betriebes zu solchen Gesundheitsstörungen führen.

Wesentlich für diese Entwicklung ist eine Veränderung der Berufsanforderungen, die mit einer Veränderung der industriellen Arbeit infolge zunehmender Mechanisierung und Automatisierung einhergehen. Als Folge technologischer Veränderungen ergibt sich im Bereich der Produktionstätigkeit eine Polarisierung der Beschäftigungstruktur nach Tätigkeitsinhalten und Arbeitsanforderungen in dem Sinne, daß auf der einen Seite einfache und zumeist einseitige Tätigkeiten und auf der anderen Seite höher qualifizierte Tätigkeiten bestehen oder neu entstehen. Der Anteil der komplexen Tätigkeiten mit mittleren Anforderungen geht zurück. Industriesoziologische Untersuchungen haben herausgefunden, daß mit steigendem Mechanisierungs- und Automatisierungsgrad eine Verschiebung innerhalb der Anforderungsstruktur zu geistig-psychischen Anforderungen erfolgt, während körperliche Arbeitsanforderungen abnehmen. In Zukunft wird bei Produktionsarbeitern an hoch mechanisierten oder teilautomatisierten Anlagen weniger technologisches Wissen als vielmehr Denkvermögen in kybernetischen Zusammenhängen erforderlich sein. Zur Aufnahme und Verarbeitung der den Arbeitsablauf bestimmenden Informationen wird die Fähigkeit zur Verallgemeinerung sowie ein hohes Reaktionsvermögen und psychische Stabilität erforderlich.

Mit der Veränderung der Arbeitsmittel, Arbeitsgegenstände und Berufsanforderungen verschiebt sich auch das Spektrum der beruflichen Krankheitsursachen: so wächst mit steigender Verantwortung die Angst vor Fehlhandlungen, die unmittelbare Kooperation und Kommunikation am Arbeitsplatz wird immer schwieriger, und vollends werden durch die Einförmigkeit und Reizarmut von Arbeitsvorgängen nicht selten Unlustgefühle und Müdigkeit erzeugt, Pulsfrequenz und Blutdruck heruntergedrückt sowie die Aktivität und Reaktionsfähigkeit erheblich vermindert. Überdies sind die Gesundheitsstörungen aus der Schichtarbeit, dem Akkord und der Fließbandtätigkeit bekannt. Hinzu kommt im privatwirtschaftlich organisierten Produktionsprozeß die stetige Ungewißheit über die zukünftigen Existenzbedingungen. Das heißt Angst vor Arbeitslosigkeit, Kurzarbeit und Freisetzungen infolge von Rationalisierungen oder wirtschaftlichen Krisen, Veränderungen herkömmlicher Gepflogenheiten, Angst vor dem Verlangen nach größerer Anpassungsfähigkeit oder vor Umsetzungen, die außerhalb des eigenen Entscheidungseinflusses liegen. Es sind also nicht nur unmittelbare betriebliche Einflüsse, sondern auch solche, die über den Betrieb hinaus allgemeinen wirtschaftlichen und gesellschaftlichen Charakter haben.

An dieser Stelle ist besonders auf die Verschiebung der Ursachen von primär physisch zu psychosozial bedingten Erkrankungen am Arbeitsplatz hinzuweisen. Da dieses Gebiet von der Arbeitsmedizin und den Arbeitswissenschaften bisher nur ansatzweise untersucht wird, sind hier entsprechende Anstrengungen dringend notwendig. Denn wissenschaftliche Ergebnisse auf diesem Gebiet sind Voraussetzung dafür, daß die Forderung nach Ausweitung des Katalogs der Berufskrankheiten durchgesetzt werden kann. Hier sind beide, Wissenschaft und Gewerkschaft, in der Durchsetzung eines gemeinsamen Zieles eng aufeinander angewiesen.

II. Zu den Arbeitsunfällen

Als Arbeitsunfall bezeichnet man ein einmaliges, plötzliches von außen her einwirkendes Ereignis, das erkennbare Schädigungen des Körpers verursacht. Nach der Rechtsprechung ist die Zeitspanne der schädigenden Einwirkung auf einige Stunden bzw. höchstens auf eine Arbeitsschicht erweitert worden. In der Bundesrepublik wurden 1975 knapp 2 Millionen Arbeitsunfälle inklusive Wegeunfälle angezeigt. Bei einer Gesamtzahl von 26 Millionen Erwerbstätigen heißt das, daß etwa jeder 12. Erwerbstätige 1975 in der Bundesrepublik einen *angezeigten* Arbeitsunfall hatte. 4537 Arbeitsunfälle verliefen tödlich.

Zu betonen ist, daß es sich hierbei um angezeigte Arbeitsunfälle handelt. Darunter versteht man Unfälle, die eine Arbeitsunfähigkeit von mehr als drei Tagen nach sich ziehen. Also die leichteren Unfälle sind mit dieser Zahl gar nicht erfaßt. Überdies sagt jene Zahl auch wenig über das Unfallrisiko aus: Denn die Kreissäge, die nur die Fingerkuppe abschneidet, hätte genauso den ganzen Finger erfassen können oder ein unstürzender Materialstapel, der zu einer leichten Verletzung führt, hätte ebensogut einen Arbeiter unter sich begraben können; ganz zu schweigen von den sogenannten »Beinaheunfällen«. Die Gesamtzahl der Arbeitsunfälle und das Unfallrisiko liegen also wesentlich höher, als die angegebene Zahl.

Die Häufigkeit der angezeigten Arbeitsunfälle pro tausend Vollarbeiter hat sich von 1949 bis 1961 um etwa 95 Prozent erhöht. Seit 1961 haben wir einen Abfall von etwa 35 Prozent. Der Höhepunkt war also 1961. Da in den 60er Jahren die ärztliche Betreuung am Arbeitsplatz nahezu konstant schlecht war, kann die Veränderung darauf nicht zurückgeführt werden. Als Erklärung bietet sich vielmehr eine strukturelle Veränderung des Arbeitsprozesses selbst an. Es läßt sich nämlich feststellen, daß mit zunehmender Mechanisierung und Automatisierung in den 60er Jahren der arbeitende Mensch zunehmend neben den unmittelbaren Fertigungsprozeß tritt, womit eine Minderung der Unfallgefahr einhergeht. Zudem ist festzustellen, daß in der unmittelbaren Produktion infolge technologischer Rationalisierung deutlich weniger Arbeiter beschäftigt werden, während die Beschäftigten in weniger unfallgefährdeten Bereichen – wie dem Dienstleistungssektor – angestiegen sind.

Nun zeigt sich, daß die relative Häufigkeit der angezeigten Arbeitsunfälle seit 1961 nicht stetig zurückgeht, sondern daß in der Kurve 1963, 1966/67 und 1974/75 deutliche Senkungen ermittelt werden können. Diese Unfallsenkungen laufen bezeichnenderweise zu den ökonomischen Krisen in der Bundesrepublik parallel, deshalb mutmaßte der frühere Bundesarbeitsminister Arendt zu Recht: »Die Häufigkeit der Arbeitsunfälle zeigt ein charakteristisches Bild mit leichten Knicken nach oben und unten...! Das legt die Vermutung nahe, daß Konjunkturverlauf und Unfallhäufigkeit in Wechselwirkung zueinander stehen.«

Tabelle 3: Angezeigte Arbeitsunfälle und Häufigkeit der angezeigten Arbeitsunfälle je 1000 Vollarbeiter seit 1949

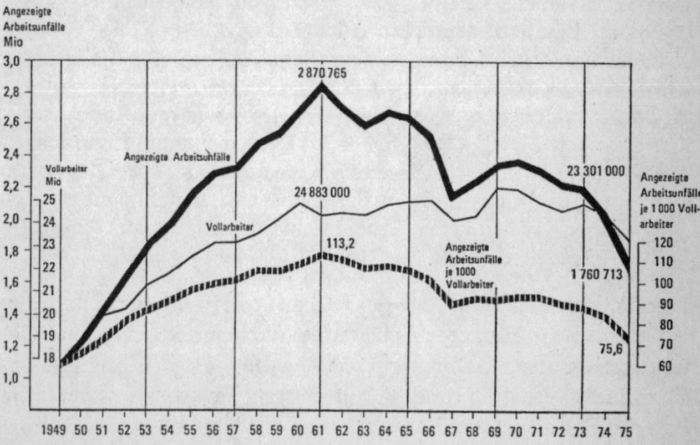

Quelle: Bericht der Bundesregierung über den Stand der Unfallverhütung und das Unfallgeschehen in der Bundesrepublik Deutschland (Unfallverhütungsbericht). Deutscher Bundestag, 7. Wahlperiode, Drucksache 7/5817, vom 14. 10. 1976, S. 7.

Diese Reaktion auf ökonomische Krisen schlägt sich indessen nicht allein in der Registratur der angezeigten Arbeitsunfälle nieder, sondern wir haben ähnliche Phänomene auch in anderen Bereichen der Krankenversorgung:

- So ist bekannt, daß der betriebliche *Krankenstand* in Krisenzeiten zurückgeht.
- »Aus Angst vor Verlust des Arbeitsplatzes scheut ein Teil der Patienten den notwendigen *Gang zum Arzt*«, äußerte der Vorsitzende des Verbandes der Niedergelassenen Ärzte Deutschlands, K. Roos[1]
- Anfang 1976 hieß es in der Presse, daß die *Kuranträge* nachgelassen haben, und als Erklärung dafür wurde angegeben: ».... daß nicht wenige Arbeitnehmer, die eine Kur nötig hatten und sie voraussichtlich auch bewilligt bekämen, aus Angst vor dem

möglichen Verlust ihres Arbeitsplatzes erst gar keinen Antrag stellten.«

- Ähnliche Erscheinungen treten in den Krankenhäusern auf, deren *Bettenbelegung* 1975 um 5 Prozent zurückgegangen ist. Als Hauptgrund für den Rückgang wird die Konjunkturlage und die daraufhin wieder größer gewordene Angst vor dem Verlust des Arbeitsplatzes bei den Arbeitnehmern vom Präsidenten der Deutschen Krankenhausgesellschaft genannt. Es heißt: »Dieser konjunkturell begründete Belegungsrückgang sei genau vergleichbar mit der Entwicklung des Rezessionsjahres 1967. Wie sich aus den Zahlen einiger größerer Krankenhäuser ablesen lasse, sei der Anteil der über 50jährigen Arbeitnehmer in den Krankenhäusern deutlich zurückgegangen. Auch die Verweildauer der Arbeitnehmer sei gesunken. Die Patienten drängen viel stärker zurück an den Arbeitsplatz als noch vor einem Jahr.«[1a]
- Und schließlich hieß es im Geschäftsbericht der Industriegewerkschaft Metall – um wieder auf die Arbeitsunfälle zurückzukommen –: »Die berufsgenossenschaftlichen Ärzte (D-Ärzte) vermerkten häufig in ihren Berichten: ›Arbeitsfähig auf eigenen Wunsch‹, das heißt, der Arbeitnehmer übernahm aus Angst um den Arbeitsplatz selbst das Risiko der Unfallfolgen.«[2]

Dies alles spricht dafür, daß das konstitutive Element der privaten Wirtschaftsordnung, die Arbeitsunsicherheit der Lohn- und Gehaltsabhängigen, einen nicht unbedeutenden Einfluß auf das Krankheitsverhalten und damit dessen statistische Erfassung hat.

Die Arbeitsunfallhäufigkeit ist verständlicherweise nicht in allen Wirtschaftsbereichen gleich groß. Die meisten Arbeitsunfälle treten im gewerblichen Bereich auf, und hier wiederum in jenen Sektoren, in denen körperlich schwer gearbeitet wird. Schwerarbeiter haben in der Regel mehr als doppelt so häufig Arbeitsunfälle. So zählen die Arbeitsplätze im Bergbau, in der Bauindustrie (insbesondere im Tiefbau), der Holzindustrie sowie der Eisen- und Stahlindustrie zu den gefahrvollsten.

Auch sind bestimmte gesellschaftliche Gruppen von Arbeitsunfällen besonders hart bedroht. Hier sind an hervorragender Stelle die ausländischen Arbeiter zu nennen. Die Unfallhäufigkeit der ausländischen Arbeiter liegt etwa 2,5mal so hoch wie die der inländischen Arbeiter. Dies läßt sich nicht allein mit den Sprachschwierigkeiten erklären, sondern wir wissen – und das zeigt sich in der gegenwärtigen Krise besonders deutlich –, daß der Arbeitsplatz von Ausländern besonders unsicher ist und daß die ausländischen Arbeiter in der Regel an den gefährlichsten Arbeitsplätzen – in der Bau- und Stahlindustrie – im Gegensatz zu den inländischen

Arbeitern eingesetzt werden. Die heimischen Arbeiter müssen sich deshalb verstärkt für die gesundheitlichen Bedürfnisse ihrer ausländischen Kollegen am Arbeitsplatz einsetzen, wenn die Solidarität der Arbeiterschaft an dieser Stelle nicht gespalten werden soll.

Gemeinhin werden die *Ursachen von Arbeitsunfällen* nach zwei Kategorien unterschieden:

- nach technischen Mängeln und
- nach menschlichem Versagen.

Unter *technischen Mängeln* werden Einflüsse verstanden, die von den Produktionsmitteln und dem Arbeitsablauf ausgehen, also Mängel in der Anlage des Betriebes, Apparaturen, Maschinen, Werk- und Baustoffen usw.

Menschliches Versagen als Ursache von Arbeitsunfällen hingegen bezeichnet die bewußte oder unbewußte Vernachlässigung von Vorschriften und Sicherheitsvorkehrungen durch den Arbeitenden.

In einem bundesrepublikanischen Lehrbuch der Arbeitsmedizin heißt es, »daß für etwa 70 Prozent der Unfälle nicht organisatorische und technische Mängel, sondern menschliches Fehlverhalten verantwortlich zu machen ist«.[3] Diese Trennung zwischen »technischen Mängeln« und »menschlichem Versagen« als Ursache von Arbeitsunfällen suggeriert, daß es sich hierbei um zwei grundverschiedene Unfallquellen handelt. Die eine wird nach diesen Vorstellungen allein aus den gegenständlichen Teilen des Produktionsprozesses, die andere vornehmlich aus den persönlichen Eigenschaften des arbeitenden Individuums gespeist. Zur Analyse von Unfallursachen, die mehr als eine deskriptive Klassifizierung zu sein beansprucht, reichen diese Kategorien jedoch keineswegs aus, da hier als Ursache ausgegeben wird, was selber Resultat ist. Die Arbeitsmittel und ihre Anwendung sind nämlich bereits Produkte eines menschlichen Arbeitsvorgangs, der lediglich an anderem Ort geplant und vorbereitet wird. Daher vermittelt Technik als Ursache von Arbeitsunfällen dann einen falschen Eindruck, wenn sie von den Intentionen ihrer Hersteller und Anwender losgelöst betrachtet wird.

Vielmehr sind technische Mängel in der Regel nichts anderes als menschliche »Fehlverhaltensweisen« bzw. wirtschaftliche Entscheidungen auf einer vorgeordneten Stufe der Produktion, die zwar nicht unmittelbar, aber immerhin mittelbar zur Auslösung von Arbeitsunfällen beitragen. Insofern sind »technische Mängel« und »menschliches Versagen« nur verschiedene Aspekte ein

und derselben Sache, nämlich der organisierten menschlichen Arbeit.
Ebenso problematisch ist es, das »menschliche Versagen«, das zu einem Arbeitsunfall führt, als spezifische *individuelle, persönliche Eigenschaft* zu bezeichnen. Biologische Determinanten und strukturelle psychische Konstellationen sind in aller Regel für das Verhalten und das Bewußtsein geringer einzuschätzen, als die prägenden Einflüsse, die von den jeweiligen Arbeits- und Lebensverhältnissen ausgehen. Es ist der Arbeitsplatz selbst, der ein spezifisches Verhalten und Bewußtsein erzeugt: Es ist ein Unterschied, ob der Hauer vor Ort die Kohle bricht oder ob der Walzer den Walzvorgang ferngesteuert reguliert, ob ein Arbeiter ausgeruht und aufmerksam den Arbeitsvorgang verfolgen kann, oder ob er infolge seiner Tätigkeit mit reduzierter Aufmerksamkeit und vermindertem Reaktionsvermögen arbeitet. Es ist ferner das Arbeitsverhältnis, die Herrschaftsbeziehungen zwischen Arbeitenden und Aneignenden, das sich in konkreten Fragen des Lohnes, der Arbeitszeit, der Hierarchie, Verantwortung bis hin zu Problemen des Gesundheitsschutzes im Betrieb täglich reproduziert. Und es ist schließlich auch die Sphäre außerhalb der Produktion, der Bereich des individuellen Konsums und der Familie, die das Sicherheitsbewußtsein und -verhalten der Arbeitenden formen.
Diese gesellschaftlichen Faktoren und Verhältnisse dürfen nicht vernachlässigt werden, wenn das »menschliche Versagen« als Ursache von Arbeitsunfällen untersucht wird. Denn individuelles oder persönliches Versagen erweist sich in dem Maße als gesellschaftliches Versagen, wie das Verhalten und das Bewußtsein Ausdruck gesellschaftlicher, ökonomischer und politischer Prozesse ist. Die Erforschung der Ursachen von Unfallverletzungen kann daher – wenn es ihr um mehr als bloße Symptomatologie geht – auf die Einbeziehung solcher grundlegender Aspekte nicht verzichten.[4]
Ein Beispiel: Das *Arbeitstempo* ist zunächst ein technischer Vorgang, der von Maschinen, Arbeitskräften sowie deren Kombination abhängt; doch der Zweck, an dem sich die Arbeitsgeschwindigkeit orientiert, ist gesellschaftsbestimmt. Er ist auf Sachverhalte zurückzuführen, die außerhalb der Technik liegen. Als Folge des privaten Eigentums an den Produktionsmitteln liegt die Entscheidungsbefugnis über den Gang der Produktion bei den Kapitaleignern oder jenen, die deren Interessen innerhalb des Unternehmens vertreten. Richtlinie für ihre Dispositionen ist die optimale Vermehrung des investierten, privaten Produktivver-

mögens, wozu nicht zuletzt die Konkurrenz nötigt, in der die Unternehmer zu einander stehen. Der Teil des Arbeitsprodukts, der privat angeeignet wird, ist um so größer, je schneller die Maschinen laufen, je höher der Warenausstoß bei möglichst geringem finanziellem Aufwand für Produktionsmittel und Arbeitskräfte ist. Demzufolge wird von der Unternehmensleitung auf das Arbeitstempo gedrückt, die Arbeitsorganisation auf schnelle Verrichtung der Arbeit eingestellt.

Aber auch der Arbeiter selbst, der nicht selten in Form des Leistungslohnes bezahlt wird, muß auf das Arbeitstempo sehen. Denn die Höhe seines Einkommens hängt insbesondere beim Akkordlohn aber auch beim Stundenlohn, der häufig durch Leistungszulagen ergänzt wird, von der Schnelligkeit seiner Arbeit ab. Diese wird durch Arbeitsvorschriften, vor allem durch das exakte Einhalten von Sicherheitsvorschriften behindert. Da sich umständliche und zusätzliche Handgriffe bei Umgehung solcher Vorschriften einsparen lassen, liegt es nahe, wenn Arbeiter immer wieder verleitet werden, ihr Einkommen auf diesem Weg zu verbessern. Fragen wie: Warum wurde z. B. ein Kran überlastet? Lag das nur am Kranführer? Warum duldeten möglicherweise Vorgesetzte dieses vorschriftswidrige Verhalten? Drückten sie etwa nur beide Augen zu, um Produktion und Akkord nicht zu beeinträchtigen? müssen in diesem Zusammenhang beantwortet werden. Akkord- und Leistungszulagen sind ein probates Mittel zur Steigerung des Arbeitstempos. Dabei wird das kurzfristige Interesse der Arbeitnehmer an einem möglichst hohen Verdienst gegen sein langfristiges Interesse an der Erhaltung seiner Gesundheit ausgespielt.

III. Medizinische Versorgung am Arbeitsplatz

Auf diesem Hintergrund, der Entwicklung der beruflich bedingten Krankheiten und Arbeitsunfälle, stellen sich Fragen wie: Welche medizinischen Einrichtungen sind dafür verantwortlich? Welche Funktionen und Kompetenzen haben sie und wie sind sie finanziell und technologisch ausgestattet?

Auch hier wieder zunächst einige Daten: 1974 (1975) gab es in der Bundesrepublik 986 (1022) hauptberufliche und 1075 (1380) nebenberufliche Betriebsärzte, wobei letztere in der Regel keine profunden arbeitsmedizinischen Kenntnisse haben. Die mangelhafte arbeitsmedizinische Versorgung in der Bundesrepublik liegt

Tabelle 4 Anzahl der tätigen Betriebsärzte

	1963	1966/67	1968	1969	1970
Hauptberufliche Betriebsärzte					
in Unternehmen mit:					
1–199 Beschäftigten	–	18	20	21	17
200 und mehr Beschäftigten	ca. 382	451	452	466	439
Zusammen	ca. 382	469	472	487	456
Nebenberufliche Betriebsärzte					
in Unternehmen mit:					
1–199 Beschäftigten	–	142	186	176	146
200 und mehr Beschäftigten	ca. 903	831	876	914	914
Zusammen	ca. 903	973	1 062	1 090	1 060

	1971	1972	1973	1974	1975
Hauptberufliche Betriebsärzte					
in Unternehmen mit:					
1–199 Beschäftigten	16	896[a]	969[b]	986[c]	1 022[d]
200 und mehr Beschäftigten	450				
Zusammen	466	896	969	986	1 022
Nebenberufliche Betriebsärzte					
in Unternehmen mit:					
1–199 Beschäftigten	155	1 146	1 083	1 075	1 380
200 und mehr Beschäftigten	928				
Zusammen	1 083	1 146	1 083	1 075	1 380

a Einschließlich 206 Betriebsärzte bei der Bundesbahn u. 201 Betriebsärzte bei der Bundespost.
b Einschließlich 206 Betriebsärzte bei der Bundesbahn und 201 Betriebsärzte bei der Bundespost.
c Einschließlich 204 Betriebsärzte bei der Bundesbahn und 201 Betriebsärzte bei der Bundespost.
d Einschließlich 205 Betriebsärzte bei der Bundesbahn und 201 Betriebsärzte bei der Bundespost.

Zusammengestellt nach: R. Wagner/O. Körner, Arbeitsmedizin und arbeitsmedizinische Betreuung der Arbeitnehmer im Jahre 1967, in: Bundesarbeitsblatt, Fachteil Arbeitsschutz, Heft 1/1968, S. 11; Unfallverhütungsbericht 1968/69, S. 98; Unfallverhütungsbericht vom 16. 2. 1973, S. 93; Unfallverhütungsbericht 1976, Bonn 1976, S. 211.

auf der Hand. Von offizieller Seite wird hierzu erklärt, daß zur Zeit immerhin rund 9000 Betriebsärzte fehlen, wenn man allein davon ausgeht, daß der Betriebsarzt sich lediglich eine halbe Stunde pro Jahr mit einem Arbeitenden beschäftigen sollte.
Voraussetzung für den Erhalt der Bezeichnung »Arbeitsmedizin« sind für den approbierten Arzt zur Zeit folgende Qualifikationsmerkmale:

- 12 Monate klinische oder poliklinische Tätigkeit auf dem Gebiet der Inneren Medizin,
- 9 Monate praktische Tätigkeit in einer dazu ermächtigten arbeitsmedizinischen Institution,
- Teilnahme an einem 3monatigen theoretischen Kurs über Arbeitsmedizin.

Die Arbeitsmedizin wird seit Jahren – allerdings mit unterschiedlicher Intensität und Qualität – an den bundesrepublikanischen Universitäten gelehrt. 1970 wurde sie zusammen mit den psychosozialen Fächern als Pflichtlehr- und Prüfungsfach in die ärztliche Ausbildung eingeführt. Damit sind erste Ansätze geschaffen, die allerdings noch keineswegs ausreichen, um Mediziner auf dem Gebiet der Arbeitsmedizin zu qualifizieren. Die Ausbildung von Arbeitsmedizinern wird in der gegenwärtigen Situation um so dringlicher, da nämlich am 1. Dezember 1974 das »Arbeitssicherheitsgesetz« in Kraft trat, wonach die Unternehmungen zur Einstellung von Betriebsärzten verpflichtet sind. Hier heißt es:

- »Der Arbeitgeber *hat* nach Maßgabe dieses Gesetzes Betriebsärzte und Fachkräfte für Arbeitssicherheit zu bestellen. Diese sollen ihn beim Arbeitsschutz und bei der Unfallverhütung unterstützen.« (§ 1)
- »Der Arbeitgeber *hat* dafür zu sorgen, daß die von ihm bestellten Betriebsärzte ihre Aufgaben erfüllen. Er hat sie bei der Erfüllung ihrer Aufgaben zu unterstützen; insbesondere ist er verpflichtet, ihnen, soweit dies zur Erfüllung ihrer Aufgaben erforderlich, Hilfspersonal sowie Räume, Einrichtungen, Geräte und Mittel zur Verfügung zu stellen.« (§ 2)

Die Probleme der Entstehungsgeschichte dieses Gesetzes lassen sich wie folgt skizzieren: Es stellt sich zunächst die Frage, warum das Gesetz zum Schutz der Arbeitssicherheit in der Bundesrepublik so spät eingeführt, und warum diese Einführung mit so erheblichen Schwierigkeiten verbunden war. Dieses Gesetz ist – wie jedes Gesetz – das Resultat realer politischer Auseinandersetzungen gewesen. Und in diesen Auseinandersetzungen standen sich die Interessen der Unternehmungen und die Interessen der abhängig Beschäftigten kontrovers gegenüber. Denn die Einrichtung und Unterhaltung eines betriebsärztlichen Dienstes bedeutet objektiv für die Unternehmungen und abhängig Beschäftigten etwas grundsätzlich Verschiedenes:

- Für das tragende Unternehmen ist der betriebsärztliche Dienst eine Aufwandsgröße innerhalb der Kapitalverwertung, die die Produktivität erhöhen und die anfallenden Kosten infolge gesundheitlicher Störungen verringern soll. Er wird an Maßstäben der betrieblichen Rentabilität gemessen.
- Für die Arbeitenden hingegen ist die medizinische Betreuung am Arbeitsplatz ein Mittel ihrer persönlichen Lebenssicherung. Sie soll ihren Bedarf nach Gesundheit decken.

Auf dem Hintergrund dieses Widerspruchs zwischen arbeitsmedizinischer Leistung als Aufwandsgröße einerseits und als Subsistenzgröße andererseits, der sich auch in anderen betrieblichen Auseinandersetzungen widerspiegelt, ist die Entwicklung des Arbeitssicherheitsgesetzes zu interpretieren. Über die Art und Weise mit welchen – zum Teil vorgeschobenen – Argumenten diese Auseinandersetzung geführt wurde, brauchen wir nicht lange zu spekulieren, hierfür haben wir die verbrieften Aussagen der beteiligten Gruppen selbst:

a) So hieß es in den »Berichten des *Deutschen Industrieinstituts* zur Sozialpolitik«: »Es muß bedacht werden, daß gesetzliche Regelungen auch Vorbehalte und ablehnende Haltung bei den zu betreuenden Arbeitnehmern hervorrufen können. Ein kraft Gesetz in den Betrieb eingestellter Werksarzt wird bei vielen mit Skepsis und innerer Ablehnung als Art Gesundheitspolizei und Amtsperson aufgenommen. Sicherlich entbehrt ein so dem Betrieb oktroyierter Arzt des zu seiner Tätigkeit von allen Seiten – Unternehmer wie Arbeitnehmer – unerläßlichen Vertrauens. Eine zwangsweise Institutionalisierung gegen den Willen auch nur eines Teils der Beteiligten wäre aber der denkbar schlechteste Weg zur Erlangung einer innerbetrieblichen Zusammenarbeit. Gesetzlicher Zwang zur Errichtung eines betrieblichen Gesundheitsdienstes müßte auch jedwede Privatinitiative seitens Arbeitgeber- und Arbeitnehmerschaft bremsen. Gesetzliche Regelungen sind auch schwer mit dem Arztberuf vereinbar. Sie gefährden mit Sicherheit eine der wichtigsten Grundlagen jeder ärztlichen Tätigkeit, das gegenseitige Vertrauen, das, wie im Verhältnis von Arzt – Patient auch im Verhältnis vom Werksarzt zu Unternehmensleitung und zu Belegschaft wesentlich auf die freien Entscheidungen und freie Auswahl gegründet ist. Aber auch mit einer gesetzlichen Regelung auf die Dauer zwangsläufig immer stärker werdende staatlich-bürokratische Einwirkung in einem wichtigen Zweig betrieblicher Sozialpolitik und Eigenverantwortung kann nicht ohne negative Folgen auf den Wirkungsgrad des betrieblichen Arbeits- und Gesundheitsschutzes bleiben. Zwar würden dann vermutlich einem größeren Teil der berufstätigen Menschen solche Einrichtungen zur Verfügung stehen; ihre Wirkungsmöglichkeit aber kaum das Maß des gesetzlich Vorgeschriebenen erreichen, und gar nicht überschreiten können.«[5]

b) Die *Bundesärztekammer* schloß sich den Vorstellungen der Unternehmer weitgehend an, denn sie vertrat bis Ende der 60er Jahre die Ansicht, daß sich die Regelung der arbeitsmedizinischen Betreuung – also ohne Gesetz – »außerordentlich gut bewährt habe« und daß einer »freiheitlichen Lösung« für die betriebsärztliche Versorgung der Vorzug zu geben sei.[6]

c) Allein die bundesrepublikanischen *Gewerkschaften* und hier insbesondere der Deutsche Gewerkschaftsbund und die Industriegewerkschaft Metall haben seit Ende der 50er Jahre verstärkt auf die Einführung eines Arbeitssicherheitsgesetzes gedrängt. So heißt es beispielsweise bereits im Grundsatzprogramm des Deutschen Gewerkschaftsbundes (1962): »Die Arbeitgeber sind als Verantwortliche für die Arbeitssicherheit gesetzlich zu verpflichten, entsprechende Maßnahmen durchzuführen.«

In der Auseinandersetzung um das Arbeitssicherheitsgesetz mußten die Unternehmer nachgeben. Sie konnten aber auch nachgeben, da Rentabilitätsberechnungen von betriebsärztlichen Diensten seit Mitte der 60er Jahre gezeigt hatten, daß der betriebsärztliche Dienst nicht mehr als »soziales Almosen«, sondern als eine äußerst gewinnbringende Einrichtung insbesondere für Großbetriebe anzusehen ist. So beläuft sich das Verhältnis von Kosten zu Ertrag – nach einer input-output-Berechnung in einem großen bundesrepublikanischen Automobilwerk – bei Mindesteinsparung etwa auf 1 zu 1,8 und bei der Berücksichtigung wahrscheinlicher Einsparungen auf 1 zu 3,7. Das heißt also, daß die Einrichtung eines betriebsärztlichen Dienstes mehr als das Dreifache seiner Kosten einsparen helfen kann. Angemerkt sei in diesem Zusammenhang, daß die Rentabilität eines betriebsärztlichen Dienstes nicht in allen Unternehmungen gleich ist, sondern daß sich diese mit einer Konzentration und Zentralisation des Kapitals – also in den Großbetrieben – erst voll entfalten kann. Deshalb kamen auch von der Fraktion der Großbetriebe die geringsten Vorbehalte gegen die Einführung des Arbeitssicherheitsgesetzes.

IV. Funktion der Betriebsärzte und Fachkräfte für Arbeitssicherheit

In dem Arbeitssicherheitsgesetz sind die allgemeinen Aufgaben und Funktionen der Betriebsärzte und Fachkräfte für Arbeitssicherheit festgelegt. Ihre wichtigsten Aufgaben sind:

- den Arbeitgeber beim Arbeitsschutz zu unterstützen und zu beraten,
- die Arbeitnehmer zu untersuchen und zu beraten,
- auf die Durchführung des Arbeitsschutzes hinzuwirken,
- es gehört nicht zu den Aufgaben der Betriebsärzte, Krankmeldungen zu überprüfen oder gar krankzuschreiben.

Die Betriebsärzte und Fachkräfte für Arbeitssicherheit sind bei der Anwendung ihrer arbeitsmedizinischen und sicherheitstechnischen Fachkunde formal weisungsfrei. Betriebsärzte sind nur ihrem ärztlichen Gewissen unterworfen und haben die Regeln der ärztlichen Schweigepflicht zu beachten. Allerdings haben sie keinerlei Entscheidungsbefugnis über die Gestaltung von Arbeitsplätzen nach arbeitsmedizinischen Gesichtspunkten. Ferner haben die Betriebsärzte und Fachkräfte für Arbeitssicherheit mit dem Betriebsrat zusammenzuarbeiten. Sie haben den Betriebsrat über den Arbeitsschutz zu unterrichten und zu beraten.
Hinzu kommt, daß die Betriebsärzte und Fachkräfte für Arbeitssicherheit mit Zustimmung des Betriebsrates zu bestellen und abzuberufen sind. Das gleiche gilt, wenn deren Aufgaben erweitert oder eingeschränkt werden sollen. Hier bestehen enge Beziehungen zum Betriebsverfassungsgesetz (§§ 76, 87, 89).
Die Einführung des Arbeitssicherheitsgesetzes ist zunächst als ein Fortschritt zu bezeichnen, weil darin festgelegt ist, daß die Unternehmungen Betriebsärzte und Fachkräfte einzustellen haben. Hier sehe ich eine wesentliche Aufgabe der Gewerkschaften, darauf hinzuwirken, daß diese Aufgaben auch voll ausgeschöpft werden. Zugleich hat das Gesetz aber auch erhebliche Mängel:

- Es ist streckenweise sehr unpräzise und läßt gerade für die Unternehmungen großen Spielraum,
- die Ärzte haben keinerlei Entscheidungsbefugnisse,
- die Ärzte sind abhängig Beschäftigte und damit nicht frei von potentiellem Druck seitens der Unternehmensleitung; in diesem Zusammenhang ist z. B. die Frage eines Kündigungsschutzes für Betriebsärzte und Fachkräfte für Arbeitssicherheit zu diskutieren,

- überdies müßte das Gesetz eine engere Zusammenarbeit des Betriebsarztes mit dem Betriebsrat, den gewählten Repräsentanten der Belegschaft – also die potentiellen Patienten – regeln.

Abschließend halte ich einige Anmerkungen und Forderungen für wichtig, die zukünftige Gesundheitsversorgung am Arbeitsplatz berücksichtigt werden sollten:

1. Die verstärkte Betonung der *Prävention* in der Arbeitsmedizin. Ich denke hierbei insbesondere an krankheitsverhindernde und nicht nur früherkennende Maßnahmen. Dies ist letztlich das wirksamste Mittel, um die hohe Arbeitsunfallhäufigkeit und die Zahl arbeitsbedingter Erkrankungen in der Bundesrepublik zu senken.
2. Ausweitung der Schutzmaßnahmen, die in erster Linie am *Arbeitsplatz* durchzuführen sind. Es geht also vor allem um gesundheitsgerechtere Arbeitsplätze. Erst danach sollten arbeitsmedizinische Selektionen und Schutzmaßnahmen am *Menschen* eingesetzt werden.
3. Die gegenwärtige *Qualifizierung von Betriebsärzten* und Fachkräften für Arbeitssicherheit müßte ausgeweitet und spezifiziert werden; überdies ist eine finanziell ausreichende Ausstattung des betriebsärztlichen Dienstes zu garantieren.
4. Das Spektrum der *anerkannten Berufskrankheiten* müßte um die psychosozialen Krankheiten, die vom Arbeitsplatz ihren Ausgang nehmen, erweitert werden.
5. Es ist darauf zu dringen, daß alle *Arbeitsunfälle anzeigepflichtig* sind und nicht nur die, die eine Arbeitsunfähigkeit von drei Tagen nach sich ziehen, wie das gegenwärtig der Fall ist.

Auf diesem Wege zur Verbesserung der Gesundheitsversorgung am Arbeitsplatz sollten Wissenschaftler und Gewerkschaften gemeinsam gehen. Denn die Lösung dieses Problems ist nicht nur eine Frage von wissenschaftlicher Erkenntnis; sie ist vor allem eine Frage der politischen Durchsetzungskraft der Gewerkschaften und ihrer Mitglieder.

ANMERKUNGEN

1 Bonner Rundschau vom 24. 11. 1977, Die Welt vom 24. 11. 1977.
1a Frankfurter Rundschau vom 13. Januar 1976.
2 Geschäftsbericht der Industriegewerkschaft Metall 1968–1970, Frankfurt a.M. 1971, S. 286.
3 *H. Valentin u. a.*, Arbeitsmedizin, Stuttgart 1971, S. 379.
4 Vgl. zu diesen Ausführungen: *H.-U. Deppe*, Industriearbeit und Medizin, Frankfurt a. M. 1973.
5 Berichte des Deutschen Industrieinstituts zur Sozialpolitik, Heft 14 (1967), S. 23f.
6 Vgl. *H.-U. Deppe*, Industriearbeit und Medizin, a.a.O., S. 53f.

IV. Ökonomische und gesundheitspolitische Probleme der Medizinischen Soziologie

Ärzteschaft und Gesundheitspolitik in der Bundesrepublik Deutschland

In der gesundheitspolitischen Diskussion hat das Wort der Ärzte Gewicht. Dies wurde von den ärztlichen Standesorganisationen dazu genutzt, wirtschaftliche Privilegien für einen großen Teil der niedergelassenen Ärzte durchzusetzen. Dabei standen folgende Ziele und Interessen im Vordergrund: Die Zeit von 1945 bis Anfang der 50er Jahre galt speziell der Restauration der ärztlichen Standesorganisationen; sie konnten sich insbesondere 1955 im Kampf um das Kassenarztrecht und 1958 bis 1960 in der Verhinderung der Krankenversicherungsreform stabilisieren. Ihr Hauptziel war die Anhebung und Sicherung des Einkommens der niedergelassenen Ärzte.[1] In diesem Zusammenhang konzentrierten sich die Standesorganisationen vor allem auf die Honorarpolitik und die Abwehr einkommensmindernder Konkurrenz. Dem diente insbesondere die Durchsetzung und Verteidigung des Monopols der ambulanten medizinischen Versorgung durch niedergelassene Ärzte und die quotenmäßige Beschränkung der auszubildenden Ärzte. Diese Politik im Interesse der niedergelassenen Ärzte dominierte bis Mitte der 60er Jahre. In dem Maße, wie die Zahl der Krankenhausärzte zunahm, mußte die Ärzteschaft sich umorientieren, was freilich nur sehr zögernd geschah. Seit Ende der 60er Jahre geriet dieser Gruppenegoismus der ärztlichen Standespolitik in einen offenen Widerspruch zum gesellschaftlichen Bedarf nach besserer und gesicherter gesundheitlicher Versorgung. Deshalb fand die Kritik an den ärztlichen Standesorganisationen auch immer größere öffentliche Resonanz. Die ärztlichen Standesorganisationen wurden von den Gewerkschaften, den Massenkommunikationsmedien, den Krankenversicherungen und nicht zuletzt – innerhalb der eigenen Reihen – vor allem von jüngeren Ärzten an den Universitäten angegriffen. Wie diese Entwicklung im einzelnen verlaufen ist, soll im folgenden ausgeführt und analysiert werden.

1. Ärztliche Standespolitik in der Bundesrepublik

Nach 1945, nach der Niederschlagung des Faschismus, dem große Teile der deutschen Ärzteschaft Sympathie entgegengebracht, wenn sie ihn nicht gar aktiv unterstützt hatten, wurden die Reichsärztekammer und die Kassenärztliche Vereinigung Deutschlands, beides Einrichtungen, die der Stärkung der Ärzteschaft in der Auseinandersetzung mit den Krankenkassen dienen sollten[2], von der Alliierten-Kontrollbehörde aufgelöst. Das dadurch entstandene Vakuum konnte indessen nicht voll mit demokratischen Inhalten aufgefüllt werden, da die wenigen Ärzte, die bereits in der Weimarer Republik öffentlich für das Wohl der Sozialversicherten und gegen egoistische ärztliche Standesinteressen aufgetreten waren, den Faschismus zumeist nicht überlebt hatten.

Trotz des Versuchs der »Entnazifizierung« in den ersten Jahren nach 1945 konnten die ärztlichen Standesorganisationen, zwar nur zögernd, doch recht ungebrochen, wiederaufgebaut werden. Da es Kassenärztliche Vereinigungen zunächst nicht gab, wurden deren Funktionen von den regionalen Ärztekammern ausgeübt, die bereits kurz nach Kriegsende ihre Arbeit wiederaufgenommen hatten und sich 1947 freiwillig zur »Bundesärztekammer (Arbeitsgemeinschaft der westdeutschen Ärztekammern)« zusammenschlossen. Nach und nach etablierten sich auch bald die Kassenärztlichen Vereinigungen, vorerst als schlichte Abrechnungsstellen. 1948 wurden dann die Kassenärztlichen Vereinigungen als öffentlich-rechtliche Körperschaften von den Westdeutschen Ärztekammern getrennt und 1953 die *Kassenärztliche Bundesvereinigung* gegründet. Ende der 40er Jahre haben sich schließlich auch die Standesorganisationen der angestellten Ärzte, der *Marburger Bund* (1948) und die Vereinigung vornehmlich der niedergelassenen Ärzte, der *Hartmannbund* (1949), konstituiert. Damit hatten sich die Ärzte bereits gegen Ende der 40er Jahre wieder ein schlagkräftiges Instrumentarium geschaffen, mit dem sie in den 50er Jahren ihre Interessen wirksam vertreten und durchsetzen konnten.

Die allgemeine gesellschaftliche Entwicklung kam der traditionell konservativen Politik der ärztlichen Standesorganisationen entgegen. Durch die fehlgeschlagene »Entnazifizierung« der westdeutschen Unternehmer und die Politik der Besatzungsmächte (z. B. Marshall-Plan, Währungsreform) waren die grundlegenden privatwirtschaftlichen Strukturen schon Ende der 40er Jahre

wieder restauriert. Politisch wirkte sich dies bereits im Grundgesetz (1949) aus, das in den gemeinwirtschaftlichen Regelungen hinter die bereits bestehenden Länderverfassungen und Ländergesetzgebungen (z. B. Hessen, Bremen) zurückfiel. Auch die Forderungen der Arbeiterbewegung, die im Grundsatzprogramm des DGB von 1949 formuliert waren, konnten im Mitbestimmungsgesetz von 1951 nur sehr begrenzt und im Betriebsverfassungsgesetz von 1952 überhaupt nicht mehr eingelöst werden. Schließlich erzielte die CDU/CSU in den Bundestagswahlen von 1953 die absolute Mehrheit, wodurch die innenpolitische Disziplinierung zunehmend verstärkt wurde.[3] Hinzu kam auf der sozialpolitischen Ebene das *Selbstverwaltungsgesetz*, das im Februar 1951 in Kraft trat und das traditionelle Vertretungsverhältnis in der allgemeinen Ortskrankenkasse von $^2/_3$ Versichertenund $^1/_3$ Unternehmervertetern in ein paritätisches umgestaltete.
Vor diesem allgemeinen gesellschaftlichen Hintergrund gelang es den ärztlichen Standesorganisationen bereits im Januar 1953, eine 30prozentige Anhebung der Mindestwerte der Preußischen Gebührenordnung durchzusetzen, die bei weitem größer war als die erst langsam beginnende Anhebung des Einkommensniveaus der Lohn- und Gehaltsabhängigen in der Bundesrepublik. Nach innen schirmten sie die niedergelassenen Ärzte, den Kern ihrer Organisation, durch die Einführung und Verteidigung der »Verhältniszahl«[4] gegen zunehmende Konkurrenz ab, die sich durch Ärzte, die inzwischen aus dem Militär und der Kriegsgefangenschaft entlassen oder aus den ehemaligen deutschen Ostgebieten und der DDR in die Bundesrepublik gekommen waren[4a], zu verschärfen drohte. Die gleiche Intention verfolgte die Vereinbarung über den werksärztlichen Dienst aus dem Jahre 1953, in der auf Intervention des Berufspolitischen Ausschusses der Deutschen Ärzteschaft nur der Passus neu eingeführt wurde, daß Werksärzte zur ambulanten Behandlung nicht berechtigt sind.[5] Und schließlich mußten ebenfalls aus Gründen der Konkurrenz 1952 auf Druck der ärztlichen Standesorganisationen 38 Westberliner Polikliniken (von insgesamt 90) und die versicherungseigenen Ambulatorien[6] aufgelöst werden.
Diese Polikliniken und Ambulatorien waren 1947 zur besseren medizinischen Versorgung der Bevölkerung eingerichtet worden. Ihre Schließung hatte nicht nur für Westberlin, sondern auch für die Bundesrepublik Folgen. Denn seit dieser Zeit wird die kassenärztliche Ambulanz außer von niedergelassenen Ärzten lediglich von Universitätskliniken betrieben, die wegen ihres Ausbildungsauftrags auf sie unmöglich verzichten konnten.

Der Kampf der ärztlichen Standesorganisationen war also bereits Anfang der 50er Jahre wieder ganz darauf ausgerichtet, die ambulante medizinische Versorgung in eigener Hand zu monopolisieren. Dieses Ziel wurde endgültig durch die Verabschiedung des Gesetzes über das *Kassenarztrecht* im Jahre 1955 erreicht, das den Kassenärztlichen Vereinigungen den Sicherstellungsauftrag einräumte.

Das Gesetz über das Kassenarztrecht formulierte vor allem den § 368 (Kassenärztliche Versorgung) der Reichsversicherungsordnung (RVO) neu. Für unsere Fragestellung entscheidend ist der folgende Satz:

»Die Kassenärztliche Vereinigung und die Kassenärztliche Bundesvereinigung haben die nach § 182 den Krankenkassen obliegende ärztliche Versorgung sicherzustellen und den Krankenkassen und ihren Verbänden gegenüber die Gewähr dafür zu übernehmen, daß die Kassenärztliche Versorgung den gesetzlichen und vertraglichen Erfordernissen entspricht« (RVO, § 368n, Absatz 1, Satz 1).

Danach hatten die Versicherten im Krankheitsfall nun nicht mehr wie bisher nur gegenüber den Kassen (§ 182), sondern ebenso gegenüber den Ärzten einen Anspruch. Die Kassenärztlichen Vereinigungen, welche die widersprüchlichen Funktionen erfüllen sollen, sowohl die Interessen der Kassenärzte gegenüber den Krankenkassen als auch der Krankenkassen gegenüber den Kassenärzten zu vertreten, erhielten mit dieser Regelung eine umfassendere Kompetenz und konnten demzufolge ihre Position wesentlich stärken. Seit 1955 haben sie praktisch für die große Mehrheit der Bevölkerung das Angebotsmonopol für ambulante ärztliche Leistungen.

In jüngster Zeit wird diese extensive und einseitige Auslegung des Sicherstellungsauftrags von 1955 vom *Bundesverband der Ortskrankenkassen* und dem *Bundesverband der Betriebskrankenkassen* bestritten. Beide Verbände sehen darin einen Widerspruch zu § 368, Absatz 1, Satz 1 der RVO, wonach Ärzte und Krankenkassen zur Sicherstellung der kassenärztlichen Versorgung zusammenzuwirken haben. Sie vertreten überdies die Meinung, daß durch die gegenwärtige Monopolstellung der Kassenärztlichen Vereinigungen kartellrechtliche Grundvorstellungen verletzt werden.[7]

Der Sicherstellungsauftrag, wie er von den Kassenärztlichen Vereinigungen interpretiert wird, war von Anfang an ein standespolitisches Instrumentarium, das den Zugriff des Staates oder der gesetzlichen Krankenversicherung im Bereich der ambulanten medizinischen Versorgung – etwa in Form von Polikliniken oder

Ambulatorien – verhindern soll. Er bedeutet einen gesetzlich fixierten Schutz vor unliebsamer qualifizierter Konkurrenz: *die staatlich garantierte Sicherung der privatwirtschaftlichen Rentabilität in der »freien« Praxis.*

Mittlerweile hat sich dieser ursprüngliche Stellenwert, der – wie jedes gesellschaftliche Ereignis – historisch bedingt und Veränderungen unterworfen ist, erheblich gewandelt: In den 50er Jahren konnte man noch von etwa 10000 arbeitslosen und angestellten Ärzten in »Wartestellung« ausgehen[8], die von sich aus in die Praxis drängten und zu einer Verbesserung der ambulanten ärztlichen Versorgung hätten beitragen können. Heute hingegen kann trotz Zulassungsfreiheit die ambulante ärztliche Versorgung in spezifischen gesellschaftlichen (z. B. ländliche Gebiete, Stadtrandzonen) und medizinischen Bereichen (zahnärztliche Versorgung) mit sogenannten »marktkonformen« Maßnahmen nicht mehr sichergestellt werden. Deshalb ertönt auch in letzter Zeit wieder der Ruf der ärztlichen Standesorganisationen nach dem sonst vielgeschmähten Staat, der allerdings den Kassenärztlichen Vereinigungen lediglich partielle Schwierigkeiten und Belastungen abnehmen soll, ohne den Sicherstellungsauftrag der Kassenärztlichen Vereinigungen selbst in Frage zu stellen.[9] So werden für die Zulassung zum Medizinstudium Ausnahmequoten für Studienbewerber gefordert, die sich verpflichten sollen, später in einer Landpraxis tätig zu werden; oder es wird an den Staat appelliert, Steuervergünstigungen für Praxisgründungen auf dem Lande und in wirtschaftlich schwachen Gebieten zu gewähren. Hierbei handelt es sich um ein Beispiel dafür, wie für privatwirtschaftlich bedingte und sich marktspezifisch äußernde Widersprüche, von denen in erster Linie die sozialversicherte Bevölkerung betroffen ist, gesamtgesellschaftliche Mitverantwortung und Hilfe beansprucht wird – aber nur in einer Weise, die das privatwirtschaftliche Privileg nicht in Frage stellt.

Das Gesetz über das *Kassenarztrecht* von 1955 sollte mittels eines öffentlich-rechtlichen Systems von Vertragsbeziehungen durch gleichberechtigte und gleichstarke Vertragsparteien zu einer Befriedigung des Verhältnisses von Kassen und Ärzteschaft beitragen. Bald erwies sich jedoch, daß das Kassenarztrecht zu einem Übergewicht der Ärzte über die Kassen insbesondere bei Honorarverhandlungen geführt hat. Deshalb wurden von seiten der Bundesregierung bereits seit 1958 Vorbereitungen für eine Neuregelung des Rechts der gesetzlichen Krankenversicherung getroffen. Kernpunkte des ersten Referentenentwurfs für die Versicherten waren:

- die Einführung der Selbstbeteiligung der Versicherten an den Kosten;
- die Herabsetzung der Pflichtversicherungsgrenze;
- die Erhöhung der Karenzzeit auf 4 Tage.

Für die Kassenärzte sollten Regelungen getroffen werden wie:

- die allgemeine freie Zulassung der Ärzte;
- die Honorierung nach Einzelleistungen direkt durch die Kassen;
- die Neufestsetzung der Gebührenordnung;
- Honorarverhandlungen auf Bundesebene.[10]

Dieser Entwurf der Krankenversicherungsreform stieß auf den heftigen Widerstand der betroffenen Gruppen: Die ärztlichen Verbände lehnten den Entwurf geschlossen ab. Sie reagierten am 20. Januar 1960 mit der Gründung der »Aktionsgemeinschaft der Deutschen Ärzte.«[11] und beriefen sogar einige Tage vor der ersten Lesung im Bundestag einen außerordentlichen Ärztetag in die Frankfurter Paulskirche ein. Sie wandten sich vor allem gegen die Selbstbeteiligung in Form der Inanspruchnahmegebühr, gegen die Änderung im Honorarsystem und gegen die Eingriffe in die ärztliche Selbstverwaltung. Der Deutsche Gewerkschaftsbund (DGB) wiederum bekämpfte vor allem die Einführung der Selbstbeteiligung der Versicherten, die Ersatzkassen lehnten die Tendenz zur Angleichung im Leistungs- und Organisationsrecht ab, und die der Reichsversicherungsordnung unterliegenden sogenannten RVO-Kassen wandten sich gegen die Einschränkung ihrer Selbstverwaltung und die Ausweitung der staatlichen Aufsichtsrechte. Allein die Bundesvereinigung der Deutschen Arbeitgeberverbände und der Verband der Privaten Krankenkassen erklärten sich grundsätzlich mit den Reformvorstellungen des damaligen Bundesministers für Arbeit und Sozialordnung (*Theodor Blank*, CDU) einverstanden.
Dieser starke außerparlamentarische Druck – insbesondere von seiten der Gewerkschaften und der ärztlichen Standesorganisationen, deren Motive keineswegs identisch waren – sowie die ablehnende Haltung der SPD und FDP führten schließlich zum *Scheitern der Krankenversicherungsreform.* Die parlamentarischen Beratungen über den Entwurf mußten 1961 eingestellt werden.

Die starke Mobilisierung der Ärzte durch die Standesorganisationen hatte Ausmaße angenommen, wie sie bisher nur von den Aktionen der Ärzteschaft in der Weimarer Republik übertroffen wurden. Die Position der Standesorganisationen wurde sowohl nach innen als auch nach außen gestärkt, da sie die Krankenversicherungs-Reform zu verhindern mochten und somit ein Erfolgserlebnis zu verzeichnen hatten. Daran konnten auch die Urteile des Bundesverfassungsgerichtes vom 23. März 1960 und vom 8. Februar 1961 nichts ändern, welche die sogenannte »Verhältniszahl« für verfassungswidrig erklärten und damit die *Zulassungsfreiheit* für alle Ärzte gegen die herrschende Standespolitik einführten. Die Zulassungsfreiheit ermöglichte nun einer Vielzahl verdeckt arbeitsloser und wartender Krankenhausärzte die Niederlassung, was die Konkurrenz unter den niedergelassenen Ärzten verstärkte. Dieser Entwicklung begegnete die Bundesärztekammer bereits am 12. November desselben Jahres mit einer Stellungnahme ihres Gesamtvorstandes, in der sie die Öffentlichkeit vor einer Überfüllung des Arztberufes in Deutschland warnte:

»Obwohl die Ärztliche Standesorganisation wiederholt und nachdrücklich vor dem Medizinstudium gewarnt hat, stieg die Zahl der Medizinstudierenden erheblich an... Die Bundesärztekammer weist erneut darauf hin, daß der Arztberuf in Deutschland im Vergleich zu anderen Ländern überfüllt ist... Die Bundesärztekammer wiederholt deshalb heute ihre Warnung, das Medizinstudium zu propagieren.«[12]

1961 wandte sich die Bundesärztekammer sogar direkt an die Abiturienten und deren Eltern mit dem Hinweis, daß die Berufsaussichten für Ärzte zukünftig in der Bundesrepublik keineswegs günstig seien. Obwohl bereits seit Herbst 1959 an zehn medizinischen Fakultäten in der Bundesrepublik Aufnahmebeschränkungen bestanden, erreichte die Zahl der Studienanfänger 1962 einen Höhepunkt mit 5900, was u. a. auf die geburtenstarken Nachkriegsjahrgänge zurückzuführen ist, die nun an die Universitäten strebten. Die daraus resultierende Überlastung der vorhandenen Ausbildungsmöglichkeiten sowie das Drängen der ärztlichen Standesorganisationen führten 1963 zu einem Numerus clausus für das Medizinstudium an allen westdeutschen medizinischen Fakultäten.[13]

Auch in dieser Phase zeigt sich wiederum deutlich, daß die Politik der Standesorganisationen allein das materielle Privileg der Ärzte anstrebt und daß dazu jede Argumentation recht ist. Sie wird von heute auf morgen ohne Begründung verworfen, wenn sie dem eigentlichen Zweck nicht mehr dient.

Die Einführung der Zulassungsfreiheit durch das Bundesverfassungsgericht hatte freilich einen ambivalenten Charakter[14]. Während sie einerseits die Konkurrenzbedingungen der niedergelassenen Ärzte untereinander veränderte, bewirkte sie zugleich, daß nun insbesondere im Bereich der gesetzlichen Krankenkassen kein wirksames Mittel mehr zur Verfügung stand, um die ambulante medizinische Versorgung der Sozialversicherten zu planen und zu steuern. Infolgedessen gibt es heute Gebiete mit einer weitgehenden Verdünnung der ärztlichen Versorgung; zahlreiche Kassenarztstellen in ländlichen und Stadtrandgebieten können trotz mehrfacher Ausschreibungen nicht besetzt werden. In Voraussicht dessen hatte das Bundesverfassungsgericht in seinem Urteil bereits darauf hingewiesen, daß es eine nicht auf die Kassenmitglieder beschränkte Aufgabe der allgemeinen staatlichen Gesundheitsfürsorge sei, Maßnahmen zur ärztlichen Versorgung in dünn besiedelten Gebieten zu treffen. Diesen Appell des Bundesverfassungsgerichts hat der Gesetzgeber allerdings bis heute nicht aufgegriffen.[15]

Die Hauptrichtung der ärztlichen Standespolitik orientiert sich vornehmlich an den ökonomischen Interessen der niedergelassenen Ärzte, die bis 1971 die zahlenmäßig stärkste Gruppe unter den Ärzten waren und gemeinhin als gesundheitspolitisch bedeutendste Gruppe eingeschätzt werden. Die angestellten Ärzte wurden zwar auch in die politischen Vorstellungen und Aktionen der Standesverbände einbezogen, doch in der Regel nur als auf die Niederlassung wartende Ärzte, d. h. als enge Bündnisgruppe. Die ärztliche Standespolitik blieb daher auch in erster Linie Honorarpolitik, die eng mit der Frage der Sicherstellung verknüpft war, wobei sich allerdings in den letzten Jahren die Sicherstellung immer mehr als ein »notwendiges Übel« erwies. Denn die Sicherstellung der ambulanten ärztlichen Versorgung wurde immer schwieriger. Angesichts der sonst wohl kaum vermeidbaren Intervention des Staates oder der gesetzlichen Krankenversicherung wurde die formale Aufrechterhaltung dieser nicht einlösbaren Aufgabe immer noch vorgezogen. Man wollte das Instrumentarium der Kontrolle nicht aus der Hand geben.

Unmittelbar schlug sich die Einkommenspolitik der Standesorganisationen in der Erhöhung der Gebührensätze der Preußischen Gebührenordnung in den Jahren 1952 und 1957 nieder sowie in der Ausarbeitung der Gebührenordnung für Ärzte (GOÄ), die am 1.4.1965 von der Bundesregierung in Kraft gesetzt wurde. Da aber die Höhe des Honorars maßgeblich – wenn auch mittelbar – von den Regeln der Konkurrenz und den jeweiligen Steuergesetzen bestimmt wird, standen diese Bereiche ebenfalls im Mittelpunkt der Auseinandersetzungen.

Tabelle 5 Entwicklung und Verteilung der Ärzte in der BRD (seit 1960 einschließlich West-Berlin)

Jahr	berufstätige Ärzte insges.	Krankenhaus					Niederlassung				Forschung und Verwaltung	ausländische Ärzte
		insges.	Fachärzte	Ärzte ohne Facharzttätigkeit	Medizinalassistenten	Leitende Krankenhausärzte	insges.	Fachärzte	Ärzte ohne Facharzttätigkeit	Ärzte mit Krankenhaustätigkeit (Belegärzte)		
1953	69 411	21 086	6 053*	15 033	—	4 243	43 651	14 951	—	6 342	4 674	—
1954	71 005	21 515	—	—	—	4 373	44 501	—	—	6 611	4 989	—
1955	71 967	21 380	—	—	—	4 334	44 938	—	—	6 680	5 649	—
1956	73 843	21 799	8 505	13 294	—	3 650	45 714	—	—	7 063	6 042	—
1957	75 138	22 095	9 290	12 805	958	5 056	46 603	—	—	6 981	6 440	—
1958	75 717	21 876	9 753	12 123	1 810	5 169	47 300	—	—	7 191	6 541	—
1959	77 644	22 473	10 555	11 918	2 729	5 197	47 813	—	—	7 072	7 358	—
1960	79 350	22 646	10 858	11 788	3 328	5 334	49 225	—	—	7 368	7 479	—
1961	80 825	22 966	11 510	11 456	4 478	5 481	49 790	—	—	7 278	8 069	1 985
1962	82 026	23 336	11 708	11 628	5 207	5 642	50 485	20 387	30 098	7 292	8 285	—
1963	83 025	24 136	11 931	12 205	5 372	5 722	50 375	20 845	29 530	7 684	8 514	—
1964	84 203	25 324	12 087	13 237	5 883	5 746	50 059	20 665	29 404	7 443	8 819	—
1965	85 801	26 535	12 540	13 995	6 613	5 912	50 215	20 943	29 272	7 418	9 051	—
1966	86 629	27 622	13 361	14 261	7 893	5 978	49 945	21 210	28 735	7 344	9 133	2 846
1967	88 564	28 985	13 386	15 599	8 841	6 155	49 940	22 026	27 914	7 365	9 634	3 810
1968	90 882	30 916	14 219	16 697	9 643	6 390	50 178	22 347	27 831	7 119	9 788	4 040
1969	93 934	33 770	14 853	18 917	9 476	6 699	50 379	22 542	27 837	6 993	9 785	4 295
1970	99 654	38 655	15 669	22 986	6 322	6 923	50 731	22 733	27 998	6 855	10 268	4 684
1971	103 910	42 245	16 874	25 371	5 445	7 337	51 159	23 306	27 853	6 723	10 506	5 294
1972	107 403	45 109	17 777	27 361	6 158	7 674	51 768	24 046	27 732	4 860	10 525	5 808
1973	110 980	47 698	18 915	28 783	5 788	7 854	52 473	24 936	27 537	4 384[a]	10 809	6 514
1974	114 661	50 341	20 549	29 792	5 142	8 216	53 873	26 336	27 537	4 142[a]	10 447	7 363
1975	118 726	52 371	22 410	29 961	4 064	8 575	55 692	28 023	27 669	—	10 663	8 184

* geschätzter Wert   a ohne Bayern

Zusammengestellt nach: Statistisches Bundesamt, Fachserie A, Bevölkerung und Kultur, Reihe 7, Gesundheitswesen, Jahresbände; Wirtschaft und Statistik; *Statistisches Jahrbuch für die Bundesrepublik Deutschland; Statistisches Bundesamt,* Fachserie 12, Gesundheitswesen, Reihe 1, Ausgewählte Zahlen für das Gesundheitswesen 1975 und Reihe 5, Berufe des Gesundheitswesens 1975; da nahezu alle Ärztestatistiken voneinander abweichen, können die hier zusammengestellten Daten nur als Annäherungswerte betrachtet werden.

II. Strukturelle Veränderungen innerhalb der Ärzteschaft

Eine wichtige Voraussetzung für die weitere Entwicklung der gesellschaftspolitischen Rolle der Ärzte in den 60er Jahren ist in ihrer absoluten und relativen *Vermehrung* sowie in zunehmender *Spezialisierung* zu sehen. Nicht nur die freie Praxis, auch das Krankenhaus ist davon betroffen. So wuchs zwischen 1960 und 1970 – besonders in der zweiten Hälfte – die Zahl der berufstätigen Ärzte relativ stärker als die Bevölkerung, d. h. die allgemeine Arztdichte hat sich erhöht. Von dieser Zunahme war allerdings die freie Praxis kaum betroffen. Hier war in dem genannten Jahrzehnt lediglich ein Anstieg von etwa 3 Prozent zu verzeichnen, was unter Berücksichtigung des Bevölkerungsanstiegs eine Verschlechterung der quantitativen ambulanten medizinischen Versorgung bedeutet. Der Zuwachs der hauptamtlich im Krankenhaus tätigen Ärzte hingegen beträgt etwa 70 Prozent. Der Anteil der niedergelassenen Ärzte an der Gesamtzahl der Ärzte sank also beträchtlich; der Anteil der Krankenhausärzte dagegen stieg. Seit 1971 machen die niedergelassenen Ärzte in der freien Praxis weniger als 50 Prozent der gesamten Ärzteschaft aus.

Hinter der geringen Zunahme der niedergelassenen Ärzte verbirgt sich überdies der Tatbestand, daß die Zahl der niedergelassenen Allgemeinpraktiker in den 60er Jahren noch abgenommen hat. Zugenommen haben allerdings die niedergelassenen Fachärzte (um 18 Prozent), wenngleich auch diese im Vergleich zu den Fachärzten im Krankenhaus (Zuwachs 45 Prozent) geringer angestiegen sind (vgl. hierzu: Tab. 5). Aus dieser Entwicklung geht hervor, daß wir es im ärztlichen Qualifikationsprozeß mit einer zunehmenden Differenzierung zu tun haben, wobei sich die Tendenz, auch nach der Facharztanerkennung im Krankenhaus weiterzuarbeiten, immer stärker an Bedeutung gewinnt. Darüber hinaus zeigt sich, daß die Zahl der Ärzte, die ihre Arbeit in freier Praxis mit einer Tätigkeit im Krankenhaus verbinden – also Belegärzte –, in den 60er Jahren absolut und relativ abgenommen hatte, was vor allem auf die Verminderung der kleinen Krankenhäuser zurückzuführen ist, in welchen Belegärzte vorwiegend arbeiten.[16] Diese Entwicklung ist insofern von Bedeutung, als gerade in letzter Zeit von den ärztlichen Standesorganisationen das Belegarztsystem erneut – insbesondere im neuen Gewand der Praxis-Klinik – propagiert wird.

Schließlich ist zur Erläuterung dieser Ärztestatistik noch auf die steigende Zahl ausländischer Ärzte hinzuweisen. Sie arbeiten zu

96 Prozent in den Krankenhäusern. Ende 1970 war in der Bundesrepublik jeder 21. Arzt und in den Krankenhäusern sogar jeder 9. Arzt Ausländer. Ohne diese Gruppe wären die Schwierigkeiten, die auf dem Mangel an qualifizierten Ärzten beruhen, also sicher noch bedeutend höher.
Die starke Zunahme der hauptberuflichen Krankenhausärzte geht schließlich mit einer verstärkten Zunahme derjenigen Patienten einher, die stationär behandelt werden: So ist im vergangenen Jahrzehnt der Anteil der Einwohner, die während eines Jahres stationär ins Krankenhaus kamen, um etwa 15 Prozent gestiegen.[17]

III. Zum wissenschaftlichen und technischen Fortschritt in der Medizin

Diese Entwicklung, die sich insbesondere in den 60er Jahren herauskristallisierte, ist im Zusammenhang mit einer zunehmenden wissenschaftlichen und technischen Durchdringung der Medizin zu sehen, die in dem genannten Zeitraum den Arbeitsprozeß vor allem im Bereich der stationären medizinischen Versorgung prägte. Sie setzte sich zunächst im Krankenhaus durch, da die technologischen Neuerungen in der Regel mit einem hohen Geldaufwand (= Kosten) verbunden sind, die von individuell praktizierenden Ärzten kaum noch aufgebracht werden können. Charakteristisch für Neuerungen im Krankenhaus sind: die Einführung hochwertiger *elektronischer Geräte* und Apparate, die eine Differenzierung operativer Eingriffe ermöglichen oder die Diagnostik und Therapie verfeinern helfen; also die Entwicklung von Funktionsabteilungen und des Labors sowie im unmittelbar stationären Bereich die Einrichtung von Intensivstationen.
Resultat dieser wissenschaftlich-technischen Entwicklung ist vor allem die deutliche Zunahme der hauptberuflich im Krankenhaus tätigen Ärzte. Das heißt: Mit der Veränderung der Arbeitsinstrumente und der Qualifikation des Personals in der Medizin haben sich für viele Ärzte auch die spezifischen Verhältnisse verändert, unter welchen sie arbeiten. Wie schon gezeigt, sind die selbständigen Ärzte in der Niederlassung heute – im Gegensatz zu den 50er und 60er Jahren – nicht mehr die größte Ärztegruppe. *Die abhängig beschäftigten Ärzte haben vielmehr mit ihnen bereits 1971 gleichgezogen.*

Kennzeichnend für den wissenschaftlich-technischen Fortschritt in der Medizin sind aber auch noch weitere Aspekte. So hat sich die Zahl der *wissenschaftlich-theoretisch arbeitenden Ärzte*, also jener Gruppe, die sich mit der Erforschung solcher Neuerungen befaßt, in den 60er Jahren verdoppelt.[18] Und schließlich zeigt sich immer deutlicher, daß die traditionellen *Facharztdisziplinen* in ihrer bisherigen Breite der neuen Entwicklung nicht mehr gerecht werden: Ihre Grenzen wurden vom medizinisch-technischen Fortschritt gleichsam von innen heraus gesprengt; eine Vielfalt neuer Spezialabteilungen bildete sich heraus.[19]
Diese fortschreitende Arbeitsteilung im Krankenhaus setzt allerdings neue Formen der Kooperation voraus, wenn der gesamte medizinische Arbeitsprozeß nicht völlig in voneinander isolierte Teile zerfallen soll. Erste Ansätze dafür zeigen sich in gegenwärtigen Reformvorstellungen zur Krankenhausorganisation, die in den letzten Jahren infolge zunehmender Konflikte und Widersprüche innerhalb des Krankenhauses notwendig wurden. Die Reformkonzepte sind zum Teil mit einer partiellen Enthierarchisierung verbunden, wobei allerdings sehr darauf zu achten ist, daß die eingeleiteten Kooperationsformen nicht etwa das alte System der Hierarchie, der personellen Autorität, auf niederer Stufe wiederholen. Vielmehr gilt es jetzt, von gewerkschaftlicher Seite aus für das Krankenhaus ein Kooperations- und Mitbestimmungsmodell zu entwickeln und durchzusetzen, in dem die dort beschäftigten Gruppen ihre realen Interessen demokratisch vertreten können.

IV. Medizin und Infrastrukturentwicklung

Die wachsende *Verwissenschaftlichung der Arbeitsmethoden* – wie sie für den Bereich der ärztlichen Tätigkeit im Krankenhaus geschildert wurde – stellt keine Sonderentwicklung dar. Sie war vielmehr typisch für den gesamten wirtschaftlichen Prozeß der 60er Jahre in der Bundesrepublik. Die ökonomische Lage in dieser Periode hatte sich nämlich insofern gegenüber den 50er Jahren verändert, als sich das wirtschaftliche Wachstum im Durchschnitt verlangsamte – ja, zeitweilig sogar unterbrochen wurde. Die Verschärfung der internationalen Konkurrenz, die Sättigung der nachkriegsbedingten hohen Inlandsnachfrage und vor allem die Verknappung der qualifizierten Arbeitskräfte infolge der natürlichen Bevölkerungsbewegung und der Schließung der Grenzen zur DDR zwangen das Kapital zur intensiveren Nutzung der vorhandenen Arbeitskräfte. In der Industrie verstärkte sich der Einsatz mechanisierter und ausomatisierter Produktionsverfahren; lebendige Arbeit wurde zunehmend durch vergegenständlichte ersetzt, ein Prozeß, der auf die Anwendung wissenschaftlicher Methoden und Ergebnisse angewiesen ist. Diese Entwicklung erfordert nicht nur eine Spezifizierung der beruflichen Qualifikation, sondern ebenso eine größere und spezifischere gesundheitliche Stabilität der Lohnabhängigen.

Voraussetzung dafür waren allerdings verstärkte Anstrengungen beim *Ausbau des Infrastruktursektors,* der bis Beginn der 60er Jahre in der Bundesrepublik vernachlässigt wurde; nicht zuletzt ist das auf die besondere gesellschaftliche Bedeutung der Infrastruktur unter den Bedingungen der Verwertung von privatem Produktivvermögen zurückzuführen. Die Infrastruktur, deren einzelne Faktoren in der Regel in Form von Dienstleistungen wirksam werden, bildet die Grundlage für produktive Leistungen im unmittelbaren Produktionsprozeß sowie für Leistungen der Erhöhung der Qualifikation der Arbeitskraft. Investitionen in diesem Bereich – im Gesundheits- und Ausbildungswesen, der Energieversorgung, dem Verkehrswesen oder der Regionalplanung – sind langfristiger Art, da der hohe Anteil des langlebigen, fixen Kapitals die Umschlagsgeschwindigkeit hemmt. So dauern die Planung und der Bau eines Krankenhauses der Regelversorgung gegenwärtig nicht weniger als sechs Jahre, und für die Ausbildung eines Facharztes muß sogar mit elf bis zwölf Jahren gerechnet werden.

Je länger aber die Zeitabstände sind, die von der Investition bis zur Produktionsreife vergehen, desto größer und unberechenbarer können im Fall von Versäumnissen und Fehlplanungen die ökonomischen Verluste werden. Außerdem erfordern Infrastrukturprojekte überdurchschnittlich *hohe Kapitalinvestitionen* und sind zudem stark ortsgebunden. Im Fall von Fehlplanungen ist die Umstellung auf eine andere Produktion, die unmittelbare Überführung von Infrastrukturkapitalien in andere Zweige der Volkswirtschaft kaum möglich. Dieser besonderen Bedingungen wegen hat im Bereich der Infrastruktur der Markt, das Kernprinzip der bürgerlichen Wirtschaftsordnung, als ökonomisches Regulativ versagt.[20] Die ungünstigen Verwertungsbedingungen für das in Infrastrukturanlagen investierte Kapital halten die privaten Kapitaleigner im allgemeinen von Investitionen in der Infrastruktursphäre ab.

Gleichwohl ist aber eine entwickelte Infrastruktur Grundlage und Voraussetzung für eine entwickelte Produktion und erfordert daher die Aufrechterhaltung und Weiterentwicklung ihrer Funktionsfähigkeit auch unter Bedingungen, die für das private Kapital nicht unmittelbar profitabel sind. Dazu bedarf es der ökonomischen Intervention des Staates, dem dann die Aufgabe zukommt, das erforderliche Kapital für Infrastrukturprojekte zu mobilisieren und damit verbundene Risiken gesamtgesellschaftlich zu tragen.
Als Resultat dieser Entwicklung in der Bundesrepublik ist die Gründung des *Bundesministeriums für Wissenschaft und Forschung (BMFT)* und des *Bundesministeriums für Jugend, Familie und Gesundheit* zu Beginn der 60er Jahre (1962) anzusehen. Die Krise im Bildungs- und Gesundheitswesen zeigte, daß in diesen beiden Bereichen die Disproportionen zwischen der materiellen Produktion und der Einrichtung infrastruktureller Anlagen am stärksten waren. Im Gesundheitswesen griff der Staat daher seit Ende der 60er Jahre deutlich regulierend ein. Das äußerte sich in einer Häufung von Gesetzen, nämlich:

1967 Einführung der *Versicherungspflicht* für alle Rentner;
1968 Inkrafttreten des *Mutterschutzgesetzes* und Gesetz über technische Arbeitsmittel;
1970 *Lohnfortzahlung* für Arbeiter im Krankheitsfall und *Approbationsordnung* für Ärzte;
1971 Gesetz zur Regelung der *Vorsorgeuntersuchung*;
1972 *Krankenhausfinanzierungsgesetz* und die Krankenhausgesetzgebung der Länder; Bundespflegesatzverordnung;
1973 Gesetz über Betriebsärzte, Sicherheitsingenieure und andere Fachkräfte für *Arbeitssicherheit*; neue Bundespflegesatzverordnung;
1976 Änderung des *Kassenarztrechts*;
1977 *Krankenversicherungs-Kostendämpfungsgesetz*.

Diese zunehmende Aktivität des Staates im Gesundheitswesen ist ein Hinweis darauf, daß die Lebenslage der Lohn- und Gehaltsabhängigen – also die Reproduktion des Wertes der Ware Arbeitskraft – nicht mehr allein durch den Lohn gewährleistet werden kann. Mit zunehmender Bedeutung der wissenschaftlich-technischen Entwicklung gewinnen vielmehr gesamtgesellschaftliche, infrastrukturelle Bedingungen außerhalb des unmittelbaren Verwertungsprozesses vermehrt Einfluß. Für die Organisationen der Lohnabhängigen ergibt sich heute daraus die Notwendigkeit, der inhaltlichen Gestaltung und Finanzierung der Infrastruktur stärkere Aufmerksamkeit zuzuwenden. Einen ersten Schritt dahin bedeutet bereits das 1972 veröffentlichte *Gesundheitsprogramm des Deutschen Gewerkschaftsbundes,* das erstmals seit Bestehen der Bundesrepublik von gewerkschaftlicher Seite aus den Versuch unternimmt, einen relevanten Teil der Infrastruktur programmatisch zu erfassen. Dazu kommen seitens der *ÖTV* die Stellungnahmen zur Ausbildung in der *Krankenpflege,* zur Versorgung der *seelisch Kranken* und der *geistig Behinderten,* zur Neuorientierung eines *Sozialmedizinischen Dienstes* und zur Organisation der *Krankenhausstruktur.* Freilich, das genügt noch nicht.

V. Kommerzialisierung oder Vergesellschaftung der ambulanten medizinischen Versorgung?

Seit Mitte der 60er Jahre beginnt sich auch die Situation in der Ärzteschaft selbst zu verändern. Durch die zunehmende wissenschaftlich-technische Entwicklung, die sich zunächst im Krankenhaus durchsetzte, kam es zu der bereits erwähnten Vermehrung der gehaltsabhängigen Ärzte, die inzwischen zur größten Gruppe innerhalb der Ärzteschaft geworden sind. Obwohl sich die ärztliche Arbeit immer mehr spezialisiert hatte, war das Prinzip ihrer Organisation nahezu unverändert geblieben. Seit 1967 begannen daher vor allem jüngere Ärzte und Medizinstudenten in Arbeitskreisen »Kritische Medizin« – an fast allen medizinischen Fakultäten – über die Struktur des Krankenhauses, insbesondere über die Krankenhaushierarchie, zu diskutieren.
Die immer schwächer werdende Identifikation der angehenden Mediziner mit Chefärzten und anderen »Vertretern der Arztprofession« erschwert »die fraglose Übernahme der traditionellen Berufsethik«; das gleichzeitige »Fehlen von Auseinandersetzungsmöglichkeiten innerhalb des institutionalisierten Studiengangs macht den kritischen ärztlichen Nachwuchs empfänglich für Politisierung und Radikalisierung«, stellte eine später durchgeführte sozialwissenschaftliche Studie hierzu fest.[21]
1971 kam es in Westberlin und an einigen Universitätskliniken in der Bundesrepublik zu Boykottaktionen von Ärzten und Medizinalassistenten, die allerdings vom *Marburger Bund* auf eine standespolitische Ebene gedrängt werden konnten, da der zuständigen Gewerkschaft ÖTV wegen laufender Tarifverhandlungen die Hände gebunden waren. Der bewußtere Teil der jüngeren Ärzte,

von denen nicht wenige aus der politischen Studentenbewegung kamen, begannen sich mit Beginn der 70er Jahre zunehmend gewerkschaftlich zu organisieren. Denn ihre Ziele – *eine soziale medizinische Versorgung der Bevölkerung unter demokratischen Arbeitsbedingungen im Krankenhaus* –, so hatten sie erkannt, können nur durch das solidarische Handeln aller abhängigen Beschäftigten im Gesundheitswesen durchgesetzt werden. Wenn ich hier vor allem die jüngeren Ärzte hervorhebe, so handelt es sich dabei gewiß nicht um eine Biologisierung gesellschaftlicher Sachverhalte. Es hat sich vielmehr in den letzten Jahren gezeigt, daß diese Gruppe – anpolitisiert in ihrem Studium, konfrontiert mit unzureichenden Arbeitsbedingungen auf der untersten Ebene der Krankenhaushierarchie und mit einer notwendigerweise längeren Berufsperspektive am Krankenhaus – in der Regel mit gewerkschaftlichen Positionen sympathisiert.[22]
Dieses grundsätzliche Interesse zeigte sich auch an der erstaunlich großen Teilnahme im Januar 1973 an dem Kongreß »Medizin und gesellschaftlicher Fortschritt« in Marburg.[23] Es war der erste gesundheitspolitische Kongreß in der Bundesrepublik, der vor allem von in der ÖTV organisierten Ärzten vorbereitet und mit Vertretern des DGB und der ÖTV durchgeführt wurde.
Diese Entwicklung hat sich in den folgenden Jahren fortgesetzt. Inzwischen ist es gewerkschaftlich orientierten Ärzten gelungen, Sitz und Stimme in regionalen Ärztekammern zu gewinnen: Im Juni 1976 kandidierte erstmals die *Liste Demokratischer Ärzte* mit 80 Kandidaten zur Delegiertenversammlung der Landesärztekammer Hessen. Die Liste Demokratischer Ärzte erzielte einen unerwartet hohen Wahlerfolg. Sie erhielt 911 (10,6 Prozent) der abgegebenen Stimmen und stellt damit 8 von 80 Delegierten. Im Juni/Juli 1977 beteiligte sich die *Liste Soziales Gesundheitswesen* mit 113 Kandidaten an den Wahlen zur Ärztekammer Nordrhein (Bezirk Köln) und erhielt 476 (8,2 Prozent) der abgegebenen Stimmen. Sie stellt 5 von 64 Delegierten.
Auch die ärztlichen Standesorganisationen haben natürlich erkannt, daß es in zunehmendem Maße auf die Krankenhausärzte ankommt, deren Interessenlage und Berufsperspektive sich nicht mehr cum grano salis unter die der niedergelassenen Ärzte unterordnen lassen. Der *Hartmannbund* hat deshalb bereits 1970 ein Modell zur Umstrukturierung des ärztlichen Dienstes an den Krankenhäusern entwickelt, in dem die Bildung von »Krankenhausärztlichen Vereinigungen« vorgeschlagen wird. Danach sollen »Krankenhausärzte aus ihrer gegenwärtigen Abhängigkeit als Arbeitnehmer befreit und gegenüber den Krankenhausträgern

wie auch gegenüber den Krankenkassen unter den Schutz einer Körperschaft des öffentlichen Rechts gestellt werden. Diese Körperschaft ist die *Krankenhausärztliche Vereinigung*«.[24] Dem Modell der Krankenhausärztlichen Vereinigung, das in engem Zusammenhang mit einer zunehmenden Propaganda für das Belegarztsystem und das Konzept der Praxis-Klinik zu sehen ist, müssen die Gewerkschaften entschieden entgegentreten, wenn die gesundheitspolitischen Errungenschaften der Sozialversicherten nicht zurückgeschraubt werden sollen. Hiermit wird der Weg für eine weitere Kommerzialisierung geebnet, *denn sowohl im Belegarztsystem als auch in der geplanten Praxis-Klinik ist die ärztliche Tätigkeit nicht unerheblich von wirtschaftlichen Anreizen abhängig.* Der eigentlich humanitäre Anspruch ärztlichen Handelns kann auf diese Weise sicher nicht eingelöst werden.
Der wissenschaftlich-technische Fortschritt in der Medizin hat nun aber nicht nur die Arbeitsbedingungen im Krankenhaus verändert und damit die dort bestehende Organisation in Frage gestellt, sondern erreichte mit Verzögerung inzwischen auch die Praxis des niedergelassenen Arztes. Wie bereits erwähnt, hat sich in den 60er und Anfang der 70er Jahre (1962 bis 1973) die absolute Zahl der niedergelassenen Ärzte nur geringfügig um 3,7 Prozent erhöht. Innerhalb dieser Gruppe hat es jedoch zwischen Allgemeinpraktikern und Fachärzten unterschiedliche Entwicklungen gegeben. Während die Allgemeinpraktiker von 1962 bis 1973 um 8,6 Prozent abgenommen haben, stieg die Zahl der niedergelassenen Fachärzte in demselben Zeitraum sogar um 22 Prozent (vgl. hierzu: Tabelle 5).
Die Zunahme von qualifizierten Ärzten in der Praxis deutet darauf hin, daß sich auch im Bereich der ambulanten medizinischen Versorgung der ärztliche Arbeitsprozeß erheblich spezialisiert hat. Wenn auch die Allgemeinpraktiker von einem deutlichen Nachwuchsmangel betroffen sind – 1968 waren 64 Prozent der niedergelassenen männlichen Ärzte älter als 50 Jahre[25] –, so ist diese Ärztegruppe allein doch immer weniger dazu fähig, eine wissenschaftlich-zeitgemäße Diagnostik und Therapie zu betreiben; im Interesse der Patienten muß sie zunehmend mit niedergelassenen Fachärzten kooperieren.
Das kann natürlich nicht heißen, daß die Allgemeinpraktiker im Laufe der Zeit ihre Funktion völlig einbüßen werden, aber es wird mit der Entwicklung neuer differenzierter diagnostischer und therapeutischer Methoden sicher zu einer weiteren Aufgabenverschiebung kommen. Hierbei ist daran zu denken, daß der Allgemeinpraktiker zukünftig in zunehmendem Maße leichtere

Krankheitsformen behandelt und Patienten mit differenzierteren Erkrankungen so schnell als möglich an die entsprechenden Fachärzte und Spezialinstitutionen überweist. *Der Allgemeinarzt sollte in Zukunft also vor allem Filterfunktionen wahrnehmen.* Überdies muß der Allgemeinarzt so ausgebildet und ausgerüstet sein, daß er in *Notfällen* angemessene Erste Hilfe leisten kann. Und schließlich kommen dem Allgemeinarzt im Rahmen seiner Hausbesuche und der damit verbundenen Nähe zur Privatsphäre des Patienten wesentlich *sozialmedizinische Aufgaben* zu, die dringender Ausweitung bedürfen.

Die zunehmende Aufteilung der ärztlichen Tätigkeit zwischen Allgemeinpraktikern und niedergelassenen Fachärzten einerseits sowie innerhalb der Fachärzte andererseits bleibt wie alle Arbeitsteilung an entsprechende Formen gleichzeitiger Arbeitsvereinigung gebunden, sollen damit möglich werdende neue Arbeitsqualitäten produktiv genutzt werden. Dieser Prozeß zur institutionalisierten Kooperation innerhalb der ambulanten ärztlichen Versorgung, die Entwicklung der *Gruppenpraxis* neben der Individualpraxis wird gegen Ende der 60er Jahre spruchreif.

Die Diskussion über die Bildung von Gruppenpraxen in der ambulanten medizinischen Versorgung kam vergleichsweises spät in Gang. Früher traten diese Erscheinungen bei den rechts-, steuer- und wirtschaftsberatenden Berufen auf, die sich in Sozietäten zusammenschlossen. Diese Entwicklung erklärt sich vor allem aus der engeren Beziehung dieser Berufe zum Wirtschaftsprozeß, der infolge der zunehmenden Konzentration und Zentralisation des Kapitals einer differenzierteren und umfangreicheren Beratung bedarf. Die Bildung von größeren Einheiten, der Übergang von der Einzel- zur Gruppenkanzlei, ist also letztlich nicht aus den immanenten Gesetzmäßigkeiten der freien Berufe selbst zu erklären. Vielmehr wird sie von »außen«, von den grundlegenden sozialökonomischen Kräften der jeweiligen Gesellschaft bestimmt. *V. Deneke,* der derzeitige Geschäftsführer der Bundesärztekammer, schreibt daher zu Recht:

»Hier hat die allgemeine wirtschaftliche Entwicklung Lösungen erzwungen, ohne auf die rechtliche Fixierung eines für die freien Berufe zweckmäßigen Sozietätsrechts zu warten.«[26]

Je mehr in der Gruppenpraxis die Arbeit nach arbeitsteiligen Aspekten gemeinsam durchgeführt wird, desto weniger läßt sich der tatsächliche Stellenwert der einzelnen Leistungen noch isolieren. In einem solchen Prozeß werden jedoch die Einzelarbeiten zunehmend notwendiger, um zu einem Gesamtergebnis zu gelangen; das bedeutet, daß die miteinander an einem gemeinsamen

Problem Arbeitenden immer stärker voneinander abhängig werden. Der kooperative Einsatz spezieller Fähigkeiten und Fertigkeiten führt also zu einer zunehmenden Verflechtung der Einzelarbeit und ermöglicht damit zugleich eine höhere Qualität des Arbeitsergebnisses. Dies kann schließlich nicht ohne Auswirkungen auf das Honorierungssystem bleiben, denn die gemeinsame Behandlung eines Patienten läßt sich nachträglich nahezu unmöglich wieder honorarmäßig aufspalten und nach dem Prinzip der individuellen Leistung vergüten.
Gegenwärtig werden verschiedene Formen des Zusammenschlusses von niedergelassenen Ärzten in Gruppenpraxen diskutiert. Das Spektrum reicht von der *Apparategemeinschaft*, der lockersten Teilzusammenarbeit, über die *Praxisgemeinschaft* und *Gemeinschaftspraxis* bis hin zur *Praxisklinik*, die eine Kombination von Gruppenpraxis und stationärer Behandlung darstellt[27].
Zur Zeit erfolgt die Bildung von Gruppenpraxen vor allem dort, wo bereits eine dichtere ärztliche Niederlassung vorliegt, während es in dünn besiedelten Gebieten und Stadtrandbezirken, wo die ärztliche Versorgung zum Teil äußerst problematisch ist, bislang fast keine Gruppenpraxen gibt.

Wenn auch im Bereich der ambulanten medizinischen Versorgung zur Zeit noch ein geringer Konzentrationsgrad besteht, so ist gleichwohl damit zu rechnen, daß sich diese Tendenz in den nächsten Jahren verstärken wird. Denn die notwendige wissenschaftlich-technische Durchdringung eines Teiles der ambulanten Praxen erfordert einen hohen Geldeinsatz, der von einzelnen Ärzten kaum noch aufgebracht werden kann und demzufolge die Zentralisation des Kapitals in diesem Bereich nachdrücklich fördern wird.
»Mit der Steigerung der Investitionstätigkeit«, schreibt *V. Deneke*, »wächst die Problematik der Kommerzialisierung freiberuflicher Tätigkeit, und die Kostenstruktur-Erhebung des Statistischen Bundesamtes zeigt deutlich, in welchem Umfang die Honorarumsätze Amortisations- und Zinsraten für Investitionen, sonstige Sachkosten und personelle Fremdleistungen enthalten müssen.«[28]
Nicht minder einsichtig – wenn auch für einen spezielleren Bereich – wird die Problematik von *K. H. Metzner* (ehemaliger Vorsitzender des Hartmannbundes) formuliert:
»Ärzte, die ihren Beruf in freier Praxis ausüben, sind in der wirtschaftlichen Situation des Privatunternehmers. Und im Hin-

blick auf Diagnosezentren und Vorsorgezentren wäre es sicherlich wünschenswert, wenn Ärzte selbst diese Zentren erstellten. Allerdings müßten sie sich dann wegen des großen Kapitalbedarfs der Methoden der privaten Wirtschaft zur Kapitalgewinnung bedienen.«[29]

Durch eine solche Entwicklung würde allerdings der Charakter des ärztlichen Berufs, der nach § 1 Absatz 2 der Bundesärzteordnung kein Gewerbe sein soll, in seinem Kern berührt. So zeigt sich schon heute, daß die Modelle der Guppenpraxen als GmbH & Co. KGs, also als Kapitalgesellschaften geplant werden. In dem Maße freilich, wie die ärztlichen Praxen zu Kapitalgesellschaften werden, werden sich auch die Verhältnisse, unter denen niedergelassene Ärzte zu arbeiten haben, verändern. Das Arbeitsverhältnis wird dann nämlich zu einem Kapitalverhältnis. Das heißt, ambulant praktizierende Ärzte werden entweder zu Abhängigen von medizinexternen oder -internen Kapitaleignern. Damit wäre dann der Ausbeutung von Ärzten durch Ärzte Tür und Tor geöffnet. Um einen solchen Prozeß zu verhindern, in dem die Kapitalinteressen ungebrochen über die Arbeit der Ärzte und die damit verbundene eigentliche ärztliche Aufgabe dominieren könnten, muß von seiten der Sozialversicherten und deren Organisationen jeglicher Tendenz der Kommerzialisierung des Gesundheitswesens in der Bundesrepublik entgegengewirkt werden.

Als eine Alternative zur Kommerzialisierung der ambulanten medizinischen Versorgung bietet sich die *Öffnung der Krankenhäuser* mit ihrem qualifizierten medizinischen Personal und ihrer hochdifferenzierten apparativen Ausstattung an. Teure Geräte, die zum Teil nur stundenweise ausgelastet sind, könnten voll genutzt werden. Gemeinsame Konferenzen von Ärzten verschiedener Fachrichtungen, in welchen »Problempatienten« besprochen werden, könnten zu einer schnelleren, billigeren und wirksameren Behandlung führen.

Dazu kommt, daß die poliklinischen Einrichtungen die insgesamt schwierige ökonomische Situation der Krankenhäuser beträchtlich verbessern würden, da sie nicht mit dem gleichen hohen Anteil an fixem Kapital belastet sind und zu einer Reduzierung der Krankenhausbetten, einer Minderung der Doppeluntersuchungen und zu einer besseren Auslastung teurer Labors und medizinischer Geräte führen könnten. Schließlich könnte man bei der Errichtung von *Polikliniken*[30] auf die positiven medizinischen Erfahrungen zurückgreifen, die bereits seit Jahren an den Universitätskliniken gemacht werden.

Freilich lassen sich solche *Ambulanzen* nicht von heute auf morgen an allen Krankenhäusern einführen. Diese müßten personell, räumlich und organisatorisch darauf vorbereitet werden. In der Patientenbetreuung müßten auch Organisationsformen entwikkelt werden, die gewährleisten, daß dieselben Patienten nicht immer wieder von anderen Ärzten behandelt werden, da auf diese Weise gelegentlich Informationen verlorengehen, bei deren Rekonstruktion der Patient erheblich verunsichert und die notwendige Vertrauensbasis gefährdet wird.

Ähnliche Funktionen, insbesondere in dünn besiedelten und ärztlich unterversorgten Gebieten, könnten stationäre und mobile *Ambulatorien*[31] erfüllen, die organisatorisch eng mit Krankenhäusern verbunden sein sollten. Solche ambulanten medizinischen Einrichtungen werden in letzter Zeit immer notwendiger, da es sich gezeigt hat, daß »marktkonforme«, Maßnahmen die medizinische Sicherstellung der Sozialversicherten nicht mehr gewährleisten können. Außerdem könnten diese Ambulatorien und Polikliniken für angestellte Fachärzte Lebensstellungen und damit eine sinnvolle Berufsperspektive bieten. Bei der gegenwärtigen Organisationsstruktur der Krankenhäuser ist diese stark eingeschränkt. Für die Errichtung vor allem von kommunalen oder staatlichen Polikliniken und Ambulatorien spricht schließlich auch, daß *die gesundheitliche Versorgung der Bevölkerung eine elementare gesellschaftliche Aufgabe ist, die die Bedürfnisse jedes einzelnen vital berührt und daher nicht privaten Interessengruppen überlassen werden darf.*

Der Versuch, Polikliniken und Ambulatorien einzuführen, ist indessen schon zweimal – in der Weimarer Republik und Anfang der 50er Jahre in West-Berlin – durch den heftigen Widerstand der ärztlichen Standesorganisationen gescheitert, und es wäre falsch, diese Erfahrungen in unsere Vorstellungen nicht einzubeziehen. Da die ärztlichen Standesorganisationen aus diesen Auseinandersetzungen immer gestärkt hervorgegangen sind, muß ein dritter Versuch so angelegt sein, daß sich frühere Fehler nicht wiederholen.

Die Bedingungen dafür scheinen gegeben: Wie gezeigt, hat sich heute die Struktur der Ärzteschaft zugunsten der angestellten und beamteten Ärzte verschoben, die infolge einer qualifizierten Ausbildung, aber auch wegen besseren Arbeitsbedingungen an einer Krankenhaustätigkeit interessiert sind. Eine große Zahl der angestellten Ärzte hat gegenüber der konservativen Standespolitik, die schwerpunktmäßig noch immer auf den »freien« Beruf des niedergelassenen Arztes ausgerichtet ist, begründete Vorbehalte.

Diese Ärzte haben aufgrund ihrer sozialökonomischen Stellung und ihres Bewußtseins[32] als wichtigste ärztliche Zielgruppe einer gewerkschaftlichen Arbeit zu gelten. Ihre Bedürfnisse nach ausbildungsgerechten Arbeitsplätzen und nach demokratischer Organisation ihrer Arbeit in öffentlichen medizinischen Einrichtungen müssen im ärztlichen Bereich für die Gewerkschaft ÖTV Vorrang genießen. Hierbei handelt es sich nämlich auch um jene Ärztegruppe, bei der gegen poliklinische Einrichtungen die geringsten Vorurteile bestehen. Dies bestätigt auch das Untersuchungsergebnis (siehe Tabelle 6).

Tabelle 6

	Studenten		Assistenten			Ärzte Niedergelassen		
	Gesamt	Ziel A.P.	Gesamt	Ziel A.P.	Kliniker	Als Facharzt	Als Allg. Prakt.	Auf dem Land
Basis	597	73	1081	67	195	188	89	97
Der Allgemeinpraktiker kann Patienten nur begrenzt helfen								
Trifft zu	87%	78%	81%	72%	84%	66%	67%	65%
Ambulanzen in Kliniken können wirkungsvoller arbeiten								
Trifft zu	58%	14%	60%	54%	64%	28%	20%	26%

Quelle: Bundesminister für Jugend, Familie und Gesundheit (Hrsg.), Berufsabsichten und Motivationen der deutschen Mediziner, Stuttgart 1973, S. 58.

Im Gegensatz zu den angestellten Ärzten betrachtet ein großer Teil der niedergelassenen Ärzte die Einrichtung von Polikliniken und Ambulatorien weiterhin als eine existentielle Bedrohung. Die ärztlichen Standesorganisationen schüren diese Ängste und versuchen zugleich bei den Patienten den Eindruck zu erwecken, daß mit der Vergesellschaftung eines Teiles der ambulanten medizinischen Versorgung das inzwischen stark angegriffene Vertrauen zwischen Arzt und Patient völlig liquidiert werden soll. Unter diesem Druck der Standesfunktionäre ist die überwiegende Mehrzahl der Ärzte erfahrungsgemäß immer zur konservativen Seite hin ausgewichen. Angesichts dieses Verhaltens der Ärzteschaft muß jeder Beteiligte sich selbstkritisch fragen, ob es bisher in

genügendem Maße verstanden wurde, die Vorteile deutlich zu machen, die jene am sozialen Fortschritt orientierte gesundheitspolitische Konzeption nicht zuletzt auch den niedergelassenen Ärzten bieten kann. Es wäre zu überlegen, ob nicht mehr als bisher auch an den unmittelbaren und gemeinsamen Bedürfnissen der niedergelassenen Ärzte und der Gewerkschaften angesetzt werden müßte[33], nämlich: erstens, eine gute Gesundheitsversorgung und, zweitens, gute ärztliche Arbeitsbedingungen zu schaffen. Dabei könnten Polikliniken und Ambulatorien dem niedergelassenen Arzt insbesondere bei belastenden, aber notwendigen Arbeiten behilflich sein: wie bei der Versorgung von Problempatienten oder der Unterstützung im Nacht-, Wochenend-, Feiertags- und Notdienst. Weiterhin könnten Urlaubsvertretungen sowie Fortbildungsmöglichkeiten organisiert werden. Hier könnte sich ein Weg andeuten, auf dem nicht nur gegen die niedergelassenen Ärzte, sondern auch zusammen mit Teilen von ihnen sich solche nichtkommerziellen ambulanten Großeinrichtungen entwerfen und durchsetzen lassen. Man sollte überlegen, ob es nicht sinnvoll ist, zur Zeit niedergelassenen Ärzten die Möglichkeit anzubieten, sich an Polikliniken oder Ambulatorien zu beteiligen. Dies könnte im Angestellten- oder Beamtenverhältnis geschehen. Gerade bei dem durchschnittlich hohen Alter der berufstätigen niedergelassenen Ärzte und deren unzureichender Altersversorgung entbehrt dieses Angebot sicher nicht einer gewissen Attraktivität. Dabei ist jedoch sorgfältig darauf zu achten, daß von den kommunalen oder staatlichen ambulanten medizinischen Einrichtungen nicht nur arbeitsaufwendige und unrentable, sondern auch rentable ärztliche Aufgaben übernommen werden.
Weitere Möglichkeiten der nichtkommerziellen ambulanten medizinischen Versorgung bietet auch das vom DGB vorgeschlagene Modell des *integrierten Systems der medizinischen Versorgung.*[34]
Insgesamt halte ich es insbesondere im Interesse der Sozialversicherten für notwendig, daß den Tendenzen einer weiteren Kommerzialisierung der ambulanten medizinischen Versorgung rechtzeitig und mit aller Kraft von den Organisationen der Sozialversicherten und den Gewerkschaften Einhalt geboten wird und zunächst Formen entwickelt werden, die neben der selbständigen ärztlichen Praxis die Einrichtung von Polikliniken und Ambulatorien ermöglichen.
Die isolierte Einrichtung eines sozialen und demokratischen Gesundheitswesens in einer Gesellschaft, die auf dem Widerspruch zwischen der fortschreitenden gesellschaftlichen Anwendung der

Produktivkräfte und der privaten Aneignung fremder Arbeitsleistungen beruht, ist zweifellos nicht möglich. Dennoch müssen in zunehmendem Maße Anstrengungen unternommen werden, um zu einer sozialen Gesundheitsversorgung der Bevölkerung unter demokratischen Arbeitsbedingungen im Gesundheitswesen zu kommen. Die konkrete Auseinandersetzung um diese Ziele ist so anzulegen, daß sie eine breite soziale und politische Bewegung initiiert und unterstützt, die nachdrücklich für die realen Interessen der Sozialversicherten eintritt. Hierbei wird das Ausmaß des gesundheitspolitischen Engagements der Ärzte an der Seite der Sozialversicherten und ihrer Organisationen gewiß eine wichtige Rolle spielen.

ANMERKUNGEN

1 Resultat dieser Politik ist auch heute noch, daß der durchschnittliche Jahresumsatz des niedergelassenen Arztes nach der Kostenstrukturerhebung des Statistischen Bundesamtes von 1971 bei rund 178 500 DM lag. 1973 dürfte er etwa 213 000 DM betragen haben. Vgl. hierzu: *U. Geißler*, Wirtschaftliche Lage der niedergelassenen Ärzte, in: Die Ortskrankenkasse, Heft 17, Jg. 1975, S. 557–563.

2 Mit den beiden Einrichtungen erhielten die Ärzte in Deutschland erstmals eine eigene Vertretungskörperschaft, deren Verwaltung und Gerichtsbarkeit alle Ärzte zwangsweise unterstanden.

3 Vgl. *W. Abendroth*, Sozialgeschichte der europäischen Arbeiterbewegung, Frankfurt 1965, S. 176 ff.

4 Bis 1960 hieß es in der Reichsversicherungsordnung (§ 368a, Abs. 1, Satz 1): »Um eine ausreichende ärztliche Versorgung und die freie Wahl unter einer genügenden Zahl von Ärzten zu gewährleisten, sind im Zulassungsbezirk (§ 368b, Abs. 1) in der Regel auf je fünfhundert Mitglieder ein Arzt und auf je neunhundert Mitglieder ein Zahnarzt zuzulassen (Verhältniszahl).« Die Verhältniszahl drückt also die Relation zwischen einem Arzt und einer festgelegten Anzahl von Versicherungsmitgliedern aus.

4a Genaue Angaben über die Zuwanderung von Ärzten aus der DDR 1952 bis 1961 vgl. *W. Thelen*, Numerus Clausus und Ärzteschaft, Gießen 1974, S. 133 f.

5 Vgl. *H.-U. Deppe*, Industriearbeit und Medizin, Frankfurt 1973, S. 23.

6 Bis auf ein Ambulatorium wurden alle anderen aufgelöst. Dieses erfreut sich auch heute noch einer großen Beliebtheit in der Bevölkerung und kann überdies nicht über einen Ärztemangel klagen.

7 *Bundesverband der Ortskrankenkassen; Bundesverband der Betriebskrankenkassen* (Hrsg.): Grundsätze und Forderungen zum Vertragsrecht der Krankenkassen, Bonn-Bad Godesberg/Essen 1974, S. 13 f und 19.

8 Vgl. *K. Roos* (Leserbrief) in: Frankfurter Rundschau vom 3. 8. 1974.

9 Vgl. *H.-P. Höhle*, Bund und Länder dürfen sich der Mitverantwortung nicht entziehen, in: Deutsches Ärzteblatt, Heft 3, Jg. 1974, S. 123 ff. *Kassenärztliche Bundesvereinigung*, Sicherstellung der ärztlichen Versorgung, in: Deutsches Ärzteblatt, Heft 16, Jg. 1974, S. 1129 ff.

10 Vgl. *F. Naschold*, Kassenärzte und Krankenversicherungsreform. Zu einer Theorie der Statuspolitik, Freiburg 1967, S. 61 ff und passim.

11 Diese Aktionsgemeinschaft wurde 1972 durch die Aktion »Freiheit für Arzt und Patient« erneut belebt.

12 *R. van den Bussche/H. Krähe*, Arztbedarf und medizinische Ausbildungskapazität, in: *Initiativkreis Medizin und gesellschaftlicher Fortschritt* (Hrsg.): Medizin und gesellschaftlicher Fortschritt. Thesen, Referate, Diskussionen und Beschlüsse des Marburger Kongresses »Medizin und gesellschaftlicher Fortschritt« am 20./21. Januar 1973. Köln 1973, S. 300f.

13 Ebda., S. 298.

14 Zum Problem der Zulassungsbeschränkung vgl.: *W. Bogs*, Krankenversicherung, in: Handwörterbuch der Sozialwissenschaften, Bd. 6, Stuttgart 1959, S. 292.

15 Vgl. *Bundesverband der Ortskrankenkassen; Bundesverband der Betriebskrankenkassen* (Hrsg.): a.a.O., S. 24.

16 Berufe des Gesundheitswesens 1970, in: Wirtschaft und Statistik, Heft 11, Jg. 1971, S. 676.

17 Ebda., S. 677.

18 Ebda.

19 Einführung der Facharztgebiete durch die Ärztekammer: Pathologische Anatomie (1969), Pharmakologie (1969), Laboratoriumsdiagnostik (1956), Anästhesiologie (1956), Neurochirurgie (1956), Kinder- und Jugendpsychiatrie (1969); Teilgebietsbezeichnungen: Gastroenterologie (1969), Kardiologie (1969), Kinderchirurgie (1969), Unfallchirurgie (1969), Lungen- und Bronchialkunde (1969).

20 *F. M. Bator*, The Anatomy of Market Failure, in: Quarterly, Journal of Economics, Band 72, Jg. 1958, S. 351–379; *H. Weissenböck*, Studien zur ökonomischen Effizienz von Gesundheitssystemen, Stuttgart 1974, S. 13–31; *P. Rosenberg*, Strukturkrise – nicht Kostenexplosion, in: *H. v. Nußbaum* (Hrsg.), Die verordnete Krankheit, Frankfurt [S. Fischer Verlag] 1977, S. 144. *H. Kühn*, Gesamtwirtschaftlicher Bedingungswandel der Krankenhauspolitik, in: Das Argument, AS 12 (1976), S. 26ff.

21 *Verein für moderne und rationelle Gestaltung von Arztpraxen e. V.* (Hrsg.): Ausbildungs- und Berufserwartungen des ärztlichen Nachwuchses, Stuttgart 1975, S. 15.

22 Hierzu *M. Regus*, Die »bundeseinheitlichen« Mediziner. Die Reform des Medizinstudiums nach der neuen Ausbildungsordnung, in: Analysen, Heft 12, Jg. 1973, S. 25–28.

23 Vgl. hierzu: *Initiativkreis Medizin und gesellschaftlicher Fortschritt* (Hrsg.), a.a.O.

24 *Verband der Ärzte Deutschlands (Hartmannbund) e. V.* (Hrsg.), Krankenhausärztliche Vereinigung, o. O., o. J., S. 3.

25 Dieser Zustand dürfte sich auch heute noch nicht wesentlich verändert haben. Vgl. hierzu *G. Wolff*, Die Altersgliederung der Ärzte in der BRD. Blaue Reihe Nr. 12, Köln/Berlin 1970.

26 *V. Deneke*, Haben die freien Berufe noch eine Chance? Hrsg. vom Verband der Ärzte Deutschlands (Hartmannbund) e. V.; Mainz 1973, S. 55.

27 Zur genaueren Darstellung und Einschätzung siehe: Strukturwandel der ärztlichen Praxis, in diesem Buch S. 182f.

28 *V. Deneke*, a.a.O., S. 25.

29 *K. H. Metzner*, Die Bedrohung des Ärztestandes (Kurzfassung), in: Der Deutsche Arzt (DDA), Heft 5, Jg. 1972, S. 240.

30 Unter Polikliniken sollen Einrichtungen eines Krankenhauses bzw. einer Klinik verstanden werden, in denen Patienten von angestellten oder beam-

teten Ärzten ambulant versorgt werden. Dabei wäre es auch denkbar, daß die Poliklinik nicht in demselben Haus wie das Krankenhaus untergebracht ist, aber medizinisch und organisatorisch eng mit dem Krankenhaus zusammenarbeitet. Der Poliklinik könnten auch Betten zur stationären Diagnostik angeschlossen werden.

31 Unter Ambulatorien sollen hier kommunale oder staatliche medizinische Einrichtungen verstanden werden, in denen Patienten von angestellten oder beamteten Ärzten ambulant behandelt werden. Sie sollen keine Betten haben. Ambulatorien können als stationäre oder mobile Außenstellen eines Krankenhauses verstanden werden. Zur Notwendigkeit von Polikliniken und Ambulatorien vgl. auch: *H. G. Wolters*, Perspektiven der Gesundheitspolitik, in: Presse- und Informationsamt der Bundesregierung (Hrsg.): Bulletin Nr. 113 (Bonn, 19. September 1973), S. 1122.

32 Vgl. hierzu: *R. Depner*, Zum Selbstverständnis von Medizinstudenten und Ärzten. Eine empirische Untersuchung. Diss. phil., Universität Mannheim 1973, bes. S. 171 und 181 ff. Hiernach zeichnen sich die Medizinstudenten als progressivste und die niedergelassenen Ärzte als konservativste Gruppe ab. Die Kliniker liegen zwischen diesen beiden Gruppen mit einer deutlichen Affinität zur Einstellung der Studenten. Innerhalb der niedergelassenen Ärzte erweisen sich die praktischen Ärzte als konservativster Teil (S. 189). In diesem Zusammenhang muß ebenfalls berücksichtigt werden, daß ein Drittel der neu niedergelassenen Ärzte aus der DDR bzw. den ehemaligen Ostgebieten stammt. (Vgl. *Bundesminister für Jugend, Familie und Gesundheit* [Hrsg.]: Berufsabsichten und Motivationen der deutschen Mediziner. Stuttgart 1973, S. 22).

33 Vgl. hierzu auch *H. Mausbach*, in: *Initiativkreis Medizin und gesellschaftlicher Fortschritt* (Hrsg.), a.a.O., S. 409 ff (Nachwort).

34 Vgl. *E. Jahn*, Integriertes Modell der medizinischen Versorgung, in: WSI-Mitteilungen, Jg. 1974, Heft 4, S. 122–137; ebenso Gesundheitspolitisches Programm des Deutschen Gewerkschaftsbundes, S. 12f: sowie *Wirtschafts- und Sozialwissenschaftliches Institut des Deutschen Gewerkschaftsbundes (WSI)* (Hrsg.): Integrierte medizinische Versorgung. Notwendigkeit – Möglichkeit – Grenzen. Köln 1975; siehe ausführlich in diesem Buch S. 185f, 188.

Antagonistische Interessen in der gesetzlichen Krankenversicherung

Die Einführung der gesetzlichen Krankenversicherung geht zurück auf die 80er Jahre des vergangenen Jahrhunderts. Sie war spezifisch für die deutsche Entwicklung. Später wurde sie sogar Vorbild für andere Länder. Die gesetzliche Krankenversicherung ist gleichsam die ökonomische Schaltstelle unseres Gesundheitswesens. Von ihr werden jährlich hohe im Produktions- und Verwertungsprozeß geschaffene Beiträge zum Zwecke der Krankenversorgung ihrer Mitglieder umverteilt. Besondere gesellschaftliche Beziehungen und Vorgänge, wie Struktur und Entwicklung der gesetzlichen Krankenversicherung, sind allerdings weder aus sich noch aus dem allgemeinen Prozeß geistiger und wissenschaftlicher Erkenntnis abstrakt zu bestimmen, sondern wurzeln in den materiellen Lebensverhältnissen. Sie sind Resultat und zugleich Voraussetzung derselben. Schon *Hegel* faßte die Gesamtheit der materiellen Lebensverhältnisse unter dem Begriff der »bürgerlichen Gesellschaft« zusammen. *Marx* bezeichnete später die politische Ökonomie als ihre »Anatomie«. Unter materiellen Lebensverhältnissen werden hier Produktionsweisen verstanden, unter denen die Individuen produzieren und miteinander verkehren. Ausgangspunkt der Analyse der gesetzlichen Krankenversicherung ist daher die Untersuchung der Prinzipien der »Anatomie der bürgerlichen Gesellschaft«, die spezifische Art und Weise der gesellschaftlichen Arbeit, die Aneignung des Mehrprodukts und die darauf beruhenden Gesetzmäßigkeiten der Reproduktion der gesamten Gesellschaftsformation. Mit diesen materiellen Bedingungen sind Interessengegensätze verbunden, die die Struktur der Krankenversorgung und damit auch das Verhalten der Menschen in diesem gesellschaftlichen Teilbereich prägen. Da die ökonomische Grundlage der Interessengegensätze in der bürgerlichen Gesellschaft die Kapitalverwertung ist, soll zunächst auf die Bewegung des Kapitals und dessen Interesse an der Krankenversorgung eingegangen werden, bevor die besonderen Widersprüche und Zusammenhänge innerhalb der sozialen Krankenversicherung untersucht werden. Dabei ist es freilich nicht möglich, ökonomische und politische Grundbegriffe an dieser Stelle ausführlich zu behandeln.

I. Das Kapital und seine Bewegung

Im Unterschied zu allen vorangegangenen Formen der gesellschaftlichen Produktion und Reproduktion ist die bürgerliche Gesellschaft dadurch gekennzeichnet, daß in ihr eine Wirtschaftsweise vorherrschend geworden ist, deren Kern die Verwertung von Kapital, von sich selbst verwertendem Wert, darstellt. Vorbürgerlichen Gesellschaften war fremd, durch Arbeit Geschaffenes nicht zu verzehren und zum Zwçck der erweiterten Produktion wiederum einzusetzen. Die Rückverwandlung von Mehrwert in Produktivvermögen, die Akkumulation von Kapital, entwickelte sich erst regelmäßig und systematisch in der bürgerlichen Gesellschaft.

Hierzu nötigten von Anfang an die unter privaten Besitzverhältnissen miteinander konkurrierenden Produktivvermögen. Damit wurde der Arbeitsprozeß vornehmlich zum Verwertungsprozeß, Arbeit wurde in erster Linie zum Mittel, den Wert von vorgeschossenem Kapital zu reproduzieren und zu vermehren. Dies setzt jedoch sowohl die freie Verfügung des Arbeitenden über seine Fähigkeiten und Fertigkeiten voraus, als auch die Disponibilität des Geld- und Warenbesitzers über die ihm als privates Eigentum gehörenden Werte. Der Kapitaleigner, der die Arbeitskraft in der Regel zu ihrem Durchschnittswert kauft, erhält durch deren produktive Anwendung im Produktionsprozeß nicht nur den Wert für seine Produktionsmittel zurück, sondern er eignet sich auch zusätzlich den Mehrwert an, der von der lebendigen Arbeit hervorgebracht wird und den spezifischen Gebrauchswert der Ware Arbeitskraft für das Kapital darstellt. Wesentlich für diesen Prozeß ist, daß er sich kreislaufartig reproduziert, wenn er sich erst einmal durchgesetzt hat[1].

Kapital muß, um diese Funktion erfüllen zu können, umschlagen, das heißt seine Formen verändern. Dabei geht der Kreislauf des industriellen Kapitals in drei Stadien vor sich[2]: zunächst erwirbt der Kapitaleigner auf dem Warenmarkt Produktionsmittel (Pm) und heuert auf dem Arbeitsmarkt arbeitsfähige Arbeitskräfte (A) an. Das Geldkapital (G) dient hier zum Einkauf der beiden Elemente des Produktivkapitals, jener Waren (W), die für Produktionszwecke notwendig sind ($G - W <^{A}_{Pm}$). Das zweite Stadium bildet der Produktionsprozeß, in dem die gekauften Waren produktiv angewandt werden. Das heißt, daß unter der Kontrolle der Produktionsmitteleigner die Arbeitskräfte an den Produktionsmitteln zu arbeiten beginnen und neue Waren (W') produzieren (P... W′), deren Wert größer ist, als der Wert der verbrauchten Produktionsmittel und der verausgabten Arbeitskraft. Die Vergrößerung des Wertes der neuen Waren beruht auf dem Sachverhalt, daß die menschliche Arbeitskraft als einzige Produktivkraft in der Lage ist, mehr zu produzieren, als zu ihrer unmittelbaren Reproduktion notwendig ist. Und im dritten Schritt wendet sich dann der Kapitaleigner mit den an seinen Produktionsmitteln neu erstellten Waren wiederum – nun allerdings nicht als Käufer sondern als Verkäufer – an den Markt, um diese seine Waren gegen Geld (G′) zu tauschen (W′–G′), um ihren Wert zu realisieren. Das ursprünglich vorgeschossene Kapital, das in der Produktion um den Mehrwert angereichert wurde, nimmt nach dem Verkauf der Waren also erneut die Form von Geld an und setzt den Kreislauf auf einer erhöhten Stufenleiter zum Zweck der Akkumulation fort. Der Gesamtkreislauf des Kapitals, der in der Industrie am deutlichsten zum Ausdruck kommt, kann in folgender Formel zusammengefaßt werden:

Abbildung 1:

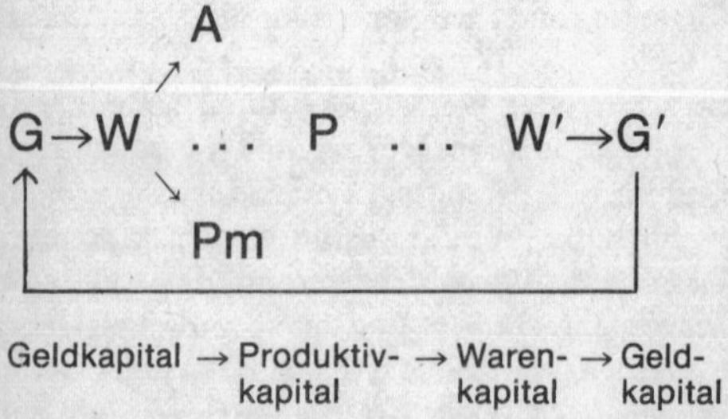

Kapital ist also nicht irgendwie Reichtum, Geld oder eine Maschine. Kapital ist vielmehr ein gesellschaftliches Verhältnis: Produktivvermögen, das sich vermehren muß, das Profit abwerfen muß, das diesen Profit aber nur abwerfen kann, wenn es Arbeitskraft, Lohnarbeit, anwendet und sich Mehrarbeit aneignet. Beides gehört zusammen: ohne Lohnarbeit gibt es kein Kapital und keinen Profit – und ohne Kapital keine Lohnarbeit. Der Prozeß der Kapitalverwertung stellt demzufolge nicht nur den mechanischen Ablauf einer Folge verschiedener Kapitalformen dar, sondern beinhaltet zugleich das widersprüchliche gesellschaftliche Verhältnis zwischen dem Bedarf der Arbeitskräfte einerseits und dem Verwertungsinteresse der Unternehmungen andererseits

($A \longleftrightarrow \Delta G$). Die Unternehmungen versuchen – nicht zuletzt aus Gründen der Konkurrenz – stets einen möglichst hohen Betrag aus der Differenz (ΔG) zwischen dem vorgeschossenen (G) und dem realisierten Geldkapital (G') zu gewinnen; sie versuchen, den von ihnen aufgrund der spezifischen Eigentumsverhältnisse aneigenbaren Teil fremder Arbeit, welche unter ihrer Kontrolle und Disposition produziert wurde, so stark als möglich auszudehnen. Daraus resultiert die permanente Tendenz, sowohl die Kosten – insbesondere den finanziellen Aufwand für die Arbeitskräfte – nach unten zu drücken, als auch durch Verdichtung der Arbeit immer mehr aus den angemieteten Arbeitskräften herauszuholen. Entgegengesetzt dazu verhalten sich die objektiven Interessen der Lohn- und Gehaltsempfänger, denn für sie ist das Entgelt, das sie für die von ihnen unselbständig und arbeitsteilig verrichtete Arbeit erhalten, eine Bedarfsgröße; es ist verbrauchsbestimmtes Arbeitseinkommen und dient der Erhaltung der persönlichen Subsistenz.
Der Gegensatz zwischen den Kapitalinteressen einerseits und dem Bedarf der Lohn- und Gehaltsabhängigen andererseits ist dem Verwertungs- und Kreislaufprozeß des Kapitals konstitutiv und bildet den ökonomischen Kern der politischen Auseinandersetzungen. Deshalb läßt sich dieser elementare Widerspruch auch nicht allein auf die Sphäre der Produktion beschränken, sondern seine Auswirkungen finden sich mehr oder weniger vermittelt in der Vielfalt der Bereiche des gesamten gesellschaftlichen Lebens wieder; er wird zum Grundverhältnis der Klassenauseinandersetzungen in der bürgerlichen Gesellschaft überhaupt und findet demzufolge auch seinen Niederschlag in der Krankenversorgung.

II. Kapitalkreislauf und soziale Krankenversorgung

Das Gesundheitswesen, jener besondere Teilbereich der Gesellschaft, dessen soziale Strukturen sich unter den spezifischen Bedingungen der Krankenversorgung und Gesundheitssicherung entwickeln, liegt – mit Ausnahme der angewandten Arbeitsmedizin – außerhalb der Sphäre der Produktion und erfüllt Lebensfunktionen, die vornehmlich reproduktiven Charakter haben. Gleichwohl können sich diese reproduktiven Funktionen, die Wiederherstellung und Erhaltung von Gesundheit, nur in dem Maße erfüllen, wie die materiellen Voraussetzungen dafür mittels gesellschaftlicher Produktion geschaffen und eingesetzt werden. Die Analyse des Gesundheitswesens, die von diesen materiellen

gesellschaftlichen Voraussetzungen abstrahiert, läuft daher Gefahr, Probleme zu idealisieren und damit zu verkürzen – oder deren Einschätzung einer relativen Zufälligkeit zu überlassen.
Im Folgenden soll daher untersucht werden, inwieweit der gesellschaftliche Widerspruch zwischen Lohnarbeit und Kapital, der in der Produktionsweise der bürgerlichen Gesellschaft angelegt ist, sich auch im Gesundheitswesen direkt oder indirekt niederschlägt.

a) *Kapital* ist daran interessiert, daß die Differenz zwischen dem Wert der von ihm angewandten Arbeitskraft und dem Wert der Produkte, die von der Arbeitskraft geschaffen werden, möglichst groß ausfällt. Um dies zu erreichen, benötigt das Kapital gesunde und qualifiziert ausgebildete, das heißt hier im ökonomischen Bereich möglichst leistungsfähige und verwertbare Arbeitskräfte[3]. Die einzelnen Kapitale versuchen daher stets, die leistungsfähigsten Arbeitskräfte, die gerade auf dem Arbeitsmarkt vorhanden sind, abzuschöpfen, in der Hoffnung, daß sich diese von selbst regenerieren, oder daß die gesunde, verwertbare Reserve groß genug ist und deren Reduzierung der Prozeß der Kapitalakkumulation nicht stört. Da nun die einzelnen Kapitale qua Konkurrenz gezwungen sind, den Arbeitsmarkt unter individuellen und privaten Verwertungsgesichtspunkten zu nutzen, kommt es – wie die industrielle Revolution des 19. Jahrhunderts am deutlichsten zeigte – zu einem maßlosen physischen und psychischen Verschleiß der Arbeitskräfte. Das Kapital tendiert dazu, den Gebrauchswert der Ware Arbeitskraft zu zerstören und folglich die Quelle seiner Verwertung – die gesunde, arbeitsfähige Arbeitskraft – selbst zu vernichten. Es gerät damit schließlich in Widerspruch zu seinen eigenen Intentionen.

b) Die fortschreitende Expansion des Kapitalverhältnisses und dessen Durchdringung der gesamten Gesellschaft bewirkte allerdings zugleich eine starke Zunahme der Lohn- und Gehaltsabhängigen und förderte deren gewerkschaftliche und politische Organisierung, die Entwicklung jener gesellschaftlichen Kräfte, die als wesentliche Grundlage für die Einführung »sozialstaatlicher« Maßnahmen anzusehen sind. Die *Arbeiterklasse* begann die Verteidigung der einzigen Verkaufsware, die sie besitzt, gegen den massiven Zugriff des Kapitals zu organisieren. Sie errichteten zunächst Hilfskassen und erzwangen schließlich die Einrichtung von Sozialversicherungen, die als Äquivalent für den politischen Unmut in der Arbeiterschaft teils direkt teils indirekt vom bürgerlichen Staat zugestanden wurden[4]. In solchen sozialpolitischen Auseinandersetzungen vertritt der *Staat* mehr oder weniger allgemeine Kapitalinteressen, die über den zueinander in Konkurrenz befindlichen Einzelkapitale stehen, und sorgt dafür, daß der soziale Friede und die Verwertbarkeit der Arbeitskraft langfristig erhalten bleiben.

c) Beide Elemente, die ökonomischen und die politischen, gehen in die je spezifische *Wertbestimmung der Ware Arbeitskraft* und die Art und Weise wie diese wiederhergestellt wird, ein. Dazu gehören einmal die Lebensmittel im weitesten Sinne, die zur Reproduktion der Arbeitskraft notwendig sind. Sie müssen unter bestimmten historischen und geographischen Bedingungen geschaffen werden; sie haben also einen bestimmten Arbeitswert. Andererseits bestimmt sich die Höhe des Arbeitsentgelts, das für reproduktive Konsumzwecke ausgegeben wird, nicht nur nach ökonomischen, sondern auch nach politischen Bedingungen. Denn die Höhe des Arbeitslohnes oder Gehaltes ist nicht nur eine Frage des Berechnens von verausgabter Arbeitskraft, sondern vor allem Resultat des realen Drucks, den die Kontrahenten in Lohnverhandlungen aufeinander ausüben können.
Bereits *Marx* bemerkte im Zusammenhang mit seinen Untersuchungen über den Wert der Ware Arbeitskraft, daß

»zu seiner Erhaltung ... das lebendige Individuum einer gewissen Summe von Lebensmitteln (bedarf). Die zur Produktion der Arbeitskraft notwendige Arbeitszeit löst sich also auf in die zur Produktion dieser Lebensmittel notwendige Arbeitszeit, oder der Wert der Arbeitskraft ist der Wert der zur Erhaltung ihres Besitzers notwendigen Lebensmittel... Die Summe der Lebensmittel muß... hinreichen, das arbeitende Individuum als arbeitendes Individuum in seinem *normalen Lebenszustand* zu erhalten. Die natürlichen Bedürfnisse selbst, wie Nahrung, Kleidung, Heizung, Wohnung usw. sind verschieden je nach den klimatischen und anderen natürlichen Eigentümlichkeiten eines Landes. Andererseits ist der Umfang sogenannter notwendiger Bedürfnisse, wie die Art ihrer Befriedigung, selbst ein historisches Produkt und hängt daher großen Teils von der Kulturstufe eines Landes, unter anderem auch wesentlich davon ab, unter welchen Bedingungen, und daher mit welchen Gewohnheiten und Lebensansprüchen die Klasse der freien Arbeiter sich gebildet hat. Im Gegensatz zu den anderen Waren enthält also die Wertbestimmung der Arbeitskraft ein *historisches und moralisches Element*. Für ein bestimmtes Land, zu einer bestimmten Periode jedoch, ist der Durchschnitts-Umkreis der notwendigen Lebensmittel gegeben.«[5]

Marx geht davon aus, daß der Wert der Arbeitskraft nicht nur die zur unmittelbaren physischen Reproduktion der Arbeitskraft erforderliche Menge an Konsumtionsmittel enthält, sondern überdies auch Wertbestandteile, die den »normalen Lebenszustand« der Arbeitenden und deren Familienangehörigen – zu welchem auch Krankheit, Invalidität und Alter zählen – auf dem jeweils erreichten Stand der gesellschaftlichen Entwicklung sichern. Insofern wird auch verständlich, daß sich konkrete Ziele von sozialpolitischen Auseinandersetzungen verändern. Strebten Kämpfe um die soziale Sicherung zunächst Maßnahmen an, die der bloßen Existenzerhaltung dienten, die einem kleinen und zwar dem extrem pauperisierten Teil der Arbeiterklasse das physische Dasein im Falle von Krankheit, Invalidität und Alter notdürftig ermöglichten, so hat sie unter den sich verändernden gesellschaftlichen Bedingungen zunehmend den Charakter gewonnen, den historisch bedingten Lebensstandard zu sichern.
An diesem zweiten Aspekt ist auch das *Kapital* interessiert,
d) In diesem Prozeß um sozialpolitische Verbesserungen kam es gegen Ende des vergangenen Jahrhunderts von seiten des bürgerlichen Staates zur Einführung der *gesetzlichen Krankenversicherung* für Arbeiter. Ihre Hauptfunktion besteht vor allem darin, die Krankenversorgung der abhängig Beschäftigten finanziell und institutionell zu sichern sowie Einkommensverluste im Falle von Krankheit zu kompensieren bzw. abzuschwächen. Während früher die Einkommenssicherung in Form von Krankengeld dominierte, steht heute die Krankenversorgung im Vordergrund.
In ihren Hauptfunktionen entspricht die gesetzliche Krankenversicherung den Interessen der *Arbeiterklasse* auf zweierlei Weise: in dem Maße, wie es gelingt, die Krankheitsbewältigung ökonomisch abzusichern, verbessern sich auch die Lebensbedingungen der Arbeitenden. Ihr Bedarf nach Gesundheit kann zunehmend befriedigt werden. Da jedoch die Gesundheit der Arbeitenden für sie nicht nur Gebrauchswert, sondern in Form ihrer leistungsfähigen und verwertbaren Arbeitskraft auch Tauschwert besitzt, sind sie unter einem weiteren Gesichtspunkt an der Erhaltung und dem Ausbau der sozialen Krankenversicherung interessiert. Arbeitskraft läßt sich nämlich auf dem Markt besser verkaufen, sie hat eine größere Chance Anwendung im Produktions- und Verwertungsprozeß zu finden, wenn sie gesundheitlich qualifiziert ist.
An diesem zweiten Aspekt ist auch das *Kapital* interessiert, denn der Tauschwert der Ware Arbeitskraft für den Arbeiter bedeutet für es Gebrauchswert und die Erhöhung des Gebrauchswerts der Ware Arbeitskraft verstärkt den Nutzen, den das

Kapital daraus ziehen kann. Die gesundheitliche Qualifikation der Ware Arbeitskraft ist jedoch mit vermehrtem finanziellen Aufwand verbunden, der sich ausdrücklich in den Lohnkosten niederschlägt und damit den Intentionen des Kapitals entgegenwirkt. Die Erhöhung der Ausgaben für den variablen Teil des Kapitals vermindert nämlich die Profitrate. Wir haben es hier also mit widersprüchlichen Kapitalinteressen zu tun, wobei die letzteren dominieren und schließlich dazu führen, daß das Kapital – bevor es sich zu einer Verbesserung des Gesundheitswesens genötigt fühlt – dazu tendiert, die gesunde und verwertbare Reserve der Ware Arbeitskraft zunächst voll auszuschöpfen.

Die soziale Sicherung im Krankheitsfall hat jedoch nicht nur ökonomische Bedeutung, sondern eng damit verbunden sind *politische Funktionen* für die Erhaltung und Veränderung des gesellschaftlichen Status quo. In großen gesellschaftlichen Krisen aktualisieren sich gerade sozialpolitische Probleme. Die Einsicht der abhängig Arbeitenden in ihre soziale Lage verstärkt sich und begünstigt in aller Regel politische Massenmobilisierungen, die auch Grundstrukturen der Gesellschaftsordnung in Frage stellen. Das Zugestehen sozialpolitischer Forderungen kann dann zur sozialen Befriedung, zur Verhinderung offener Klassenkämpfe, beitragen. Es kann sogar von den eigentlich ökonomisch bedingten Widersprüchen ablenken und eine temporäre Integration und Anpassung ermöglichen. Ob dies allerdings der Kapitalseite und deren politischen Organisationen gelingt, ist nicht zuletzt eine Frage der Stärke des organisierten Bewußtseins der Lohn- und Gehaltsabhängigen.

Die Anstrengungen und der Widerstand der Arbeiterklasse sind um so erfolgreicher je geschlossener sie auftritt. Solidarisches Handeln ist ihr wirksamstes Mittel. Deshalb kann die Arbeiterschaft auch aus politischen Gründen nicht daran interessiert sein, daß es innerhalb ihrer Reihen eine Gruppe gibt, die infolge von Krankheit, Invalidität oder Erwerbsunfähigkeit pauperisiert wird. Es hat sich nämlich in der Geschichte der Arbeiterbewegung wiederholt gezeigt, daß diese unterste soziale Schicht, das »Lumpenproletariat«, aufgrund seiner extremen Verelendung und seines damit verbundenen unentwickelten politischen Bewußtseins sich eher aus der Solidarität herauslösen läßt. Die ökonomische Schutzfunktion durch die soziale Sicherung soll u. a. dazu beitragen, dies politisch zu verhindern.

e) Diese permanente Auseinandersetzung zwischen Lohnarbeit und Kapital um die Sicherung des Gesundheitsbedarfs einerseits und die Verwertbarkeit der Arbeitskraft andererseits ist losgelöst von sozialpolitischen Maßnahmen des *Staates* – spätestens seit Ende des vergangenen Jahrhunderts – nicht mehr denkbar. Der Staat hat auf Struktur und Funktion von Einrichtungen der sozialen Sicherung trotz der dort bestehenden partiellen Selbstverwaltung den entscheidenden Einfluß. Er ist auch hier keineswegs als neutrale und autonome Instanz zu verstehen, die gleichsam als »Schiedsrichter« zwischen den sozialen Klassen über deren objektive Differenzen hinweg gesamtgesellschaftliche Interessen und gemeinschaftliche Zwecke durchsetzt. Der Staat ist vielmehr eine bestimmte Form der Organisation von Herrschaft, die ihre materielle Grundlage in den jeweils spezifischen Besitz- und Aneignungsverhältnissen hat. In der bürgerlichen Gesellschaft resultiert die allgemeine Notwendigkeit staatlicher Eingriffe daraus, daß der kapitalistische Reproduktionsprozeß gesellschaftliche Funktionen als Voraussetzung erfordert, die von den einzelnen Kapitalen nicht erfüllt werden können. Hierzu bedarf es einer zentralen Instanz, des Staates. Das trifft insbesondere für die sozialpolitischen Aktivitäten des Staates zu, da gerade diese für den konstitutiv bedrohten Verwertungsprozeß des Kapitals kompensatorische und systemerhaltende Aufgaben erfüllen sollen. Insofern ist Sozialpolitik sowohl Reaktion auf Klassenauseinandersetzungen als auch Mittel zur Beeinflussung von Klassenbeziehungen. Dieser Charakter tritt offen in ökonomischen Krisenperioden zutage, wenn der Staat zum Zwecke der finanziellen Subventionierung des Kapitals Sozialleistungen abbaut.
In diesem Spektrum zwischen Lohnarbeit, Kapital und Staat erhält die soziale Krankenversicherung ihre spezifische Bedeutung. Hier werden ihre Struktur- und Funktionszusammenhänge gestaltet, die im Detail nicht immer auf den ersten Blick erkennbar sind. Dem nachzugehen, versuchen die nächsten Abschnitte.

III. Struktur- und Funktionszusammenhänge der gesetzlichen Krankenversicherung

1. Beschreibung des Kreislaufs

Die gesetzliche Krankenversicherung (GKV) nimmt jährlich hohe Geldsummen ein, die sie vor allem für die Krankenversorgung ihrer Mitglieder umverteilt. Welchen Stellenwert dabei die GKV im Kreislauf von Kapitalverwertung und gesundheitlicher Reproduktion der Ware Arbeitskraft einnimmt, soll an folgendem Schema (Abb. 2) erläutert werden.

Abbildung 2 Medizinische Versorgung und Kapitalkreislauf

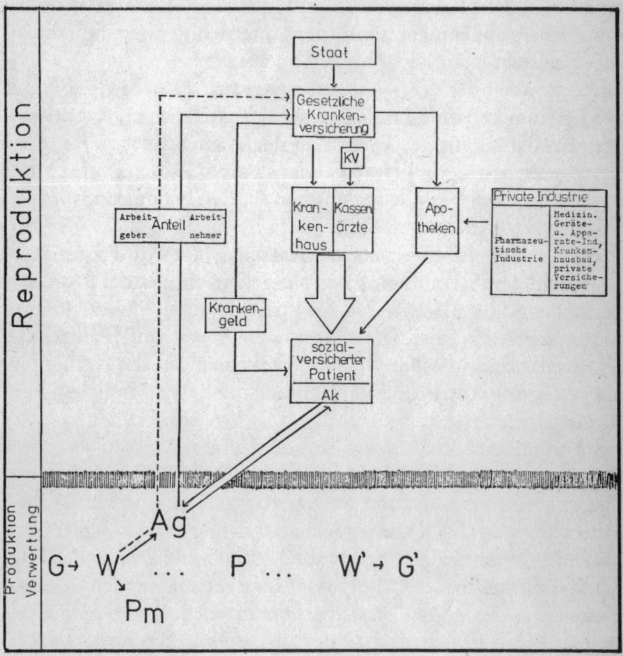

Zeichenerklärung:

Ag : Gesunde Arbeitskraft
Ak : Kranke Arbeitskraft, der sozialversicherte Patient
G : Geldkapital
KV : Kassenärztliche Vereinigung
P : Produktion
W : Warenkapital
Pm : Produktionsmittel

Als Distributionseinrichtung von in der Produktionssphäre geschaffenen Werten ist die GKV dem Bereich der gesellschaftlichen Reproduktion zuzuordnen. Ihre Träger sind die Krankenkassen der Reichsversicherungsordnung und die Ersatzkassen.

Die Haupteinnahmen der Kassen werden regelmäßig je zur Hälfte von »Arbeitgebern« und »Arbeitnehmern« als Beiträge bezahlt. Sie stammen also aus dem Arbeits- und Verwertungsprozeß und werden direkt vom Lohn bzw. Gehalt abgezogen oder im Rahmen der sogenannten Sozialleistungen von den Unternehmern entrichtet.

Die Kassen der GKV organisieren die Umverteilung dieser Einnahmen. An der Organisation sind gewählte Vertreter der Lohn- und Gehaltsabhängigen sowie der Unternehmer beteiligt, die im Rahmen staatlicher Richtlinien tätig werden.

Die Ausgaben der GKV konzentrieren sich zu etwa vier Fünftel auf Leistungen von Krankenhäusern, Kassenärzten, Arzneimitteln und Krankengeld. Diese von den Kassen finanzierten Leistungen dienen dazu, den sozialversicherten Patienten eine Heilbehandlung zu ermöglichen und ihn für den Produktionsprozeß wieder verwertbar zu machen.

In diesem Verteilungsprozeß der Kassen nehmen die Kassenärzte eine besondere Stellung ein, da wichtige Funktionen der Krankenversorgung vor allem in ihre Kompetenz fallen: ambulante und Erstbehandlung, die Bestätigung der Arbeitsunfähigkeit, die Überweisung an Fachärzte und Krankenhäuser, die Arzneimittelversorgung sowie die Sicherstellung der kassenärztlichen Versorgung.

Die Kassenärzte erhalten das Honorar für ihre Leistungen weder direkt von den Kassen noch von den sozialversicherten Patienten. Die Interessenorganisation der Kassenärzte, die kassenärztlichen Vereinigungen (KV), verhandeln als Tarifgegner mit den Kassen über die Gesamtvergütung für alle Kassenärzte. Dadurch erfolgt der ökonomische Verkehr zwischen Arzt und Patient nahezu bargeldlos: Der kranke Sozialversicherte sucht die Hilfe medizinischer Institutionen, in der Regel als erstes die des Kassenarztes; die Kosten für die erbrachten medizinischen Leistungen werden von den Krankenkassen übernommen, deren Einnahmen wiederum Versicherten- und Unternehmerbeiträge sind. Der sozialversicherte Kranke bezahlt also nicht unmittelbar für medizinische Leistungen, sondern mittelbar über seine Krankenkasse. Es handelt sich dabei folglich um ein *mittelbares Tauschverhältnis.* Dies bildet das materielle Grundverhältnis für die *Beziehung zwischen Arzt und Patient.*

2. *Personenkreis und Mitgliederentwicklung der Gesetzlichen Krankenversicherung*

Seit der Einführung der GKV hat sich ihr Mitgliederkreis ständig erweitert. War es zunächst nur ein kleiner Teil der Bevölkerung, der in der GKV gegen Krankheit versichert war, so sind es heute über 90 Prozent der Bewohner der BRD. Nach dem Mikrozensus von 1971 hatten 99,1 Prozent der ganzen Wohnbevölkerung einen Versicherungsschutz gegen Krankheit. Davon hatten 8,6 Prozent eine private Krankenversicherung abgeschlossen – dies dürfte sich bis heute nicht wesentlich verändert haben[6].

Die Zunahme der Versicherten resultiert aus den spezifischen Bedingungen der kapitalistischen Produktionsweise und dem damit einhergehenden Anwachsen der Anzahl der Lohn- und Gehaltsabhängigen. Darüber hinaus wurden gesetzliche Ausweitungen des Personenkreises vorgenommen. Waren es bei der Einführung der GKV nur die Industriearbeiter, die pflichtversichert waren, so wurden in den folgenden Jahren die Handlungsgehilfen und Angestellten mit höherem Einkommen in die GKV aufgenommen. Einen weiteren Schritt bildete dann die Einbeziehung der Familienangehörigen, die die RVO 1911 mit sich brachte. 1941 wurde die Rentnerkrankenversicherung eingeführt und als vorläufig letzte größere Erweiterung wurden mit dem Gesetz über die Krankenversicherung der Landwirte (1972) die Landwirte pflichtversichert[7].

Heute gehören also folgende Personengruppen zum Kreis der Pflichtversicherten:

- *Arbeiter, Angestellte* auf Seefahrzeugen und *Angestellte,* die der Pflichtversicherung in der Knappschaftlichen Rentenversicherung unterliegen, sind ohne Rücksicht auf die Höhe ihres Einkommens stets versicherungspflichtig.
- *Angestellte* sind also teils verpflichtet sich zu versichern und teils versicherungsfrei. Dies richtet sich nach der Höhe ihres Jahreseinkommens: Wer mehr als 75 Prozent der Beitragsbemessungsgrenze der Rentenversicherung der Arbeiter verdient, ist versicherungsfrei.
- Versicherungspflichtig sind ferner auch Gruppen von *Selbständigen.* Die größte Gruppe bilden die land- und forstwirtschaftlichen Unternehmer, deren Unternehmen eine Existenzgrundlage bietet oder die ihren Lebensunterhalt aus landwirtschaftlicher Tätigkeit bestreiten. Zu den versicherungspflichtigen Selbständigen zählen auch Hausgewerbetreibende, selbständige Lehrer, selbständige Krankenpflegeberufe oder aber mit einem Jahreseinkommen, das unter der Versicherungspflichtgrenze für Angestellte liegt.

- Mit Ausnahme der Bezieher von Bergmannsrenten sind alle *Rentner* krankenversicherungspflichtig. Rentner zahlen zu ihrer Krankenversicherung selbst keine Beiträge. Der 1967 eingeführte Beitrag in Höhe von 2 Prozent des Rentenzahlbetrags wurde mit Wirkung vom Januar 1970 rückgängig gemacht.
- *Arbeitslose* sind versichert, wenn sie Arbeitslosengeld oder Arbeitslosenhilfe erhalten.

Eine Reihe von Personen in der GKV sind *freiwillig versichert*. Hierzu gehören vor allem Berufswechsler und Angestellte, die zunächst versicherungspflichtig waren, im Lauf der Zeit jedoch die Versicherungspflichtgrenze mit ihrem Einkommen überschritten haben. Für alle freiwillig Versicherten können die Krankenkassen die Leistungsansprüche bei ermäßigtem Beitrag mehr oder weniger einschränken (RVO § 215), z. B. den Anspruch auf Krankengeld ausschließen[8].

Tabelle 7 Mitgliederstand in der Gesetzlichen Krankenversicherung nach Versichertengruppen in den Jahren 1938 bis 1977 (in Tausend im Jahresdurchschnitt)

Jahr	Insgesamt	Pflichtmitglieder ohne Rentner	Versicherungspflichtige Rentner	Freiwillige Mitglieder
1938	23 222	19 769	–	3 453
1950	20 200	13 245	4 734	2 464
1955	24 900	16 292	6 663	2 982
1960	27 060	17 655	5 504	3 901
1965	28 740	17 201	5 885	5 654
1970	30 646	17 839	8 009	4 798
1971	31 487	18 407	8 259	4 821
1972	32 181	18 784	8 561	4 836
1973	33 216	19 560	9 054	4 602
1974	33 494	19 392	9 349	4 753
1975	33 493	19 137	9 632	4 724
1976	33 575	19 297	9 848	4 431
1977*	33 652	19 359	9 931	4 363

* Stand Januar 1977

Zusammengestellt nach: Bundesminister für Arbeit und Sozialordnung (Hrsg.), Übersicht über die soziale Sicherung, 9. Auflage, Bonn 1975, S. 158 (für die Jahre 1938 bis 1971); *Statistisches Bundesamt* (Hrsg.), Wirtschaft und Statistik 5/1977, S. 323 (für die Jahre 1972 bis 1977).

Die GKV hat keinen einheitlichen Versicherungsträger. Sie ist vielmehr im Gegenteil organisatorisch stark zersplittert. Zur Zeit gibt es etwa 1400 selbständige Krankenkassen, wobei eine abnehmende Tendenz zu verzeichnen ist: 1911 gab es 22000 Kassen meist in Form von Gemeindekrankenversicherungen, 1970 waren es noch 1827 und im April 1976 1436 gesetzliche Krankenkassen.

Insgesamt gibt es drei Gruppen von Krankenkassen in der GKV:

- Krankenkassen, die nach § 225 der RVO unmittelbar unterliegen: die Orts-, Betriebs- und Innungskrankenkassen. In ihnen sind etwa zwei Drittel der GKV-Mitglieder versichert.
- Krankenkassen die zwar zu den Trägern der GKV gehören, aber über besondere Möglichkeiten verfügen. Hierzu zählen die Knapp-

Tabelle 8 Absolute Zahl der Mitglieder der GKV (in Tausend) (Stand: März 1977)

Kassenart	Zahl der Kassen	Mitglieder insgesamt	Pflicht-mitglieder	Freiwillige Mitglieder	Rentner
Ortskranken-kassen	303	16 128	9 422	934	5 772
Betriebskran-kenkassen	912	4 200	2 558	371	1 270
Innungskran-kenkassen	159	1 632	1 203	151	277
Landwirtsch. Krankenk.	19	915	531	8	375
Seekranken-kasse	1	67	40	13	14
Bundes-knappschaft	1	1 050	303	38	709
Ersatzkassen f. Arbeiter	8	379	248	62	69
Ersatzkassen f. Angestellte	7	9 254	5 061	2 697	1 495
GKV insgesamt*	1 410	33 623	19 367	4 274	9 983

* Die Gesamtzahlen der GKV stimmen wegen Auf- und Abrundungen nicht immer mit der Summe der Zahlen für die einzelnen Kassenarten überein.

Quelle: Arbeits- und Sozialstatistik, Heft 7-8/1977, S. 279f.

schaftliche Kasse in der Bundesknappschaft, die Seekrankenkasse und die Ersatzkassen. Letztere nehmen insofern eine Sonderstellung ein, als sie ihre Leistungen mit den Ärzteverbänden relativ eigenständig aushandeln. Überdies haben sie eine eigene Gebührenordnung und können unabhängig von den RVO-Vorschriften mehr Leistung festlegen.[9]

- Landwirtschaftliche Krankenkassen, die als einzige Kassen der GKV auch die Versicherungspflicht für Selbständige vorsehen.

Die Zusammensetzung der Mitglieder ist in den einzelnen Kassentypen der GKV unterschiedlich, wobei vor allem die RVO-Kassen und die Ersatzkassen interessieren. Diese unterscheiden sich insbesondere bezüglich ihres Anteils an Pflichtversicherten, freiwillig Versicherten und Rentnern (vgl. hierzu Tabellen 8 und 9).

Tabelle 9 Anteil der Versicherten in Prozent (Stand: März 1977)

Kassenart	Pflichtversicherte	freiwillig Versicherte	Rentner
Ortskrankenkassen	58,4	5,8	35,8
Betriebskrankenkassen	60,9	8,8	30,2
Innungskrankenkassen	73,7	9,3	17,0
Landwirtsch. Krankenkassen	58,0	0,9	41,0
Seekrankenkassen	59,7	19,4	20,9
Bundesknappschaft	28,9	3,6	67,5
Ersatzkassen für Arbeiter	65,4	16,4	18,2
Ersatzkassen für Angestellte	54,7	29,1	16,2
GKV insgesamt	57,6	12,7	29,7

Quelle: Zusammengestellt und errechnet nach: Arbeits- und Sozialstatistik, Heft 7–8 (1977), S. 279f.

Aus diesen Daten geht hervor, daß die RVO-Kassen einen deutlich höheren Anteil an Pflichtversicherten und Rentnern hingegen einen niedrigeren Anteil an freiwillig Versicherten als die Ersatzkassen haben. Infolge des größeren Anteils an freiwillig Versicherten sowie des durchschnittlich höheren Lohnniveaus von

Angestellten haben die Ersatzkassen höhere *Einnahmen* als die RVO-Kassen.
Die niedrigere Quote von Arbeitern und Rentnern in den Ersatzkassen macht sich aber auch auf der *Ausgabenseite* bemerkbar, denn Arbeiter und Rentner haben ein höheres *Krankheitsrisiko* als Angestellte. Es ist heute bekannt, daß Arbeiter infolge ihrer spezifischen Arbeitsbedingungen häufiger und schwerer krank sind als Angestellte[10] und daß insbesondere Rentner aufgrund ihres fortgeschrittenen Alters und des damit verbundenen Gesundheitsverschleißes eine intensivere Krankenversorgung benötigen. Die Krankenversorgung von Rentnern ist vor allem im Bereich der Krankenhausbehandlung und Arzneimittelversorgung deutlich höher als die der übrigen Versicherten. Dieser Mehrbedarf kompensiert bei weitem die niedrigeren Kosten für deren zahnärztliche Behandlung.[11]
Insgesamt zeigt sich also, daß die Ersatzkassen doppelt, nämlich durch relativ höhere Einnahmen und ein geringeres Krankheitsrisiko ihrer Mitglieder, begünstigt sind. Gleichwohl kann davon ausgegangen werden, daß heute kein Leistungsunterschied mehr zwischen den Ersatz- und RVO-Kassen besteht, was allerdings zu einer stärkeren Belastung der RVO-Kassen führt.

3. *Finanzierung der Gesetzlichen Krankenversicherung*

Die Finanzierung der GKV erfolgt über *Beiträge*, die jeweils zur Hälfte direkt vom Arbeitslohn bzw. Gehalt einbehalten und vom Unternehmen an die Kassen entrichtet werden. Staatliche Zuschüsse sind eine seltene Ausnahme. Umfang, Art und Weise der sozialen Krankenversicherung hängt also grundlegend davon ab, in welchem Ausmaß in der Produktion geschaffene Werte dafür vermittels Krankenversicherungsbeiträge eingesetzt werden.
Der *Arbeitnehmeranteil* am Krankenversicherungsbeitrag ist unmittelbarer Lohnbestandteil, der früher vom Lohnempfänger direkt an die Krankenkasse abgeführt wurde, heute hingegen vom Lohnbüro bereits vor Auszahlung des Arbeitsentgelts einbehalten und an die Kassen weitergeleitet wird. Veränderungen dieses Beitragsanteils wirken sich unmittelbar auf die verfügbaren Primäreinkommen der Versicherten aus; im Falle der Erhöhung haben sie in der Regel eine Verminderung des individuell konsumierbaren Teils des Lohnes zur Folge.
Der *Arbeitgeberanteil* am Krankenversicherungsbeitrag wird von den Unternehmungen als Lohnnebenkosten behandelt, die bei

Tarifverhandlungen und der Kalkulation der Preise berücksichtigt werden. Da alle Unternehmungen in gleichem Ausmaß mit den Krankenversicherungskosten belastet sind, ergibt sich im nationalen Rahmen daraus kein Konkurrenzvorsprung, so daß sie ungebrochen Eingang in die Preise finden können und somit die Bedeutung einer indirekten Steuer erhalten. Dadurch verteilen sich die Unternehmensanteile über die Preise auf die gesamten Waren, die letztlich von den Verbrauchern, zu über 90 Prozent Sozialversicherte, im Rahmen ihrer Konsumausgaben bezahlt werden. Die Unternehmer werden also durch den »Arbeitgeberanteil« an den Beiträgen zur GKV nur dem Scheine nach finanziell belastet, während die eigentliche Last auf die Versicherten abgewälzt wird; d. h. aber nichts anderes, als daß die Arbeiterklasse selbst die Erhaltung und Verwertbarkeit ihrer Arbeitskraft ökonomisch sichert.

Hinzu kommt, daß der Wert der Ware Arbeitskraft die Gesamtheit ihres Reproduktionswertes einschließt, also auch jenen Beitragsanteil der Unternehmungen zur sozialen Krankenversicherung, denn ohne diesen wären die Krankenkassen noch viel weniger in der Lage, eine zeitgemäße Krankenversorgung ihrer Mitglieder zu gewährleisten. Insofern ist der »Arbeitgeberanteil« als spezifische Form des Arbeitslohnes[12], nämlich als zurückgehaltener Lohn, zu begreifen, der nicht direkt sondern erst vermittels gesellschaftlicher Umverteilung individuell konsumiert werden kann.

Die Überwälzung der unternehmerischen Beitragsanteile auf die Warenpreise ist indessen nicht zu allen Zeiten gleich günstig und darüber hinaus für eine stark exportorientierte Wirtschaft von den Bedingungen der internationalen Konkurrenz abhängig. So zeigt sich, daß in Perioden der ökonomischen Prosperität Krankenversicherungsbeiträge eher in die Preisgestaltung eingehen können als in Zeiten der Kapitalentwertung, der ökonomischen Krise. In solchen Situationen reagiert das Kapital in aller Regel mit einer Intensivierung der Arbeit, um die dann nicht mehr abwälzbaren Kosten durch zusätzliche Mehrarbeit der Beschäftigten, also durch die Erhöhung des relativen Mehrwerts, herauszuholen und tendiert schließlich auch dazu, sogenannte Sozialleistungen abzubauen. Dies ist ein Grund dafür, weshalb es in den vergangenen Jahren immer wieder zu Einbrüchen im gesamten Sozialwesen kam, die von *Gerd Muhr* wie folgt beschrieben werden: »Die sozialpolitische Bühne wandelt sich. Stand die Sozialpolitik in den Jahren der Rezession von 1966–1968 unter dem Primat der Wirtschafts- und Finanzpolitik und mußte erhebliche Federn lassen, so erlebte sie von 1969–1974 eine Expansionsphase, in der wesentliche Leistungsverbesserungen durchgesetzt werden konnten. Im letzten Jahr begann sich das Blatt wieder zu wenden. Der Wirtschaftseinbruch leitete wiederum eine restriktive Phase ein, die nun von vielen Seiten zum Anlaß genommen wird, das sozialpolitische Leistungsniveau zu überdenken und – so weit möglich – abzubauen.«[13] Dabei handelt es sich freilich nicht um einen zufälligen und naturwüchsigen Wandel auf der »sozialpolitischen Bühne«, wie dies die Ausführungen suggerieren mögen, sondern in den Veränderungen spiegeln sich die spezifischen Gesetzmäßigkeiten des Kapitals und seiner Bewegung wider, die infolge konkurrierender ökonomischer Privatinteressen und der damit einhergehenden Undurchsichtigkeit der Produktion in regelmäßigen Zeitabständen zur krisenhaften Überproduktion führen.

Die Einnahmen der Krankenkassen (s. Tab. 10) stehen in enger Beziehung zur gesamtökonomischen Entwicklung, da die Beiträge einen prozentualen Anteil des Bruttoeinkommens der Versicherten ausmachen. Insofern ändern sich diese auch in Zeiten der ökonomischen Prosperität und Krise mit der Zu- und Abnahme des Lohn- und Gehaltsvolumens. Der Beitragssatz wird unter kostendeckenden Gesichtspunkten nach dem Finanzbedarf der einzelnen Krankenkassen autonom beschlossen. Zur Zeit gibt es faktisch keine obere Grenze. 1960 betrug der Anteil der Kassenbeiträge an der Bruttolohn- und -gehaltssumme 7,2 Prozent, 1970: 7,8 Prozent und 1975: 12 Prozent. Dieser prozentuale Beitragsanteil wird jedoch nur bis zu einer bestimmten Einkommensgrenze, der *Beitragsbemessungsgrenze*, die seit 1971 dynamisiert ist, erhoben. Sie liegt 1977 bei 2550 DM. Einkommen, die darüber liegen, bleiben mit ihren Beiträgen an dieser Grenze stehen, d. h. sie bezahlen einen relativ geringeren Prozentsatz ihres Einkommens für die Krankenversicherung. Verdient z. B. ein Angestellter monatlich 2550 DM so hat er bei einem Krankenversicherungsanteil von 10 Prozent 255 DM zu bezahlen. Ein anderer Versicherter, der ein monatliches Einkommen von 5000 DM hat, muß ebenfalls nur 255 DM Beitrag entrichten. Dies widerspricht dem Prinzip der solidarischen Versicherung. Gleichwohl ist es ein Instrumentarium, mit dem verhindert werden soll, daß höher Verdienende, die freiwillig versichert sind, die GKV verlassen und sich privaten Krankenversicherungen mit niedrigeren Beitragssätzen zuwenden.

Eine besondere Situation liegt bei der Beitragszahlung für die Krankenversicherung der Rentner und Arbeitslosen in der GKV vor. Für diese Gruppen werden Beiträge von den jeweiligen

Rentenversicherungsträgern und der Bundesanstalt für Arbeit entrichtet.

Die Rentenversicherungsträger bezahlen für die *Krankenversicherung der Rentner*[14] einen durchschnittlichen Beitrag, dessen Höhe sich nach der Rentensumme der Rentenversicherung bemißt. Insgesamt waren dies 1975 etwa 21,5 Prozent der Gesamteinnahmen der GKV; der Durchschnittsbeitrag je Rentner betrug in demselben Jahr 96 DM monatlich. Es wird also eine Pauschalsumme errechnet, die dann je Anteil der Rentner an den Versicherten auf die einzelnen Kassen verteilt wird. Bis 1977 lag dieser Betrag bei 17 Prozent der ausgezahlten Renten; dann wurde er wieder auf 11 Prozent reduziert. Die Rentenversicherungsträger sind nämlich nur zur Zahlung dieses Normalsatzes von 11 Prozent verpflichtet (RVO §§ 381, 385), der in den letzten Jahren von der Rentenversicherung freiwillig überschritten wurde. Selbst der Betrag von 17 Prozent der Rentensumme reichte jedoch nicht aus, die ursprüngliche Vereinbarung zwischen den Rentenversicherungen und Krankenkassen einzuhalten, die den Rentenversicherungen die Deckung von 80 Prozent der Kosten in der Rentnerkrankenversicherung übertrug. Der Finanzierungsanteil der allgemeinen Krankenversicherung an den Ausgaben für die Rentnerkrankenversicherung liegt jedoch erheblich über 20 Prozent. Dieses Defizit muß über die Beitragsgestaltung in der allgemeinen Krankenversicherung ausgeglichen werden. Davon sind vor allem die Orts- und Betriebskrankenkassen betroffen, da sie die höchsten Rentneranteile haben. Die Krankenversicherung der Rentner war Anlaß für das Krankenversicherungs-Kostendämpfungsgesetz im Jahre 1977.

Weitere Einnahmen erhält die GKV aus der Bundesanstalt für Arbeit, für die *Krankenversicherung der Arbeitslosen*. Diese sind mit zunehmender Arbeitslosigkeit, als Resultat der anhaltenden ökonomischen Krise angestiegen und betrugen 1975 etwa 4 Prozent der Gesamteinnahmen.

Es zeigt sich also, daß über 90 Prozent der Bevölkerung in der sozialen Krankenversicherung gegen Krankheit versichert sind, daß deren Finanzierung weitgehend von den Lohn- und Gehaltsabhängigen aufgebracht wird und daß die GKV hohe Beträge aus anderen Bereichen des Sozialwesens erhält. Von daher drängt sich schon die Frage auf, ob es nicht sinnvoller ist, eine allgemeine *Volksversicherung* anzustreben, die über Steuermittel getragen wird. Beispiele in dieser Richtung sind die Gesundheitsdienste in England, Schweden und Finnland. Die Steuerfinanzierung unterscheidet sich von der Beitragsfinanzierung vor allem dadurch, daß die Einkommensteuer progressiv gestaffelt ist, während die Beitragsfinanzierung bis zur Beitragsbemessungsgrenze linearprozentual erhoben wird, darüber hinaus stagniert. Die Finanzierung der GKV über Steuern hätte dann sicher auch Veränderungen im Verhältnis zwischen Selbstverwaltung und Staat zur Folge. Die größten Widerstände gegen eine solche Entwicklung kommen vor allem von den privaten Krankenversicherungen und den ärztlichen Standesorganisationen, die sich gerade in letzter Zeit wieder, im Zusammenhang mit der Verabschiedung des Krankenversicherungs-Kostendämpfungsgesetzes, entschieden dagegen aussprachen[15].

4. *Organisation der Umverteilung in der gesetzlichen Krankenversicherung*

Krankenkassen der GKV sind keine privatwirtschaftlichen Unternehmen, die nach dem Prinzip der Kapitalverwertung ihr Geld investieren, sondern haben nach dem Kostendeckungsprinzip zu wirtschaften. Die Kassen sind berechtigt, die Beiträge festzusetzen und zu erheben. Diese müssen so bemessen sein, daß sie für die zulässigen Ausgaben der Kassen ausreichen (RVO § 385). Die Verwendung der finanziellen Mittel ist beschränkt auf: die satzungsmäßigen Leistungen, zur Erfüllung der Rücklage, für Verwaltungskosten und die besondere und allgemeine Krankheitsverhütung (RVO § 363). Übersteigen die Einnahmen der Kasse die Ausgaben, so sind, falls die vorgeschriebene Rücklage das Doppelte ihres gesetzlichen Betrags erreicht hat, durch Änderungen der Satzung entweder die Beiträge zu ermäßigen oder die Leistungen zu erhöhen (RVO § 392). Für Zeiten mit höheren Ausgaben als Einnahmen sieht die RVO für jede Kasse eine Rücklage vor. Diese soll die Höhe von mindestens einer Zweimonatsausgabe nach dem Durchschnitt der letzten drei Jahre haben. Die Rücklage besteht in einem Guthaben bei dem für die Krankenkasse zuständigen Träger der Krankenversicherung für Gemeinschaftsaufgaben (RVO § 364). Aus diesen normierten Regeln des wirtschaftlichen Handelns von Krankenkassen geht deutlich hervor, daß diese ihre Geldmittel weder unter Gesichtspunkten der Gewinnerzielung noch der Akkumulation einsetzen dürfen, andererseits auch nicht wie private Unternehmen Konkurs gehen können. Insofern ist das Vermögen der Kassen auch nicht als Kapital zu bezeichnen.
Die Organisationsform der Krankenkassen in der GKV ist die

Körperschaft des öffentlichen Rechts mit Selbstverwaltung. Ihre Entscheidungsorgane, Vorstand und Vertreterversammlung, sind aus gewählten Vertretern der Versicherten und Unternehmern zusammengesetzt:

- Bei den RVO-Kassen sind es je zur Hälfte Vertreter der Versicherten und Unternehmen[16].
  Für Betriebskrankenkassen gilt die Besonderheit, daß den Organen außer den Vertretern der Versicherten der Arbeitgeber oder sein Vertreter angehört. Er hat die gleiche Zahl der Stimmen, die den Vertretern der Versicherten zusteht. Durch diese Stimmenkumulation wird die Stellung der Unternehmervertreter erheblich gestärkt und verschiebt das Gleichgewicht zwischen den beiden Gruppen zugunsten der Unternehmer.
- bei der *Knappschaftsversicherung* sind es zu zwei Drittel Vertreter der Versicherten und zu einem Drittel Unternehmervertreter und
- bei den *Ersatzkassen* werden nur Versicherte als Mitglieder der Organe gewählt[17].

Rechtliche Grundlage für die halbparitätische Besetzung der Organe der RVO-Kassen ist das Selbstverwaltungsgesetz[18], das am 22. Februar 1951 in Kraft trat. Es wurde gegen den Widerstand von SPD, KPD und Gewerkschaften durchgesetzt und gestaltete das traditionelle Vertretungsverhältnis von zwei Drittel Versicherten und einem Drittel Unternehmervertretern in ein halbparitätisches um. Damit wurde der Gedanke der Demokratie – wie *Abendroth* schreibt – in der sozialen Krankenversicherung weiter zurückgedrängt[19], und die Selbstverwaltung, die sich seitdem bei allen wesentlichen Fragen auf dem kleinsten gemeinsamen Nenner zu einigen hat, unterlag einer zunehmenden Paralysierung. Andere sehen darin lediglich einen Austausch, da in demselben Zeitraum die alleinige Vertretung der Unternehmer in der Selbstverwaltung der Unfallversicherung abgeschafft und ebenfalls in eine halparitätische umgewandelt wurde[20].
Die halbparitätische Vertretung der Unternehmer wird in der Regel damit gerechtfertigt, daß die Unternehmer ja auch 50 Prozent der Beiträge bezahlen. Wie oben gezeigt werden konnte, handelt es sich jedoch bei dem sogenannten Arbeitgeberanteil lediglich um eine indirekte oder zurückgehaltene Lohnform, so daß diese Argumentation als blanke Ideologie bezeichnet werden muß. Würden nämlich die Gremien tatsächlich mit jenen besetzt, die die dafür notwendigen Werte schaffen, so müßten sie – wie in den Ersatzkassen – allein von den Lohn- und Gehaltsabhängigen, also den Versicherten besetzt werden. Dies ist eine Forderung, die

schon vor der Jahrhundertwende von der Arbeiterbewegung erhoben wurde.
Versicherte und Unternehmer wählen ihre Vertreter in die Vertreterversammlung der Kassen. Diesbezügliche Wahlen der Unternehmer sind bisher nicht bekannt geworden. Sie brauchen auch nach dem Gesetz nicht stattzufinden, wenn lediglich ein einziger Wahlvorschlag eingereicht wird. Hier werden die Vertreter von den Verbänden benannt. Sie werden in die Selbstverwaltungsorgane mit Aufträgen entsandt, die aus der Politik der Unternehmerverbände hervorgehen[21].
Die *Sozialwahlen* der Versicherten wurden bisher immer durchgeführt, da es neben den gewerkschaftlichen Listen auch andere Listenvereinigungen gab. Die Wahlbeteiligung an den Sozialwahlen war äußerst schwach. So betrug die durchschnittliche Wahlbeteiligung bei Trägern mit Wahlhandlungen 1953: 42,4 Prozent, 1958: 27,5 Prozent, 1962: 26,2 Prozent, 1968: 20,5 Prozent und 1974: 43,7 Prozent[22].
Entsprechend der Besetzung der Entscheidungsorgane der GKV werden sich auch dort die jeweiligen Gruppeninteressen – freilich nicht ungebrochen, aber immerhin als Reflex – niederschlagen und durchsetzen. So sind Vertreter der Versicherten an einer bedarfsorientierten Krankenversorgung interessiert, während Vertreter der Kapitalseite dafür eintreten, daß bei der Festsetzung und Verteilung der Kassenbeiträge die allgemeinen Kapitalverwertungsbedingungen als Entscheidungsfolie dienen. Bei dieser objektiv gegensätzlichen gesundheitspolitischen Konstellation handelt es sich also um den Widerstreit zwischen der Optimierung privat nutzbarer Leistungsfähigkeit und der damit verbundenen Akkumulation von Kapital einerseits und dem Bedarf der Lohn- und Gehaltsabhängigen nach höchstmöglicher Lebensqualität andererseits – ein Gegensatz, der im Abschnitt über den ökonomischen Kreislauf des Kapitals bereits ausführlich als konstitutives Element der kapitalistischen Produktionsweise entwickelt wurde. (Vgl. oben S. 130f.)
Gleichwohl kann dieser sich aus der materiellen Produktion ergebende und im Bereiche der Reproduktion fortpflanzende Widerstreit nicht als identisch angesehen werden. Bei der Krankenversorgung und Gesundheitssicherung geht es nämlich um Bedingungen, die als allgemeine Voraussetzung für die materielle Produktion anzusehen sind und mit der wachsenden Vergesellschaftung von Produktion und Reproduktion zunehmend an Bedeutung gewinnen. Insofern vertreten die Unternehmensvertreter in den Entscheidungsorganen der GKV allgemeine Kapital-

interessen, die über die Individualinteressen der Einzelkapitale hinausgehen aber nicht als deren mechanischer Durchschnitt betrachtet werden können. Denn mit zunehmender ökonomischer Konzentration und Zentralisation prägen die großen Kapitalgesellschaften die allgemeine Richtung des wirtschaftlichen Handelns. Die Position des Kapitals kommt unmißverständlich in der Stellungnahme der Bundesvereinigung der Deutschen Arbeitgeberverbände zum Entwurf des Krankenversicherungs-Kostendämpfungsgesetzes (1977) zum Ausdruck, in der die zusätzliche finanzielle Beteiligung der Versicherten und Rentner an der Krankenversicherung nachdrücklich gefordert wird[23]. Damit sollen Kostensteigerungen in der Krankenversicherung den Versicherten unmittelbar aufgebürdet werden.

Vermittels der Halbparität in Organen der RVO-Kassen hat das Kapital enormen Einfluß auf einen wesentlichen Bereich außerhalb der Sphäre seiner unmittelbaren Verwertung. Solange diese Macht nicht zugunsten der Selbstverwaltung der Versicherten zurückgedrängt werden kann, ist es äußerst problematisch zu fordern, daß Krankenkassen die Möglichkeit der Einrichtung eigener medizinischer Versorgungsinstitutionen – wie Ambulatorien – erhalten. Voraussetzung für die Errichtung kasseneigener Gesundheitseinrichtungen müßte zumindest eine Mehrheit der Versicherten – wie in den Gremien der Knappschaftsversicherung oder der Ersatzkassen – sein. Insofern erhebt sich die Frage, ob es für die Versicherten unter den gegenwärtigen Bedingungen nicht günstiger ist, wenn der staatliche Einfluß auf Teile der Krankenversorgung und Gesundheitsversicherung – wie die vorstationäre Diagnostik und nachstationäre Behandlung im Krankenhaus – ausgeweitet wird, da hier das Kapital keinen institutionell garantierten, ungebrochenen Zugang hat.

Als Körperschaft des öffentlichen Rechts mit Selbstverwaltung haben die Krankenkassen indes bereits enge Beziehungen zum Staat, genießen jedoch eine relative Eigenständigkeit. Sie wurden vom Staat geschaffen, mit spezifischen Aufgaben betraut und erfüllen demzufolge öffentliche Funktionen. Sie haben deshalb auch Anspruch auf Schutz und Förderung durch den Staat. Gleichwohl sind sie selbständige Rechtsträger mit begrenzten Machtbefugnissen. So können sie zum Beispiel Verwaltungszwang ausüben, Geldbußen auferlegen und haben das bereits erwähnte Recht auf Festsetzung und Erhebung von Beiträgen. Die Krankenkassen sind also nicht in die unmittelbare staatliche Verwaltung eingegliedert; sie verwalten sich selbst. Der Staat hat deshalb auch kein unmittelbares Weisungsrecht, sondern ledig-

lich die Rechtsaufsicht darüber, ob Gesetz und Satzung eingehalten werden.
Dennoch ist der Einfluß des Staates auf die GKV nicht zu unterschätzen, den er vor allem über die Gestaltung der Reichsversicherungsordnung hat, deren Erneuerung und Ausweitung von Bundestag und Bundesrat beschlossen werden. Der Staat bestimmt damit die Grundsäulen der Selbstverwaltung in der GKV wie zum Beispiel die paritätische Besetzung der Organe mittels des Selbstverwaltungsgesetzes (1951). Er nimmt Einfluß auf den Personenkreis der Versicherten mittels der Versicherungspflichtgrenze oder durch die Einbeziehung ganzer Gruppen wie die Landwirte (1972), Studenten (1975) und Behinderte (1975). Die Art und Weise wie die Beitragsbemessungsgrenze gestaltet ist, ob sie höher als die Pflichtversicherungsgrenze liegt oder mit dieser gleich ist, ob sie dynamisiert ist (1971), fällt ebenfalls in den Kompetenzbereich des Staates. Und schließlich legt dieser auch fest, was zulässige Leistungen sind, ob dazu lediglich Maßnahmen der Krankenversorgung oder auch präventivmedizinische Leistungen (1971) zählen. Insgesamt zeigt sich also, daß die wahrgenommenen Einflußmöglichkeiten des Staates von Anfang an über dem Prinzip der Selbstverwaltung standen und demzufolge auch die allgemeine gesellschaftliche, ökonomische und politische Entwicklung den Aktionsradius der GKV bestimmt. So demonstriert der qua Gesetz durchgeführte Abbau sozialer Leistungen in ökonomischen Krisenperioden immer wieder, daß der sozialen Krankenversicherung primär regulierende Funktionen für die Kapitalverwertung zugedacht werden, während die materielle Lage der Lohn- und Gehaltsabhängigen hintan steht.

5. *Leistungen und Ausgaben der Gesetzlichen Krankenversicherung*

Die Ausgaben der GKV für die Krankenhilfe orientieren sich an einem Krankheitsverständnis, das vom preußischen Verwaltungsgericht am 10. Mai 1889 beschlossen und vom Bundessozialgericht am 16. Mai 1972 bestätigt wurde: »Krankheit im Sinne der Gesetzlichen Krankenversicherung ist ein regelwidriger Körper- und Geisteszustand, dessen Eintritt entweder die Notwendigkeit einer Heilbehandlung – allein oder in Verbindung mit Arbeitsunfähigkeit – oder Arbeitsunfähigkeit zur Folge hat«[24]. Aufgabe der GKV ist es also, dann tätig zu werden, wenn eine Krankheit nach diesem Verständnis vorliegt und von einem Kassenarzt bestätigt wird. Leistungen sind demnach vornehmlich für vorhandene Krankheiten zu gewähren. Dies hatte zur Folge, daß die kurative Seite der Medizin sich sehr extensiv entwickeln konnte, während der präventive Gedanke weit in den Hintergrund gedrängt wurde. Noch heute beginnt das zweite Buch der Reichsversicherungsordnung, in dem die Krankenversicherung geregelt wird, mit dem Satz: »Für den Fall der *Krankheit* werden versichert...« (RVO § 165).

Gleichwohl heißt es an anderer Stelle: »Gegenstand der Versicherung sind ... vorgeschriebene Leistungen der Krankenkassen ... an Maßnahmen zur Früherkennung von Krankheiten, Krankenhilfe, Wochenhilfe, Sterbegeld und an Familienhilfe« (RVO § 179). Hinzu kommen Leistungen während der Schwangerschaft und Geburt sowie Beratungen in Fragen der Empfängnisregelung, des Schwangerschaftsabbruchs und der Sterilisation. Mit der Aufnahme von Früherkennungs- und Vorsorgemaßnahmen (1971) erfährt die GKV eine qualitative Veränderung. Dann wird nämlich nicht mehr erst nach der Manifestation einer Krankheit, sondern bereits im Vor- und Frühstadium einer Krankheit finanzielle Hilfe gewährt. Damit beginnt ein Prozeß, in dem sich erste Ansätze der Umgestaltung der gesetzlichen Krankenversicherung in eine gesetzliche Gesundheitsversicherung andeuten.

Leistungen können in der sozialen Sicherung nach dem Prinzip der Verursachung (Kausalprinzip) oder dem Prinzip der Benötigung eines spezifischen Bedarfs (Finalprinzip) gewährt werden. Beim *Kausalprinzip* wird nach der Ursache eines Gesundheitsschadens gefragt, etwa ob er auf einen Unfall, eine Krankheit oder eine Kriegsverletzung zurückzuführen ist. Dem entsprechend wird der gesundheitliche Schaden dann in der sozialen Einrichtung behandelt, die dafür zuständig ist. Das kann zu ungleicher Behandlung ein und desselben medizinischen Sachverhaltes führen, da die gesetzlichen Vorschriften, die Finanzlage und die Rechtsprechung für die jeweiligen Einrichtungen voneinander abweichen.

Das *Finalprinzip* hingegen geht bei der Bestimmung der Leistung nicht nach einer Entschädigung für ein vergangenes Ereignis, sondern betrachtet die zu gewährende Leistung von dem aktuellen Bedarf und dem zu erzielenden Erfolg aus[25]. Die Krankenversorgung rückt dem Finalprinzip also um so näher, je stärker sie sich an Vorbeugung und Vorsorge ausrichtet und nicht allein die Heilung bei manifesten Erkrankungen berücksichtigt.

Ein weiterer Aspekt, der für die Leistungsvergabe der sozialen Krankenversicherung von Bedeutung ist und diese insbesondere

Tabelle 10 Entwicklung der Reineinnahmen und Reinausgaben in der gesetzlichen Krankenversicherung von 1960 bis 1976

Bezeichnung der Rein-einnahmen und -ausgaben	Maßeinheit	1960	1961	1962	1963	1964	1965
Reineinnahmen insgesamt	DM (Tsd.)	9 524 291	10 880 907	12 498 724	13 155 980	14 355 472	15 960 832
	1960=100	100	114	131	138	151	168
darunter: Beiträge	DM (Tsd.)	9 178 485	10 500 340	11 982 860	12 565 681	13 450 816	15 088 187
	1960=100	100	114	131	137	147	164
Reinausgaben insgesamt	DM (Tsd.)	9 512 613	10 673 839	11 947 111	12 877 003	13 838 408	15 785 488
	1960=100	100	112	126	135	145	166
darunter:							
Behandlung durch Ärzte	DM (Tsd.)	1 874 120	2 084 059	2 268 357	2 426 223	2 748 382	3 194 651
	1960=100	100	111	121	129	147	170
	v.H.	19,7	19,5	19,0	18,8	19,9	20,2
Behandlung durch Zahnärzte	DM (Tsd.)	467 603	518 423	637 722	716 498	782 643	953 279
	1960=100	100	111	141	153	167	204
	v.H.	4,9	4,9	5,5	5,6	5,7	6,0
Arzneien und Heilmittel aus Apotheken	DM (Tsd.)	1 093 376	1 241 349	1 389 809	1 554 678	1 726 264	2 020 626
	1960=100	100	114	127	142	158	185
	v.H.	11,5	11,6	11,6	12,1	12,5	12,8
Zahnersatz	DM (Tsd.)	268 590	280 631	310 987	345 030	340 912	401 197
	1960=100	100	104	116	128	127	149
	v.H.	2,8	2,6	2,6	2,7	2,5	2,5
Krankenbehandlung in Anstalten	DM (Tsd.)	1 567 966	1 777 190	2 036 407	2 294 758	2 571 893	2 947 177
	1960=100	100	113	130	146	164	188
	v.H.	16,5	16,6	17,0	17,8	18,6	18,7
Krankengeld*	DM (Tsd.)	2 572 153	2 915 140	3 221 274	3 251 058	3 165 523	3 500 884
	1960=100	100	113	125	126	123	136
	v.H.	27,0	27,3	27,0	25,2	22,9	22,2
Verwaltungskosten	DM (Tsd.)	509 459	576 797	616 655	693 352	740 016	814 531
	1960=100	100	113	121	136	145	160
	v.H.	5,4	5,4	5,2	5,4	5,3	5,2

* siehe Fußnote auf Seite 155

Tabelle 10 (Fortsetzung) Entwicklung der Reineinnahmen und Reinausgaben in der gesetzlichen Krankenversicherung in den Jahren 1960 bis 1976

Bezeichnung der Reineinnahmen und -ausgaben	Maßeinheit	1966	1967	1968	1969	1970	1971
Reineinnahmen insgesamt	DM (Tsd.)	18 553 928	19 737 667	21 194 864	23 621 486	26 116 014	31 279 303
	1960 = 100	195	207	222	248	274	328
darunter: Beiträge	DM (Tsd.)	17 681 175	18 828 663	20 041 240	22 241 485	24 975 872	29 943 717
	1960 = 100	193	205	218	244	272	326
Reinausgaben insgesamt	DM (Tsd.)	18 361 929	19 235 659	21 513 286	23 898 501	25 179 097	31 140 105
	1960 = 100	193	202	226	251	265	327
darunter:							
Behandlung durch Ärzte	DM (Tsd.)	3 796 604	4 036 020	4 385 041	4 829 375	5 457 907	6 808 926
	1960 = 100	203	215	234	258	291	363
	v.H.	20,7	21,0	20,4	20,2	21,7	21,9
Behandlung durch Zahnärzte	DM (Tsd.)	1 312 885	1 363 500	1 459 319	1 540 262	1 708 111	2 022 492
	1960 = 100	281	292	312	329	365	433
	v.H.	7,2	7,1	6,8	6,4	6,8	6,5
Arzneien und Heilmittel aus Apotheken	DM (Tsd.)	2 437 399	2 756 849	3 259 169	3 793 890	4 223 997	4 970 605
	1960 = 100	223	252	298	347	386	455
	v.H.	13,3	14,3	15,1	15,9	16,8	16,0
Zahnersatz	DM (Tsd.)	503 035	568 025	618 978	694 133	828 225	1 208 547
	1960 = 100	187	211	230	258	308	450
	v.H.	2,7	3,0	2,9	2,9	3,3	3,9
Krankenbehandlung in Anstalten	DM (Tsd.)	3 396 661	3 851 211	4 384 084	5 059 175	6 009 426	7 652 734
	1960 = 100	217	246	280	323	383	488
	v.H.	18,5	20,0	20,4	21,2	23,9	24,6
Krankengeld*	DM (Tsd.)	3 790 793	3 300 823	3 732 343	4 035 071	2 304 010	2 957 801
	1960 = 100	147	128	145	157	90	115
	v.H.	20,6	17,2	17,3	16,9	9,2	9,5
Verwaltungskosten	DM (Tsd.)	900 200	969 304	999 516	1 085 539	1 232 497	1 476 914
	1960 = 100	177	190	196	213	242	290
	v.H.	4,9	5,0	4,6	4,5	4,9	4,7

* siehe Fußnote auf Seite 155

Tabelle 10 (Fortsetzung)

Bezeichnung der Rein-einnahmen und -ausgaben	Maßeinheit	1972	1973	1974	1975	1976
Reineinnahmen insgesamt	DM (Tsd.)	36 212 873	44 455 479	51 109 054	60 742 040	—
	1960 = 100	380	467	537	638	—
darunter: Beiträge	DM (Tsd.)	34 628 589	42 107 261	48 434 314	58 123 141	67 547 242
	1960 = 100	377	459	528	633	736
Reinausgaben insgesamt	DM (Tsd.)	36 400 592	43 365 576	51 808 517	60 989 596	63 471 832
	1960 = 100	383	456	545	641	667
darunter:						
Behandlung durch Ärzte	DM (Tsd.)	7 584 192	8 602 160	9 929 575	11 276 602	11 932 713
	1960 = 100	405	459	530	602	637
	v.H.	20,8	19,8	19,2	18,5	18,7
Behandlung durch Zahnärzte	DM (Tsd.)	2 249 568	2 670 882	3 398 534	4 096 091	4 272 532
	1960 = 100	481	571	727	876	914
	v.H.	6,2	6,2	6,6	6,7	6,7
Arzneien und Heilmittel aus Apotheken	DM (Tsd.)	5 753 899	6 753 144	7 883 160	8 872 414	9 649 738
	1960 = 100	526	618	721	811	883
	v.H.	15,8	15,6	15,2	14,5	15,2
Zahnersatz	DM (Tsd.)	1 524 256	1 860 168	2 086 157	4 122 100	5 301 236
	1960 = 100	568	693	777	1 535	1 974
	v.H.	4,2	4,3	4,0	6,8	8,4
Krankenbehandlung in Anstalten	DM (Tsd.)	9 362 085	11 699 838	15 245 633	17 502 763	19 201 505
	1960 = 100	597	746	972	1116	1 225
	v.H.	25,7	27,0	29,4	28,7	30,2
Krankengeld*	DM (Tsd.)	3 435 976	3 896 241	4 263 201	4 724 690	4 791 134
	1960 = 100	134	151	166	184	186
	v.H.	9,4	9,0	8,2	7,7	7,5
Verwaltungskosten	DM (Tsd.)	1 728 639	2 059 608	2 435 440	2 720 252	—
	1960 = 100	339	404	478	534	—
	v.H.	4,7	4,7	4,7	4,5	—

* Bis 1970 Krankengeld bei ambulanter Behandlung; von 1971 an bei ambulanter und stationärer Behandlung.

Zusammengestellt und errechnet nach: Bundesminister für Arbeit und Sozialordnung (Hrsg.): Hauptergebnisse der Arbeits- und Sozialstatistik. Bonn 1967 ff; *Arbeits- und Sozialstatistik,* Heft 11-12 (1976), S. 372 und Heft 6 (1977), S. 215 f.

von den privaten Krankenversicherungen abgrenzt, ist das Prinzip der Solidarität. Während in den privaten Krankenversicherungen Art und Höhe der Leistung nach der Prämie und Dauer der Zugehörigkeit bestimmt werden, also das kommerzielle Prinzip der Äquivalenz *(Äquivalenzprinzip)* von Leistung und Gegenleistung gilt, äußert sich das *Solidarprinzip* in der GKV vor allem darin, daß für verschieden hohe Beiträge gleiche Sachleistungen geboten werden. Obwohl die Krankenversicherungsbeiträge als gleicher Prozentsatz[26] von verschieden hohen Einkommen erhoben werden, erhält jeder Versicherte entsprechend seinem Krankheitszustand in gleicher Weise medizinische Sachleistungen. Hinzu kommt, daß die Familienangehörigen in den Kassen der GKV ohne Erhöhung des Beitrags mitversichert sind, so lange sie über kein eigenes Einkommen verfügen.
Ist also ein Versicherter der GKV verheiratet und hat für mehrere Kinder zu sorgen, so erhält er für sich und seine Familie im Krankheitsfall Leistungen seiner Kasse. Ist sein Arbeitsentgelt relativ gering, so ist der von ihm zu entrichtende Kassenbeitrag ebenfalls entsprechend niedrig. Sein Beitrag wird dann nur einen Bruchteil dessen ausmachen, den der Versicherungsschutz erfordert. Braucht ein anderer Versicherter für keine Angehörigen aufzukommen und erzielt zudem ein hohes Einkommen, dann hat er Versicherungsschutz nur für sich selbst; der von ihm gezahlte Beitrag ist dabei unter Umständen erheblich höher als der Wert des Versicherungsschutzes.
1975 wurden von der GKV etwa 61 Milliarden DM ausgegeben: Für ärztliche und zahnärztliche Behandlung 25,2 Prozent, Arzneien und Heilmittel 14,5 Prozent, Zahnersatz 6,8 Prozent, Krankenhausbehandlung 28,7 Prozent, Krankengeld 7,7 Prozent und Verwaltungskosten 4,5 Prozent (s. hierzu: Tabelle 10 und Abbildung 3). Seit 1960 haben sich die Ausgaben der GKV gut versechsfacht. Gestiegen ist der prozentuale Anteil an Ausgaben für Arzneien und Heilmittel, Krankenhausbehandlung und Zahnersatz, während Krankengeld und Verwaltungskosten zurückgegangen sind. Der prozentuale Anteil für die Behandlung durch Ärzte ist relativ stabil geblieben.
Erklärend ist zu diesem Anstieg der Ausgaben in der GKV zunächst auszuführen, daß er sich aus mehreren übergeordneten Komponenten zusammensetzt:

- So ist die *Morbidität* infolge des zunehmenden Gesundheitsverschleißes im Arbeits- und Lebensbereich und die Zunahme der über 65jährigen ständig gestiegen. Das Krankheitsspektrum hat sich zur

Abbildung 3 Reinausgaben in der gesetzlichen Krankenversicherung von 1960 bis 1976 (1960=100)

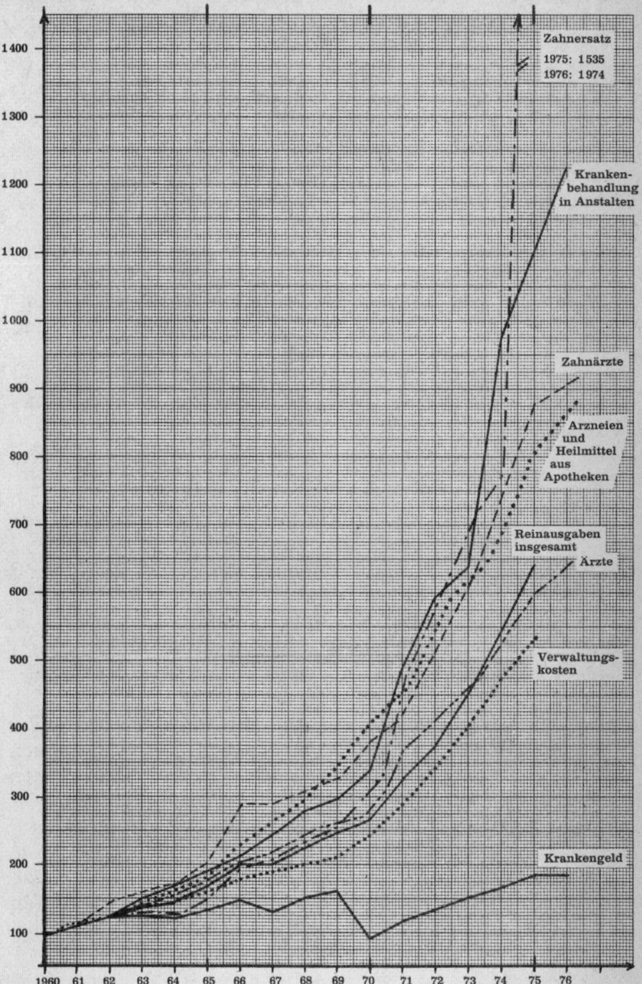

Seite der chronisch-degenerativen und psychosozialen Erkrankungen verschoben. Daraus resultiert eine wachsende *Inanspruchnahme* der von den Krankenkassen angebotenen Leistungen. So zeigt sich, daß die Zahl der Behandlungsfälle (Fallzahl) seit 1890 kontinuierlich um 2,5 v.H. jährlich gestiegen ist. Folge davon ist, daß die Zahl der je hundert Versicherte ausgestellten Kranken- und Überweisungsscheine von 75 im Jahre 1890 auf 640 im Jahre 1975 angestiegen ist[27]. Dies als wachsende »Begehrlichkeit der Versicherten« zu bezeichnen, geht an der eigentlichen Sachlage vorbei und zielt in seiner Konsequenz letztlich auf eine Privatisierung von Teilen der sozialen Krankenversicherung. Die Inanspruchnahme ist lediglich die subjektive Spitze eines objektiven Bedarfs an ärztlichen Leistungen.

- in den vergangenen zwanzig Jahren haben in der Medizin, insbesondere medizinischen Großinstitutionen, enorme *wissenschaftliche und technologische* Weiterentwicklungen stattgefunden.
- Hinzu kommt die dringend notwendige *Ausweitung des Leistungsspektrums* der GKV wie auf dem Gebiet der Früherkennung und Rehabilitation und
- schließlich *strukturelle Fehlentwicklungen* bezüglich der strikten Trennung zwischen ambulanter und stationärer medizinischer Versorgung.

In den einzelnen Leistungsbereichen sind sehr unterschiedliche Einflüsse für deren Entwicklung verantwortlich zu machen:

- Die ansteigenden *Krankenhauskosten* hängen wesentlich damit zusammen, daß immer mehr Versicherte mit schweren Erkrankungen in Krankenhäuser zur adäquaten Behandlung eingewiesen werden müssen. Traditionell ärztliche Aufgaben wie Entbindungen, Pflege- und Sterbefälle, werden an das Krankenhaus delegiert.
  Krankenhäuser hatten zudem einen hohen Nachholbedarf an Erneuerungsinvestitionen, und der medizinische Fortschritt hat sich vor allem in den Kliniken und nicht in der ärztlichen Einzelpraxis entwickelt. Schließlich wurden durch das Krankenhausfinanzierungsgesetz (1972) und die damit einhergehende Bundespflegesatzverordnung (1973) Kosten, die zuvor von der öffentlichen Hand aufgebracht und über Steuermittel finanziert wurden, voll auf die Pflegesätze und damit den Krankenkassen übertragen. In diesem Zusammenhang ist also nicht von einer Kostensteigerung, sondern von einer Kostenverschiebung zu sprechen[28].
- Der Anstieg der Kosten für *Arzneimittel* ist vor allem auf die eindrucksvollen Profitraten der pharmazeutischen Industrie zurückzuführen, die infolge ihres hohen Konzentrationsgrades uneingeschränkte Machtpreise bilden kann[29].

- Der relativ gleichbleibende prozentuale Anteil der Leistungen für ambulante *ärztliche Behandlung* kann jedoch nicht darüber hinwegtäuschen, daß die Einkommen von niedergelassenen Ärzten in den letzten zwei Jahrzehnten enorm angestiegen sind. Das hängt damit zusammen, daß sich der Anteil für ärztliche Behandlung seit 1960 absolut um gut das Sechsfache erhöht hat, während die Anzahl der Ärzte, auf die sich dieser Anteil verteilt, die niedergelassenen Ärzte, nahezu konstant geblieben ist. Diese Steigerung wurde sowohl durch die Erhöhung der Preise für ärztliche Leistungen aber noch mehr durch die Steigerung der ärztlichen Leistungsmenge pro Fall und eine Verschiebung zugunsten technischer Leistungen erreicht. Letzteres ist vor allem auf eine zunehmende Technisierung der ärztlichen Praxis zurückzuführen. Preis- und Mengensteigerung ärztlicher Leistungen stehen gegenwärtig in einem Verhältnis von etwa 4:10[30].
- Bei der Entwicklung des *Krankengeldes* ist anzumerken, daß seit 1970 die Lohnfortzahlung im Krankheitsfall von Arbeitern für die ersten sechs Wochen vom Unternehmen getragen wird. Damit wurden die Kassen kurzfristig entlastet, wie aus der Statistik (Tab. 10, Abb. 3) zu sehen ist. Auch hierbei handelt es sich um ein Problem der Kostenverschiebung. Während die Geldleistungen mit Beginn der GKV weit im Vordergrund standen, hat im Laufe der Zeit die Finanzierung von Sachleistungen das Übergewicht gewonnen, da diese sich für die Behandlung und Heilung der Versicherten gezielter einsetzen lassen.
- die *Verwaltungskosten* der GKV haben die niedrigste Steigerungsrate von allen Ausgabenposten, was vor allem auf die zunehmende Zentralisierung und Rationalisierungen zurückzuführen ist.

Insgesamt zeigt sich also, daß die Ausgaben der GKV aufgrund vielfältiger Einflüsse – teils innerer, teils äußerer Art – in den letzten Jahren stark angestiegen sind. Dies führte schließlich 1977 zum Krankenversicherungs-Kostendämpfungsgesetz, dessen Entwicklung, Hintergründe und Ergebnisse im Folgenden nachgezeichnet werden sollen.

IV. Das Krankenversicherungs-Kostendämpfungsgesetz[31]: Entwurf und Gesetz

Wie im vorangehenden Abschnitt gezeigt werden konnte, sind die *Ausgaben der Krankenkassen* der GKV deutlich angestiegen – sowohl absolut als auch ihr relativer Anteil an der Bruttolohn- und

Gehaltssumme. Da die Ausgaben durch die Einnahmen gedeckt werden müssen, ist es zu ständigen Beitragserhöhungen gekommen, die Mitte 1976 insgesamt 11,3 Prozent der Einkommen erreichten. Diese Beitragshöhe wirkte sich nachdrücklich auf eine Senkung des Realeinkommens der Sozialversicherten aus.
Hinzu kamen die Auswirkungen der anhaltenden *ökonomischen Krise* mit Arbeitslosenzahlen von mehr als einer Million, Kurzarbeit und rückläufigen Reallöhnen. Dies führte zu einer merklichen Senkung der Einnahmen bei der Rentenversicherung. So schrieb Bundesarbeits- und Sozialminister *Ehrenberg* in seinem Programm zur Konsolidierung der Sozialen Sicherung am 21. Januar 1977:

- »Jeder Rückgang der Beschäftigten um 200000 Personen bringt derzeit einen Einnahmeausfall in der Rentenversicherung von knapp einer Milliarde DM im Jahr.
- Jeder Prozentpunkt weniger Lohnzuwachs verringert die Einnahmen der Krankenversicherung derzeit um rund 800 Millionen DM im Jahr«[32].

Hinzu kommt, daß viele ältere Arbeiter und Angestellte infolge der Krise früher in Rente geschickt wurden und damit zusätzlich zu höheren Ausgabenbelastungen der Rentenversicherung führten. Die Rentenversicherungsträger sahen sich daher gezwungen ihre Ausgaben zu kürzen. Ein erster Schritt, der in das Krankenversicherungs-Kostendämpfungsgesetz (KVKG) Eingang fand, war die Reduzierung des Beitrages der Rentenversicherung für die Krankenversicherung der Rentner von 17 auf das vorgeschriebene Maß von 11 Prozent. Angesichts des Tatbestands, daß die Einnahmen der GKV von der Rentenversicherung mehr als ein Fünftel betragen, die allerdings keineswegs ausreichen, um den Versicherungsschutz der Rentner voll zu decken, war die angekündigte Reduzierung von 6 Prozent ein ernsthaftes Signal für die Krankenkassen, ihre Einnahmen- und Ausgabenpolitik neu zu überdenken. Wie und auf welchem Hintergrund dies geschah, demonstriert das KVKG, das am 1. Juli 1977 in Kraft trat. Es baut auf folgenden Grundintentionen auf:

- Einnahmensteigerung der Krankenkassen mittels selektiver Beitragserhöhungen,
- Neuorganisation der Umverteilungsstruktur mit Tendenzen zur Privatisierung von Teilbereichen,
- Ausgabensenkung durch: Leistungseinschränkungen, zusätzliche finanzielle Beteiligung der Versicherten (»Selbstbeteiligung«) und Dämpfung der Entwicklung der ärztlichen Honorare sowie des Arzneimittelkonsums.

1) Wegen der Begrenzung der Zahlung der Rentenversicherung für die Krankenversicherung der Rentner auf 11 Prozent hatten die Krankenkassen mit hohen *Einnahme*ausfällen zu rechnen. Die Einnahmeausfälle sollten nach dem Entwurf des KVKG[33] teilweise durch eine Erhöhung der Beitragsbemessungsgrenze von 2550 DM auf 2890 DM ausgeglichen werden. Da der Bundesrat mit seiner CDU-Mehrheit dieser selektiven Beitragserhöhung jedoch nicht zustimmte, ist damit zu rechnen, daß in aller nächster Zeit Beiträge generell erhöht werden müssen. Die Absicht der Bundesregierung, einen Teil der Einnahmen durch mittlere Einkommensgruppen wieder hereinzuholen, wurde dadurch vereitelt und das Problem allen Versicherten übertragen.

2) Bei der *Neuorganisation der Umverteilungsstruktur* sind vor allem der *Finanzausgleich* unter den Kassen, die einheitliche *Gebührenordnung*, Veränderung bei der kostenlosen *Mitversicherung* von Familienangehörigen und die Einflußnahme auf das *Kassenarztrecht* bezüglich des *Monopols* der ambulanten ärztlichen Versorgung durch die niedergelassenen Ärzte zu erwähnen.
In seinem Urteil vom 24. Mai 1972 erklärte das Bundessozialgericht die *Garantiehaftung der Gemeindeverbände* für die finanzielle Sicherheit der Krankenkassen für nicht verfassungsmäßig. Damit bestätigte das Bundessozialgericht eine allgemeine Tendenz im Bereich der Sozialen Sicherung, die dahin geht, bisher von der öffentlichen Hand getragene Kosten und Schutzgarantien auf die Versicherten selbst zu übertragen. Das heißt dann allerdings auch, daß deren Finanzierung nicht mehr über Steuern sondern Beiträge zu regulieren ist. Als neue Verfahrensweisen sieht das Gesetz deshalb einen *Finanzausgleich unter den Kassen* vor. Der Finanzausgleich unter den Kassen ist sehr zu begrüßen, da die Kassen bisher durch ein höchst unterschiedliches Krankheitsrisiko infolge ihrer unterschiedlichen Mitgliederzusammensetzung belastet waren. Der Finanzausgleich soll sowohl zwischen den Kassen einer und verschiedener Kassenarten möglich sein.
Die RVO-Kassen und Ersatzkassen hatten noch immer verschiedene *Gebührenordnungen*, wobei die Gebührenordnung der Ersatzkassen für die Kassenärzte günstiger waren. Das führte dazu, daß Kassenärzte Ersatzkassenversicherte vorzogen oder – wenn auch in seltenen Fällen – sogar ihre Zulassung allein für Ersatzkassen beantragten. Letzteres wurde bereits durch das Kassenarztrecht vom 1. Januar 1977 beseitigt; danach wird die Zulassung nur noch für beide gleichzeitig vergeben. Das KVKG schreibt nun ein

einheitliches Leistungsverzeichnis vor. Grundlage dafür soll die Gebührenordnung der Ersatzkassen sein. Es handelt sich dabei also um eine Aufwertung der RVO-Kassen. Ziel ist es, in der GKV die ärztlichen Leistungen einheitlich zu bewerten. Damit büßen die Ersatzkassen ein Element ihrer bisherigen Vertragsautonomie ein. Überdies wird angestrebt, die persönlichen Leistungen des Arztes in der neuen Gebührenordnung höher zu bewerten als die medizinisch-technischen Leistungen.
Eine weitere strukturelle Veränderung durch das KVKG betrifft die *Abgrenzung zwischen ambulanter und stationärer ärztlicher Versorgung*. Während bisher als Resultat des Kassenarztrechts von 1955 eine strikte Trennung zwischen beiden Bereichen bestand, sieht das KVKG nun folgende Möglichkeiten einer engeren Kooperation vor: die Beteiligung von Krankenhausfachärzten an der ambulanten kassenärztlichen Versorgung, die Ausweitung und Förderung der belegärztlichen Tätigkeit und vorstationäre Diagnostik und nachstationäre Behandlung durch Krankenhäuser.
Die beiden ersten Möglichkeiten, die Beteiligung von Krankenhausfachärzten und die Ausweitung des Belegarztsystems, sind strikt abzulehnen, da sie zu einer weiteren Kommerzialisierung und Privatisierung unseres Gesundheitssystems führen. Zu den gegenwärtig etwa 8500 Chefärzten in der Bundesrepublik kommen nun eine Vielzahl an Krankenhausfachärzten und niedergelassenen Ärzten, die für ein geringes Entgelt an den Krankenhausträger gesamtgesellschaftlich finanzierte Arbeitsmittel und Personal zur Verfügung gestellt bekommen und die Möglichkeit erhalten, gegenüber den Patienten bzw. deren Kassen privat zu liquidieren. – Im Gegensatz dazu ist die Einführung der vorstationären Diagnostik und nachstationären Behandlung zu empfehlen, wenn sie von Abteilungen des Krankenhauses – wie Polikliniken und Ambulatorien – ausgeht, in denen die Ärzte als Angestellte entsprechend ihrer Qualifikation und Arbeitsbelastung bezahlt werden. Während im Gesetzentwurf noch die Möglichkeit eingeräumt war, daß der Versicherte selbständig eine solche ambulante Krankenhauseinrichtung aufsuchen kann und damit die freie Arztwahl zwischen Krankenhausarzt und niedergelassenem Arzt hat, sieht das Gesetz diese Möglichkeit nur noch »auf Überweisung durch einen Kassenarzt« vor. Der Kassenarzt wird also nach wie vor die Möglichkeit haben, vor der Krankenhausüberweisung gebührend einzugreifen. Zusätzliche Aufgaben der ambulanten Krankenversorgung im Krankenhaus werden kurzfristig – infolge notwendiger Personalaufstockungen – sicher auch zusätzliche

finanzielle Mittel erfordern; aber in einem Zeitraum von drei bis vier Jahren danach kann schon mit einer Kostendämpfung gerechnet werden[34].

Die Auflockerung der strikten Trennung von ambulanter und stationärer ärztlicher Versorgung wurde erforderlich, da sie im Fall der Krankenhausüberweisung nicht selten teure Doppeluntersuchungen zur Folge hatte, Patienten länger als medizinisch notwendig im Krankenhaus behalten wurden, was die Verweildauer sinnlos verlängerte und den Krankenhausaufenthalt verteuerte und kostspielige Apparate und Einrichtungen von Krankenhäusern nicht voll ausgelastet waren.

Ferner berücksichtigte das KVKG die Rechtsprechung des Bundessozialgerichts vom 2. Oktober 1970, in der es heißt, daß dem Ehegatten eines Versicherten mit eigenem Erwerbseinkommen kein Anspruch auf *Familienhilfe* zusteht, wenn er mit seinem Einkommen über der Versicherungspflichtgrenze liegt. Damit wird ein seit Einführung der RVO (1911) bestehender Grundsatz modifiziert. Beitragsfreie Mitversicherte sind nach dem KVKG nur noch jene Familienangehörige, die ein relativ kleines Einkommen haben, das 1977 nicht mehr als 370 DM monatlich betragen durfte. Es handelt sich dabei um eine dynamische Grenze. Überdies gelten Kinder nicht mehr als mitversichert, wenn der Elternteil, der nicht der GKV angehört, ein Einkommen bezieht das die Versicherungspflichtgrenze übersteigt und dessen Einkommen höher ist als das Einkommen des versicherten Ehepartners. Auch an dieser Neuerung kommt die sich verbreitende Tendenz der Privatisierung öffentlicher Sozialleistungen zum Ausdruck.

Es ist für die Beurteilung des KVKG schließlich von Bedeutung, daß es im Rahmen seiner Neustrukturierung keine Ausweitung *präventiver gesundheitserhaltender Maßnahmen* enthält. Diese könnten nämlich zu einer Verbesserung der Gesundheitsversorgung führen, die längerfristig mit einer Verringerung der Krankheitskosten einhergehen, da sie von dem übergeordneten Prinzip der Verhinderung und nicht der Behandlung von Krankheit ausgehen.

3) Als dritte Grundintention verfolgt das KVKG eine *Reduzierung der Ausgaben,* die sich vor allem auf die Versicherten selbst, ärztliche Honorare und die Arzneien und Heilmittel konzentriert. Anders als im Gesetzentwurf vorgesehen sind die Vorschriften, die den *Krankenhausbereich* in das Sparprogramm einbeziehen sollten, ausgeklammert worden. Sie sollen sobald wie möglich in einer Novellierung des Krankenhausfinanzierungs-

gesetzes behandelt werden.

Im Gesundheitswesen wird es künftig eine *»Konzertierte Aktion«* geben, die von der CDU/CSU durchgesetzt wurde. Deren Ziel ist es, medizinische und wirtschaftliche Orientierungsdaten für das Gesundheitswesen zu setzen und Vorschläge zur Rationalisierung und zur Steigerung der Effizienz zu entwickeln. Der konzertierten Aktion ist vor allem die Aufgabe gestellt, Empfehlungen über die Erhöhung der ärztlichen Honorare und die Begrenzung der Arzneimittelausgaben der Kassen abzugeben. Als Termin ist jeweils der 31. März eines Jahres vorgesehen. Unter dem Vorsitz des Bundesarbeitsministers werden die Krankenkassen, die private Krankenversicherung, Ärzte, Zahnärzte, Krankenhäuser, Apotheker, Pharmaindustrie, Gewerkschaften und Arbeitgeberverbände, Länder und Kommunen sowie der Gesundheits- und der Wirtschaftsminister an der Gesprächsrunde beteiligt.

Kommt es in der konzertierten Aktion nicht zu tragfähigen Beschlüssen, so müssen sich Krankenkassen und Kassenärzte auf *bundeseinheitliche Empfehlungen* über die Erhöhung der Ausgaben für ärztliche Behandlung einigen. An diese Empfehlungen sind dann die regionalen Verbände weitgehend gebunden. Gleichwohl ist im Gesetz festgelegt worden, daß den Besonderheiten der einzelnen Kassenarten und den regionalen Unterschieden Rechnung getragen werden kann. Den Spitzenverbänden der Ärzte und der Kassen wurde für das Aushandeln der Bundesempfehlung aber nur ein enger Spielraum gelassen.

Bisher hatte entsprechend der RVO bei Honorarvereinbarungen die wirtschaftliche Lage der Krankenkassen als Verhandlungsbasis gedient. Jetzt hingegen ist festgelegt, daß die zu erwartende Entwicklung der durchschnittlichen Grundlohnsumme der Krankenkassen, der Praxiskosten und der kassenärztlichen Arbeitszeit sowie die auf Gesetz und Satzung beruhende Leistungsausweitung zu berücksichtigen sind. Hinzu kommt, daß die 1400 Krankenkassen der GKV von den Kassenärztlichen Vereinigungen bei den Verhandlungen über die Gesamtvergütung für die Kassenärzte jetzt nicht mehr, wie so oft zuvor, gegen einander ausgespielt werden können, sondern sich auf die Bundesempfehlungen als Richtlinie berufen können. Durch konzertierte Aktion, bundeseinheitliche Empfehlung und die bereits erwähnte einheitliche Gebührenordnung von RVO- und Ersatzkassen wird die Verhandlungsposition der ärztlichen Standesorganisationen deutlich geschwächt und damit der Versuch unternommen, die in den vergangenen Jahren überdurchschnittlich angestiegenen Ärztehonorare in den Griff zu bekommen. Dies ist schließlich

auch der Kern der ärztlichen Protestaktionen, die vom Behandlungsboykott der Patienten bis zur Ankündigung, gegen das Gesetz Verfassungsklage einzureichen, gingen.
Der zweite Posten der Ausgabensenkung, der vor allem *Arzneimittel und Zahnersatz* betrifft, intendiert den Arzneimittelkonsum zu reduzieren und den Versicherten zusätzlich zu ihren Kassenbeiträgen für die Krankheitsbehandlung – also das, was fälschlicherweise als »Selbstbeteiligung« bezeichnet wird – finanzielle Mittel abzuverlangen. Kassenärzte und Kassen müssen sich nach dem KVKG jährlich über die Ausweitung der Ausgaben verständigen. Bei der Bemessung des *Arzneimittelhöchstbetrages* soll die Entwicklung der Arzneimittelpreise, die Zahl der Behandlungsfälle und der Anstieg der Grundlohnsumme berücksichtigt werden. Wird dieser Höchstbetrag überschritten, dann soll die Verschreibungspraxis der einzelnen Ärzte überprüft werden. Der einzelne Kassenarzt kann für »unwirtschaftliche« Verordnungen haftbar gemacht werden und muß mit einer Kürzung seines Honorars rechnen. Bis zur Verabschiedung des Gesetzes war es bereits Aufgabe der Kassenärztlichen Vereinigungen die »Wirtschaftlichkeit der kassenärztlichen Versorgung« zu überwachen (RVO § 368n, Abs. 4). In der Praxis wird die neue Regelung wie bisher erhebliche Schwierigkeiten bereiten, denn in vielen Fällen wird es kaum möglich sein, Ärzten eine unvernünftige Verschreibungspraxis nachzuweisen, da es für Abweichungen vom Durchschnitt vielfältige plausible Erklärungen gibt. Als Orientierungshilfe sollen den Ärzten *»Transparenzlisten«* zur Verfügung gestellt werden, aus denen Preise und Wirksamkeit der Medikamente hervorgehen. Diese werden von einer unabhängigen Sachverständigenkommission zusammengestellt[35].
Aufgrund der spezifischen Funktion ist es richtig, daß der Kassenarzt wesentlich über Umfang und Nachfrage von Arzneimitteln entscheidet. Gleichwohl kann die Senkung der Monopolpreise für Pharmaprodukte, die überhöhte Gewinnspannen enthalten und für die hohen Kassenausgaben entscheidend mitverantwortlich sind, nicht primär vom verschreibenden Arzt vorgenommen werden. Hierzu ist die direkte Kontrolle des Pharmakapitals durch den Staat unerläßlich, wenn auf diesem Gebiet tatsächlich Fortschritte erzielt werden sollen.
Eine weitere Änderung, die voll zu Lasten der Versicherten geht, ist die zusätzliche finanzielle Beteiligung der Versicherten an *Arzneikosten, Zahnersatz und kieferorthopädischer Behandlung.* Der Versicherte muß nach dem KVKG für jedes verordnete Arzneimittel und jede Heilbehandlung eine DM bezahlen. Die

bisherige Regelung von 20 Prozent je Rezeptblatt bis zu einem Höchstbetrag von DM 2,50 entfällt. Künftig werden alle Versicherten – Kinder ausgenommen – in diese Regelung einbezogen. Bislang waren von den Rezeptgebühren auch Rentner und Studenten befreit. Das Gesetz enthält eine Härteklausel, die Versicherte von der Kostenbeteiligung enthebt, wenn laufend Arzneimittel gebraucht werden. Hinzu kommt, daß eine Liste von *»Bagatellarzneimitteln«* aufgestellt werden soll, die künftig überhaupt nicht mehr verschrieben werden dürfen, sondern vom Versicherten unmittelbar bezahlt werden müssen. Zu den Bagatellarznei- und Heilmitteln sollen Kopfschmerztabletten, Abführmittel, Beruhigungsmittel, Verbandmittel, Brillen u. a. zählen. Die Krankenkassen erhoffen sich durch diese Maßnahmen Einsparungen von einer Milliarde DM[36]. Für den Zahnersatz dürfen die Kassen nach dem KVKG nur noch 80 Prozent der Kosten übernehmen; 20 Prozent hat der Versicherte zu tragen. Das gleiche gilt für die kieferorthopädische Behandlung, wenn die Behandlung nicht vorschriftsmäßig zu Ende geführt wird. – Bei diesen Maßnahmen handelt es sich um einen deutlichen Leistungsabbau der Kassen, der mit der zusätzlichen finanziellen Beteiligung der Versicherten einhergeht und damit die soziale Krankenversicherung in das Fahrwasser der Privatisierung öffentlicher Einrichtungen und Dienstleistungen führt[37].
Dies sind einige wichtige Aspekte des KVKG, die dessen Grundintentionen skizzieren sollen. Die Entwicklung dieses Gesetzes hat in der Öffentlichkeit große Aufmerksamkeit erregt nicht zuletzt deshalb, weil es in der Endphase seiner Verabschiebung allgemein-politischen Charakter erhielt: so wurde es im Bundesrat mit den Stimmen der SPD/FDP-regierten Länder und den Stimmen des Saarlandes und Niedersachsens (CDU/FDP) verabschiedet, wobei die Regierungskoalition von Niedersachsen in Frage stand[38]. Die Stellungnahmen der von dem Gesetz berührten Interessengruppen war äußerst heterogen: der Bundesvorstand der Ortskrankenkassen unterstützte des KVKG, weil darin die Stellung der RVO-Kassen gegenüber den Ersatzkassen gestärkt wird; die Unternehmerverbände stellten sich ebenfalls hinter das Gesetz, da sie sich durch den Leistungsabbau und die zusätzliche finanzielle Beteiligung der Versicherten insgesamt Auswirkungen auf ihre Lohnkosten versprechen; der DGB befürwortete den Gesetzentwurf, während die Gewerkschaft ÖTV dessen allgemeine Richtung insbesondere jedoch die das Krankenhaus betreffenden Teile scharf zurückwies[39]; die ärztlichen Standesorganisationen und die Arzneimittelindustrie widersetzten sich Entwurf

und Gesetz am heftigsten, da sie danach am ehesten mit Einnahmeeinbußen zu rechnen haben.
Zusammenfassend läßt sich also sagen, daß sowohl immanente Widersprüche des Systems der Sozialen Sicherung als auch die seit 1973 anhaltende ökonomische Krise die gegenwärtige Situation in der GKV wesentlich bestimmen. Immanente Widersprüche, die in der unterschiedlichen gesundheitspolitischen Behandlung des Krankenhauses, der niedergelassenen Ärzte, der Arzneimittelindustrie und nicht zuletzt der Versicherten zum Ausdruck kommen, lassen sich wesentlich aus den spezifischen Eigentumsformen, die die verschiedenen Gruppen repräsentieren, erklären[40]. Der Druck von außerhalb ist bedingt durch die ökonomische Krise, in der das Kapital auf dem Hintergrund der Arbeitslosigkeit versucht, den Abbau sozialer Leistungen durchzusetzen, da diese den Verwertungsprozeß belasten. Das Kapital beabsichtigt, die durch seine eigene Gesetzmäßigkeit produzierte Entwertung des gesellschaftlich geschaffenen Reichtums, den Arbeitenden und damit auch den Sozialversicherten aufzubürden. Daß das KVKG Resultat dieses Einflusses ist, demonstrieren insbesondere der dadurch eingeleitete Leistungsabbau und die zusätzliche finanzielle Beteiligung der Versicherten an notwendigen Krankheitskosten.
Damit reiht sich das KVKG in jene seit dem Haushaltsstrukturgesetz von 1975 eingeleitete wirtschaftspolitische Strategie der SPD/FDP-Regierung zur Krisenbewältigung ein, die eine finanzielle Austrocknung des »Sozialstaates« zugunsten der Subventionierungen des »Unternehmerstaats« anstrebt[41]. Sie orientiert sich dabei vor allem an:

- der Senkung öffentlicher Personalausgaben durch restriktive Lohnpolitik und Rationalisierungen,
- Privatisierung öffentlicher Dienstleistungen,
- Abbau von Leistungen in der sozialen Sicherung,
- bei der gleichzeitigen Subventionierung privater Investitionen, die infolge von Rationalisierungen nicht selten zu weiteren Freisetzungen führen.

Die Regierung nimmt damit eine massive Umverteilung zugunsten des Kapitals und zu Lasten der abhängig Beschäftigten vor, ohne auch nur den Anspruch zu erheben, politisch steuernden Einfluß auf die ökonomischen Produktionsentscheidungen nehmen zu wollen. Ganz im Gegensatz dazu ist es erforderlich, daß jetzt unmittelbar und gezielt zusätzliche Arbeitsplätze geschaffen werden, um auf die Hauptkrisenerscheinung, die Arbeitslosig-

keit, einzuwirken. Neben einer Bindung staatlicher Subventionen an die Bereitstellung neuer Arbeitsplätze in privaten Unternehmen bietet sich dafür sowohl aus politischer aber auch aus ökonomischer Sicht vor allem der öffentliche Dienst an.
Deshalb ist es unter gesamtwirtschaftlichen Gesichtspunkten völlig verfehlt, gegenwärtig im Gesundheitswesen Personalstellen zu streichen[42] oder Teile desselben zu privatisieren. Darüber hinaus sind die Folgen, die Etatkürzung und Privatisierung für die Gesundheitssicherung hervorrufen, einschneidend und lassen sich auch nicht von heute auf morgen wieder reparieren. Das *Gesundheitswesen* muß – und gerade in Zeiten ökonomischer Krisen – *stärker finanziell unterstützt* und ausgebaut werden. Es müssen im Gesundheitswesen zusätzliche Stellen geschaffen werden, die es ermöglichen,

- daß die wissenschaftlichen und technischen Neuerungen voll in die medizinische Praxis umgesetzt werden können,
- daß die Ausweitung der sozialen und präventiven Medizin vorangetrieben werden kann
- und daß das Personal im Gesundheitswesen mehr Zeit für die Behandlung des einzelnen Patienten aufwenden kann.

Zusätzliche Mittel für die Gesundheitsversorgung der Bevölkerung sind deshalb in erster Linie vom Staat durch eine grundlegende Umverteilung innerhalb des Staatsetats zugunsten des Gesundheits- und Sozialhaushalts bereitzustellen. Darüber hinaus kann die Finanzierung der Gesundheitsversorgung nicht mehr länger nur auf die Umverteilung innerhalb der Löhne und Gehälter beschränkt werden, sondern es ist in zunehmendem Maße auch daran zu denken, Anteile der Gewinne dafür einzusetzen.
Soll in Zukunft verhindert werden, daß das Gesundheitswesen noch stärker zum »Selbstbedienungsladen« privater ökonomischer Interessengruppen wird, so ist gerade das Gegenteil der von der SPD/FDP-Regierung intendierten Privatisierung anzustreben. Es muß daran gedacht werden, das Gesundheitswesen mittels *demokratischer Kontrolle* in den Griff zu bekommen. So sind beispielsweise unter den Möglichkeiten, die das KVKG zur Überwindung der Trennung zwischen ambulanter und stationärer medizinischer Versorgung bietet, nicht der Ausweitung des Belegarztsystems und der privaten Liquidation von Krankenhausfachärzten, sondern der vorstationären Diagnostik und der nachstationären Behandlung durch medizinische Institutionen der Vorzug zu geben. Die fachliche und wirtschaftliche Kontrolle der als Selbständige niedergelassenen Ärzte kann nicht mehr länger

allein den Kassenärztlichen Vereinigungen, also von den Interessenten selbst erkorene Standesorganisationen, überlassen bleiben, und die pharmazeutische Industrie ist mit der Tendenz ihrer Vergesellschaftung zunächst einer direkten öffentlichen Preis- und Qualitätskontrolle zu unterziehen. Die Krankenversorgung ist schließlich ein Problem, das alle Mitglieder der Gesellschaft vital berührt und dabei nicht privaten Interessen überlassen werden darf.

Die Erweiterung der demokratischen Kontrolle muß, wenn sie Konsequenzen haben soll, mit einer Ausdehnung der demokratischen Entscheidungsbefugnis in den Institutionen der Krankenversorgung einhergehen. Hierfür bietet sich vor allem im Rahmen einer Vereinheitlichung des Versicherungssystems, die sich an den Interessen der Versicherten orientiert, die Einführung einer tatsächlichen *Selbstverwaltung durch die Versicherten* an, die an Stelle der von ihrem eigenen Schein geblendeten sozialen »Partnerschaft« tritt.

Stärkere staatliche Finanzierung des Gesundheitswesens, einhergehend mit einer *offensiven demokratischen Kontrolle* des gesamten Gesundheitssystems, sowie die *reale Selbstverwaltung der Kassen* durch die Versicherten würden neben einer Verbesserung der medizinischen Versorgung nicht zuletzt zur Erweiterung und Verwirklichung des Gedankens der Demokratie im Gesundheitswesen beitragen[43].

ANMERKUNGEN

1 Vgl. *K. Marx,* Das Kapital, Bd. I, Berlin 1962, S. 595 f.

2 Ebda., Bd. II, Berlin 1965, S. 31–69.

3 Vgl. hierzu auch: *E. Liefmann-Keil,* Wirtschaft – Medizin – Gesundheitspolitik, in: *M. Blohmke u. a.* (Hrsg.), Handbuch der Sozialmedizin, Bd. 1, Stuttgart 1975: »*Gesundheitspolitische Vorkehrungen* dienen ... einer besonderen Art der *Kapitalbildung*. Diese Kennzeichnung bedeutet nichts anderes als den Hinweis darauf, daß der Gesundheitszustand eines Menschen ein mehr oder minder großes Vermögen bildet, das erlaubt, bestimmte Leistungen – welcher Art auch immer – zu erbringen. *Gesundheit* ist nicht bloß eine Naturgabe, deren Bestand bestimmten Gesetzmäßigkeiten unterliegt, die bestenfalls ein wenig ausgeglichen werden können. Sie ist ein *Kapital*...« (S. 337).
»Im Rahmen der Wirtschafts- und Sozialwissenschaften existiert seit einiger Zeit ein besonderer Zweig: die *Gesundheitsökonomik*. In diesem Teil der Wirtschaftswissenschaft wird insbesondere von der Vorstellung der ›Kapitalbildung im Menschen‹ ausgegangen...« (S. 338) (Hervorhebung d. Verf.).

4 Vgl. hierzu ausführlich S. 32f in diesem Buch.
5 *K. Marx*, Das Kapital, Bd. I, a.a.O., S. 185 (Hervorhebung d. Verf.).
6 *Bundesminister für Arbeit und Sozialordnung* (Hrsg.), Übersicht über die soziale Sicherung, Bonn 1974, S. 155.
7 Ebda.; *H. Reiners/V. Volkholz*, Das Gesundheitssystem in der BRD, Berlin 1977, S. 49f.
8 Vgl. hierzu: *Bundesminister für Arbeit und Sozialordnung* (Hrsg.), Übersicht über die soziale Sicherung, a.a.O., S. 156–161.
9 *H. Reiners/V. Volkholz*, a.a.O., S. 51f.
10 Vgl. hierzu: *H. H. Abholz*, Krankheit und soziale Lage, Frankfurt a.M. 1976; *J. Ricke/W. Karmaus/R. Höh*, Frühinvalidität – Arbeiterschicksal?, in: Das Argument, Jahrbuch für kritische Medizin, Bd. 2 (1977), S. 148–161; *L. E. Hinkle u.a.*, Occupation, Education and Coronary Heart Disease, Science, 161 (1968), S. 238–246. *Hinkle* hat 270000 Angestellte und Arbeiter der *Bell System Operation Companies* untersucht und fand heraus, daß in allen Altersgruppen die Anteile an Herzkranzgefäßerkrankungen bei Managern und Betriebsleitern niedriger sind als bei Arbeitern und Vorarbeitern.
11 *L. Preller*, Praxis und Probleme der Sozialpolitik, 2. Halbbd., Tübingen 1970, S. 382f.
12 Vgl. hierzu auch: *L. Preller*, Praxis und Probleme der Sozialpolitik, a.a.O., S. 335; *A. Burghardt*, Lehrbuch der Allgemeinen Sozialpolitik, Berlin 1966, S. 63.
13 *G. Muhr*, Neuorientierung der Sozialpolitik in der Diskussion, in: Soziale Sicherheit, Heft 3 (1976), S. 65.
14 Vgl. *Ph. Herder-Dorneich*, Sozialökonomischer Grundriß der gesetzlichen Krankenversicherung, Köln 1966, S. 89–92; *H. Reiners/V. Volkholz*, a.a.O., S. 66; *G. W. Brück*, Allgemeine Sozialpolitik, Köln 1976, S. 92.
15 Bericht des Vorsitzenden der Kassenärztlichen Vereinigung Hessen *(Dr. Löwenstein)* anläßlich der konstituierenden Abgeordnetenversammlung am 5. Februar 1977; nachgedruckt in: Hessisches Ärzteblatt, Heft 3 (1977), S. 285ff.
16 Dies gilt auch für die Rentenversicherung der Arbeiter und Angestellten und in der Unfallversicherung.
17 Vgl. hierzu: Gesetz über die Selbstverwaltung und über Änderungen von Vorschriften auf dem Gebiet der Sozialversicherung vom 22. Februar 1951, in: Bundesgesetzblatt, Jg. 1951, Teil I, S. 124.
18 Ebda.
19 *W. Abendroth*, Soziale Sicherheit in Westeuropa nach dem 2. Weltkrieg, in: *F. Benseler* (Hrsg.), Festschrift zum 80. Geburtstag von *Georg Lukács*, Neuwied 1965, S. 170.
20 *F. Tennstedt*, Sozialgeschichte der Sozialversicherung, in: *M. Blohmke u. a.* (Hrsg.), Handbuch der Sozialmedizin, Bd. II, Stuttgart 1976, S. 440.
21 *Ph. Herder-Dorneich*, a.a.O., S. 230.
22 *V. Patzer*, Zur Funktion der Selbstverwaltung in der Sozialversicherung, in: Autorenkollektiv, Gewerkschaften und Medizin, Westberlin 1974, S. 30; Sozialwahl 1974, in: Die Ortskrankenkasse, Heft 11-12 (1975), S. 437. Die relativ hohe Wahlbeteiligung 1974 wird vom Bundesverband der Ortskrankenkassen auf das erstmals angewandte Verfahren der Briefwahl zurückgeführt. Wichtiger scheint mir indessen zu sein, daß in Folge der ökonomischen Krise, die mit beträchtlichen Krisenerscheinungen im Gesundheits- und Sozialwesen einhergeht – wie zusätzliche finanzielle Beteiligungen der Versicherten –, das Bewußtsein der Kassen-

mitglieder mobilisiert wurde und sich in ihrem Wahlverhalten niederschlug. Die Versicherten zeigten ein höheres und differenzierteres Interesse an ihrer Vertretung in den Selbstverwaltungsorganen.

23 20-Punkte-Programm zur Konsolidierung der Sozialversicherung, in: Presse-Dienst der Deutschen Arbeitgeberverbände, PDA Nr. 12, vom 19. April 1977.

24 Vgl. hierzu: *G. Spielmeyer*, Zum Krankheitsbegriff der Sozialversicherung, in: Die Ortskrankenkasse (1971), S. 836–839; Deutsches Ärzteblatt, Heft 7 (1973), S. 400; *H.-U. Deppe*, Zum »Objekt« der Medizin, in diesem Buch, S. 56ff.

25 *A. Burghardt*, Lehrbuch der Allgemeinen Sozialpolitik, a.a.O., S. 135.

26 Eine Ausnahme bilden diejenigen, die mit ihrem Einkommen über der Beitragsbemessungsgrenze liegen.

27 *H. Töns*, Die gesetzliche Krankenversicherung, in: pharma-dialog, Heft 47 (1976), S. 38.

28 *H. Kühn*, Statistische Überlegungen zur Kostenentwicklung des Gesundheitswesens, in: Jahrbuch für Kritische Medizin, Bd. 1, Westberlin 1976, S. 191.

29 Vgl. *V. Friedrich/A. Hehn/R. Rosenbrock*, Neunmal teurer als Gold, Reinbek 1977.

30 *H. Töns*, a.a.O., S. 39.

31 Vgl. hierzu auch: *H.-U. Deppe*, Zum Entwurf des »Krankenversicherungs-Kostendämpfungsgesetzes«, in: Blätter für Deutsche und Internationale Politik, Heft 5 (1977), S. 613–621; Bundesgesetzblatt, Teil I, Nr. 39 (1977), S. 1069–1085; *J. Breddemann/P. Higer/D. Löber*, Sozialliberale Gesundheitspolitik in der Krise, in: Das Argument, Heft 104 (1977), S. 504–514.

32 *H. Ehrenberg*, Bundesminister für Arbeit und Sozialordnung, Programm zur Konsolidierung der sozialen Sicherung, Bonn, 21. Januar 1977, S. 4 (hektographiertes Manuskript).

33 Zum Entwurf des Krankenversicherungs-Kostendämpfungsgesetzes, vgl. Bundesrat, Drucksache 76/77 vom 18. 2. 1977.

34 Vgl. hierzu den Artikel über die Ambulatorien der Wiener Gebietskrankenkasse in diesem Buch, S. 195ff.

35 Arzneimittel-Transparenzkommission in Bonn konstituiert, in: Deutsches Ärzteblatt, Heft 30 (1977), S. 1897.

36 Auf einer Tagung der Vereinigung Deutscher Wissenschaftler (VDW) in Bad Homburg sagte *Hans Töns* (Direktor des Bundesverbandes der Ortskrankenkassen): Die Kassen der GKV erwarten Einsparungen von schätzungsweise 400 Mio. Mark im Jahr allein als Folge der Bestimmung des Gesetzes für die Kostendämpfung im Gesundheitswesen, die den Rentnern auferlegt, für jedes Medikament eine Mark zu zahlen ... *Töns* fügte hinzu, die Kassen hofften, weitere 300 bis 700 Mio. Mark einsparen zu können, wenn bestimmte Arzneimittelgruppen, wie das Gesetz es vorsieht, von den Kassen nicht mehr bezahlt werden (nach: Frankfurter Rundschau vom 3. 10. 1977).

37 Vgl. hierzu: *E. Wehner/H. Vitzthum/R. Hofmann*, Beschäftigung und Arbeitsbedingungen im Öffentlichen Dienst, in: Gewerkschaftliche Monatshefte, Heft 6 (1977), S. 368–380; *R. Seitenzahl*, Auswirkungen der Privatisierung öffentlicher Dienstleistungen auf die soziale Lage von Arbeitnehmern, in: Gewerkschaftliche Monatshefte, Heft 7 (1977), S. 453–456.

38 Vgl. Stenographische Berichte des Bundesrats, Bericht über die 447. Sitzung vom 24. Juni 1977, S. 173–187, besonders S. 185.

39 ÖTV-Gesundheitsreport, Nr. 1-2 (1977), S. 3–4: Stellungnahme des Geschäftsführenden Vorstandes der ÖTV zu den Sparmaßnahmen im Gesundheitswesen.

40 Vgl. *H.-U. Deppe*, Zur Soziologie des niedergelassenen Arztes in diesem Buch, S. 213f.

41 Vgl. *E. Uhereck, A. Zerdick u. a.*, Vorschläge zur Beendigung der Massenarbeitslosigkeit, in: Blätter für Deutsche und Internationale Politik, Heft 5 (1977), S. 625–645, besonders S. 633.

42 So beabsichtigte der Hessische Sozialminister von 4060 Personalstellen des Universitätsklinikums Frankfurt noch 1977 445 Stellen zu streichen; vgl. Frankfurter Rundschau vom 15. 7., 22. 7. und 3. 8. 1977, ebenso Frankfurter Allgemeine Zeitung vom 3. 8. 1977.

43 Vgl. hierzu auch die Erklärung der *Liste Demokratischer Ärzte*, in: Nachrichten zur Wirtschafts- und Sozialpolitik, Heft 3 (1977), S. 17f.

V. Zur Soziologie medizinischer Einrichtungen

Strukturwandel der ärztlichen Praxis

Im November 1971 erschien die Studie des Wirtschafts- und Sozialwissenschaftlichen Instituts der Gewerkschaften über die Gesundheitssicherung in der Bundesrepublik Deutschland[1], die vor allem in der ärztlichen Standespresse auf lebhaftes Interesse stieß. Ihr vorangestellt ist folgender Leitsatz: »Jeder Mensch hat Anspruch auf Beratung und Hilfe zur Erhaltung seiner Gesundheit; jeder Mensch hat bei jeder krankhaften Störung des körperlichen und/oder des seelischen Wohlbefindens oder der körperlichen Integrität Anspruch auf medizinische Maßnahmen zur Herstellungs- bzw. Wiederherstellungsbehandlung ohne Unterbrechung bis zum bestmöglichen Behandlungserfolg und – soweit erforderlich – auf Maßnahmen der beruflichen und sozialen Wiedereingliederung bis zur Herstellung bzw. Wiederherstellung der erreichbaren Lebenstüchtigkeit. Damit das gesundheitspolitische Ziel erreicht wird, muß der Betroffene selbst zur aktiven Mitwirkung im individuell zumutbaren Ausmaß gewonnen werden. Diese Mitwirkung muß ihm aber auch seiner individuellen Situation gemäß ermöglicht und erleichtert werden.«[2]

Mit diesem Leitsatz gehen die Autoren über die Bedeutung der Gesundheit, die ihr im Grundgesetz zugewiesen wird, hinaus. Hier heißt es nämlich im Artikel über die Freiheitsrechte lediglich: »Jeder hat das Recht auf Leben und körperliche Unversehrtheit« (Art. 2, Abs. 2). Das Recht auf Erhaltung der Gesundheit wird unter den im Grundgesetz verankerten Grundrechten nicht aufgeführt[3], obwohl die Gesundheit zu jenen objektiven Faktoren zählt, die als Voraussetzung für die »freie Entfaltung der Persönlichkeit« unabdingbar sind. Überdies liegt der Studie ein Gesundheitsbegriff zugrunde, der nicht nur individuell-persönliches Wohlbefinden, sondern auch gesellschaftliche Einflüsse impliziert. Denn Gesundheit wird hier als »das Vermögen jedes Menschen« verstanden, »gegenwärtig und ungefährdet diejenigen

Funktionen störungsfrei zu erfüllen, die ihm im Rahmen seiner gesellschaftlichen Bezüge zukommen«[4].
Solche Vorbemerkungen verblassen allerdings in dem Maße, wie historische Konkretionen eliminiert und zeitlose Sätze gleichsam als Definition ausgegeben werden. Die Leitsätze, die sich wie auch die Gesundheitsdefinition der World Health Organization[5] nicht aus der je gegenwärtigen Entwicklung der gesellschaftlichen Zusammenhänge, Widersprüche und Abhängigkeitsverhältnisse ableiten, laufen folglich Gefahr, entweder als Zierde eines desolaten Zustandes akzeptiert oder als idealistische Utopie abgetan zu werden. In beiden Fällen verfehlten sie ihre ursprüngliche Absicht. Wesentliche Fragen bleiben daher offen – wie: Von wem und auf welche Weise werden die ökonomischen Voraussetzungen zur Erhaltung und Wiederherstellung von Gesundheit geschaffen? Nach welchen Prinzipien werden die Mittel für Gesundheitssicherung verteilt und konsumiert? Welche sozialen und politischen Interessengruppen haben maßgeblichen Einfluß auf die Planung, Lenkung und Kontrolle des Gesundheitswesens? Oder: Was sind die gesellschaftlichen Ursachen für die ungleiche Vorsorge- und Behandlungsmöglichkeiten der verschiedenen gesellschaftlichen Klassen und Schichten? Obwohl diese übergreifenden Probleme in der Studie nicht ausgeführt werden, liefert sie dennoch aufschlußreiches Material, welches es zu vertiefen gilt.

Zur ambulanten ärztlichen Versorgung

In den fünfziger und sechziger Jahren hat sich die Situation der ambulanten ärztlichen Versorgung für die bundesrepublikanische Wohnbevölkerung deutlich verändert[6] (siehe Tabelle 11).
Diese Daten zeigen, daß seit 1952 die niedergelassenen Ärzte stärker zugenommen haben als die Wohnbevölkerung. Während 1952 auf 1181 Bewohner in der Bundesrepublik 1 niedergelassener Arzt kam, waren es 1975 1110 Bewohner. In den 60er und Anfang der 70er Jahre hatten wir eine Verschlechterung dieses Verhältnisses. Hier versorgte 1 niedergelassener Arzt 1167 bis 1196 Bewohner. Der Anstieg der ambulant tätigen Ärzte ist vor allem auf die Zunahme der niedergelassenen Fachärzte zurückzuführen. 1965 hatte 1 Facharzt noch 2799 Bewohner zu betreuen, während es 1975 nur noch 2206 waren. Hingegen hat sich die Versorgung durch Allgemeinärzte verschlechtert. 1965 kam auf

Tabelle 11

	1952	1960	1965	1970	1975
niedergel. Ärzte	42 886	49 225	50 215	50 731	55 692
Wohnbevölkerung (in Tausend)	50 640	55 433	58 619	60 651	61 829
Arztdichte					
niedergel. Ärzte insgesamt	1:1 181	1:1 126	1:1 167	1:1 196	1:1 110
niedergel. Allgemeinärzte	—	—	1:2003	1:2166	1:2235
niedergel. Fachärzte	—	—	1:2799	1:2668	1:2206

Zusammengestellt nach: Statistisches Bundesamt, Fachserie A, Bevölkerung und Kultur, Reihe 7, Gesundheitswesen, Jahresbände; *Statistisches Bundesamt,* Fachserie 12, Gesundheitswesen, Reihe 5, Berufe des Gesundheitswesens 1975; *Wirtschaft und Statistik; Statistisches Jahrbuch für die Bundesrepublik Deutschland.*

2003 Bewohner 1 Allgemeinarzt, 1975 waren es bereits 2235. Insgesamt heißt das, daß die allgemeinmedizinische ambulante Versorgung der Bevölkerung zurückgegangen ist, während die ambulante Versorgung durch spezialisierte Ärzte zugenommen hat. Hinzu kommt, daß keineswegs von einer gleichmäßigen Verteilung der niedergelassenen Ärzte ausgegangen werden kann.

Die niedergelassenen Ärzte konzentrieren sich in zunehmendem Maße in den Innenbezirken der Großstädte und in den Kernzonen industrieller Ballungsgebiete, so daß hier die Versorgung der Bevölkerung relativ verbessert wird.

Tabelle 12 Die medizinische Versorgung in Stadt- und Landkreisen 1971 (ohne West-Berlin)[7]:

pro 10 000 Einwohner	BRD	Stadtkreise	Landkreise
Krankenbetten in Akutkrankenhäusern	75,1	111,1	55,9
Praktische Ärzte	5,0	6,0	4,5
Niedergelassene Fachärzte	4,1	7,0	2,5
Zahnärzte	4,6	6,3	3,7

Dagegen sind immer weniger Ärzte bereit, Praxen in Neubaugebieten der städtischen Außenbezirke und der Randzonen von Ballungsgebieten zu eröffnen. Die chronische Unterversorgung in ländlichen Gebieten ist hinreichend bekannt. Der Mindestfehlbestand läßt sich allein anhand der Ausschreibungen von Kassenarztstellen auf ca. 4 Prozent nicht besetzter Praxen schätzen[8]. Für diesen Mangel werden vor allem folgende Merkmale der Landpraxis – gemessen an den Bedingungen der städtischen Praxis – immer wieder genannt: geringere Honorare, unregelmäßige Arbeitszeiten (Not- und Nachtdienst), längere und unbequemere Wege bei Patientenbesuchen sowie ungünstigere Ausbildungsmöglichkeiten für Kinder. Die Kassenärztlichen Vereinigungen – zur Sicherstellung der ärztlichen Versorgung verpflichtet – versuchen seit einiger Zeit, durch »marktkonforme Maßnahmen« – wie Kredite, Zuschüsse und Einkommensgarantien – die Niederlassung von Ärzten in unterversorgten Regionen zu fördern. So wird für dringlich zu besetzende Kassenarztsitze in der Anlaufzeit eine Umsatzgarantie von 100000 DM im Jahr gewährt. Unabhängig davon können als Starthilfe zinslose Kredite bis zu 30000 DM oder auch Zinszuschüsse für anderweitig beschaffte Darlehen in Anspruch genommen werden. Überdies erhalten Ärzte in ländlichen Gebieten einen 50prozentigen Zuschlag zum Erstbesuch sowie eine Bereitschaftsdienstpauschale[9]. Trotz dieser hohen finanziellen Anreize war es nicht möglich, die ungleiche regionale Verteilung der niedergelassenen Ärzte zu beheben. Daher wurden vom Hessischen Sozialminister auch weitergehende Möglichkeiten erwogen: »Sollte zur Sicherstellung der ärztlichen Versorgung die Einschaltung weiterer Krankenhäuser (außer den bereits einbezogenen Universitätskliniken) notwendig sein, so könnte dies im Einzelfall durch den Abschluß sogenannter Institutsverträge geschehen. Eine generelle Öffnung der Krankenhäuser für ambulante Behandlung würde eine Änderung der Reichsversicherungsordnung voraussetzen.«[10] Die Ungleichheit der ärztlichen Versorgung auf dem Land und in der Stadt ist ein Symptom dafür, daß das Recht auf freie Niederlassung private Interessen über gesellschaftliche Bedürfnisse stellt. Dies ist ein charakteristischer Zug der erwerbswirtschaftlichen Gesellschaftsordnung. Daher ist auch die Konzentration der Ärzte in industriellen Ballungsgebieten Ausdruck einer allgemein gesellschaftlichen Entwicklung. In dem Maße, wie sich nämlich das private Produktionsvermögen regional zentralisiert, folgen auch die Ärzte dem Weg des Kapitals, das dort zusammenfließt, wo die Rendite am höchsten ist.
Obwohl indessen die ärztliche Einzelpraxis de jure kein Gewerbe

ist[11] und demzufolge auch der Gewerbeordnung nicht unterliegt, was besondere Steuervorteile (Befreiung von Gewerbe- und Umsatzsteuer) mit sich bringt, wird zum Zwecke der Vermehrung von privatem Aufwand in Arbeitskräfte und Arbeitsmittel investiert. Das heißt, der finanzielle Aufwand muß sich – allerdings unter Einsatz der eigenen qualifizierten ärztlichen Arbeit – in einem bestimmten Zeitraum rentieren. Dieses wirtschaftliche Interesse des niedergelassenen Arztes, das von den Formen einer spezifischen Konkurrenz nicht völlig abgehoben werden kann, kollidiert zuweilen mit jenem übergeordneten Satz der Bundesärzteordnung: »Der Arzt dient der Gesundheit des einzelnen Menschen und des gesamten Volkes« (§ 1 Abs. 1). So zeigt sich nämlich, daß niedergelassene Ärzte gehalten sind, ihre Instrumente in der Regel so lange wie möglich wirtschaftlich zu nutzen, selbst wenn diese dabei veralten. Nach Auffassung des Bundesgesundheitsamtes ist z. B. »die Durchleuchtung mit herkömmlichen Geräten wegen der Strahlenbelastung heute nicht mehr zu vertreten. Mit modernen Verfahren der Bildverstärkung läßt sich die Belastung stark reduzieren. Die Anschaffung verursacht jedoch hohe Kosten«[12], und einige Jahre später stellte der Technische Überwachungs-Verein in seinem Prüfbericht sogar fest, daß mehr als 62 Prozent der Röntgenanlagen von praktizierenden Ärzten Mängel aufwiesen[13]. Dieser Tatbestand verdeutlicht den grundlegenden Widerspruch zwischen dem privatwirtschaftlichen Interesse einerseits und dem abstrakten humanistischen Anspruch im ärztlichen Handeln andererseits. Darüber hinaus bestätigt sich auch, daß die Tätigkeit der niedergelassenen Ärzte vorwiegend an medizinisch-technischen Verrichtungen – wie Laboruntersuchungen oder der Verordnung von Medikamenten – orientiert ist, während der individuellen Beratung oder der Behandlung neurotischer Patienten in der Regel nur geringe Bedeutung beigemessen wird, obwohl inzwischen bekannt ist, daß bis zu 50 Prozent der ambulanten Patienten über solche Beschwerden klagen. Dieser Zustand beruht sowohl auf einer bislang fehlenden psychosomatischen Ausbildung der praktizierenden Ärzte als auch auf der spezifischen Struktur der ärztlichen Gebührenordnung (GOÄ), die zwar erst 1965 in Kraft trat, aber in ihren Grundzügen auf dem Entwicklungsstand der Medizin in den zwanziger Jahren aufbaut. Lange Zeit wurden technische Leistungen – wie operative Eingriffe, Injektionen oder instrumentelle Messungen –, die früher schwierig und gefährlich waren und einen hohen Zeitaufwand erforderten, besonders gut honoriert. Gewiß haben solche wirtschaftlichen Stimulantien zur Entwicklung der Chirurgie und

inneren Medizin nicht unerheblich beigetragen und verhalfen dem technologischen Fortschritt auch in der Medizin zum Durchbruch; heute hingegen erfüllt das gleiche beibehaltene Prinzip retardierende Funktionen, da sich aufgrund neuer technischer und biochemischer Möglichkeiten weiterhin existierende Krankheiten rationeller diagnostizieren und behandeln lassen. Zugleich hat eine Veränderung des Profils der Erkrankungen und damit auch des Bedarfs an therapeutischen Leistungen stattgefunden. Hier zeigt sich, wie ein und dasselbe »fact« völlig verschiedene Inhalte einzulösen vermag, so daß auf geschichtlich-gesellschaftliche Explikationen nicht verzichtet werden kann, wenn die reale Bedeutung scheinbar isolierter Tatsachen ermittelt werden soll.
Die aufwendigen apparativen Neuerungen, Rationalisierungen und Formen der zeitsparenden Kooperation haben sich innerhalb der Medizin zunächst aus wirtschaftlichen und politischen Gründen im Krankenhaus durchgesetzt, da die Anschaffung solcher Geräte, deren Bedienung überaus spezielle Kenntnisse erfordert, unter dem Gesichtspunkt der Rentabilität für einzelne niedergelassene Ärzte kaum diskutabel war. Hinzu kommt, daß der engere Zusammenschluß »frei« praktizierender Ärzte bis Mitte der sechziger Jahre gesetzlich verhindert wurde. Daher bahnen sich vorab in den Krankenhäusern, Institutionen stationärer medizinischer Praxis, jene Möglichkeiten an, die heute für eine gezielte medizinische Diagnostik sowie eine wirksame Prophylaxe notwendig werden. In bundesrepublikanischen Krankenhäusern, die mit Ausnahme der Universitätskliniken keine Ambulanzen haben, ist differenzierte Diagnostik in der Regel aber nur in Form eines stationären Aufenthaltes möglich – selbst dann, wenn dafür keine medizinische Indikation vorliegt. Dieser Tatbestand, der den Widerspruch der materiellen medizinischen Produktivkraftentwicklung mit deren gegenwärtigem gesetzlichen Rahmen dokumentiert, ist Resultat privater wirtschaftlicher Interessen, die politisch abgesichert werden. Die Standesorganisationen der niedergelassenen Ärzte konnten nämlich bislang erfolgreich verhindern, daß das Krankenhaus in Konkurrenz zur ärztlichen Praxis getreten ist. Das bewirkt allerdings eine erhebliche Verteuerung der diagnostischen Krankenversorgung, weshalb in der Bundesrepublik zu Beginn der 70er Jahre drei Modelle differenzierter ambulanter Diagnostik und Vorsorge diskutiert werden: *die gewerblichen Modelle, das standespolitische und das gewerkschaftliche Modell.*

Gewerbliche Modelle

Die gewerblichen Modelle existieren heute in ihrer ursprünglichen Form nicht mehr: So wurde die *Deutsche Klinik für Diagnostik* Ende 1973 in eine Stiftungs-GmbH umgewandelt, an der das Land Hessen mit 60, die Kassenärztliche Vereinigung Hessen mit 30 und die Landesärztekammer Hessen mit 10 Prozent beteiligt ist[14]; das *Deutsche Zentrum für Medizinische Vorsorge* ging Konkurs, und das Projekt *Diagnostikklinik am Tegernsee* wurde nicht realisiert. Dennoch sollen diese Modelle hier dargestellt werden, da sie in anderen kapitalistischen Ländern florieren und die Bundesrepublik keineswegs davor gefeit ist, daß sich solches in ähnlicher Weise wiederholt.

Die gewerblichen Modelle waren Unternehmen, die nach der Rechts- und Eigentumsform der Aktiengesellschaft aufgebaut waren oder als Kommanditgesellschaften mit einer Kapitalgesellschaft als Komplementär firmierten (GmbH und Co. KG). Wirtschaftlich ging es dabei um die optimale Verwertung von privatem Vermögen, das um so rentabler investiert werden kann, je konkurrenzfähiger die Unternehmen auf dem Gesundheitsmarkt auftreten. Sie waren ferner berechtigt, den Absatz ihrer immateriellen Waren durch systematische Werbung zu steigern[15], woraus ihnen gegenüber den niedergelassenen Ärzten Marktvorteile erwuchsen, da diesen jegliche Anpreisung untersagt ist. Allerdings wurden sie auch einer andersartigen Besteuerung unterzogen, die zum Beispiel in der Entrichtung von Mehrwertsteuer zum Ausdruck kam. Überdies wurde das Arbeitsverhältnis jener gewerblichen Institution in der Regel durch die Trennung von Kapitaleignern und Beschäftigten geprägt. Während der Arzt in der Praxis noch Eigentümer seiner Arbeitsmittel ist und den Arbeitsablauf weitgehend selbst bestimmt, werden Ärzte in einer Kapitalgesellschaft als Abhängige, die für Private arbeiten, angestellt.

Die *Deutsche Klinik für Diagnostik (DKD)* in Wiesbaden, das erste Modell gewerblich-ambulanter Diagnostik, nahm am 2. April 1970 ihre Arbeit auf. Sie wurde zunächst als Aktiengesellschaft betrieben. Die Siemens AG – ein Konzern, der auch medizinische Geräte herstellt – war mit 26 Prozent am Klinikaktienkapital beteiligt[16]. Die Allianz Lebensversicherung[17] – interessiert am wissenschaftlichen Ausbau der medizinischen Vorsorge – hatte einen weiteren Teil der Aktien übernommen, und der hessische Staat partizipierte mit einer Ausfallbürgschaft von 8 Millionen DM. Die diagnostischen Apparate wurden nach dem

Leasingverfahren gemietet, um sie stets auf dem aktuellen wissenschaftlichen und wirtschaftlichen Stand zu halten. Die angestellten Ärzte hatten in der Regel ihre Facharztanerkennung und waren kooperationsrechtlich gleichberechtigt. Einige Assistenzärzte, die noch in der Fortbildung waren, erhielten nach zweijähriger Tätigkeit an der Klinik, d. h. gegebenenfalls bereits vor Abschluß ihrer Facharztweiterbildung, das Stimmrecht in der ärztlichen Vollversammlung, die nach den Statuten der Klinik den ärztlichen Verwaltungsrat wählte[18]. – Die Kosten für eine Grunduntersuchung wurden bei der Planung mit durchschnittlich 600 DM veranschlagt[19]. Mitte 1971 hingegen betrugen sie bereits zwischen 1 600 und 2 000 DM[20]. – In der Wiesbadener Diagnostikklinik arbeiteten zu Anfang 49 Fach- und 9 Assistenzärzte[21]. Die Diagnosen wurden durchschnittlich in vier Tagen gestellt, und die Wartezeit betrug etwa zwei Monate. – Als Äquivalent für die Ausfallbürgschaft vereinbarten das Land Hessen und die Gründer der Diagnostikklinik die Untersuchung von 30 Prozent Sozialversicherten[22], obwohl im März 1970 etwa 88 Prozent der Bevölkerung der Bundesrepublik in der sozialen Krankenversicherung waren[23]. Nach Ablauf eines Jahres stellte sich heraus, daß der Anteil an Sozialversicherten, die der kassenärztlichen Überweisungspflicht unterliegen, nur 10 Prozent betrug[24]. Die Privatpatienten setzten sich zusammen aus 40 Prozent leitenden Angestellten und höheren Beamten, 40 Prozent Selbständige und Angehörige freier Berufe, 15 Prozent kamen aus besonders einkommensstarken Gruppen und 5 Prozent waren Patienten mit geringerem Einkommen[25]. Es wurde empfohlen, leitende Angestellte größerer Betriebe über Standard-Verträge regelmäßig vorsorglich untersuchen zu lassen. Die zweite Untersuchung, die auf schon vorhandenen Befunden aufbaute, war dann entsprechend billiger. 20 bekannte Großunternehmen hatten von solchen Standard-Verträgen Gebrauch gemacht, und 70 weitere standen bereits auf Wartelisten[26].

Ein weiteres Projekt sollte die *Diagnostikklinik am Tegernsee*[27] werden. Sie wurde als GmbH und Co. KG geplant. Daran waren ebenfalls die Siemens AG und Philips beteiligt. Das angebotene Kommanditkapital betrug 36 Millionen DM. Die Diagnostikklinik am Tegernsee sollte als private Krankenanstalt nach § 75 der Einkommenssteuer-Durchführungsverordnung betrieben werden und sollte so in den Genuß höherer Sonderabschreibungen kommen. Durch eine entsprechende gesetzliche Regelung war sie auch von anderen Steuern, u. a. der Mehrwertsteuer befreit. Sie hätte damit nicht unerhebliche Wettbewerbsvorteile erhalten. Bis zu 100000 DM konnten steuerwirksam gezeichnet werden. Das ausschüttungsfähige Bruttoergebnis sollte für reguläre Geschäftsjahre nach einem Gutachten der Deutschen Revisions- und Treuhand AG voraussichtlich 15,6 Prozent (bezogen auf das Kommanditkapital) betragen. Dazu kamen Tilgungsgewinne sowie die Befreiung der Gesellschafter von der Vermögenssteuer. Rechnet man weiter eine Wertsteigerung des Immobilienbesitzes von etwa 3,9 Prozent hinzu, so wäre man auf eine Rendite von über 20 Prozent gekommen. – Die Diagnostikklinik am Tegernsee war für eine Jahreskapazität von 18000 Patienten geplant und sollte sich nicht nur auf die Erstellung von Diagnosen beschränken. Die mittlere Durchlaufzeit wurde mit 2,8 Tagen veranschlagt. 40 Prozent der Patienten sollten zu Sätzen der Sozialversicherung untersucht und behandelt werden. Im Gegensatz zur Deutschen Klinik für Diagnostik in Wiesbaden war hier eine Zuweisung durch die Sozialversicherung nicht mehr erforderlich.

Das deutsche Zentrum für medizinische Vorsorge (dzm) in Frankfurt am Main arbeitete bereits als GmbH und Co. KG. Neben der Siemens AG waren hier auch Banken beteiligt. Offeriert wurde nicht eine Abschreibungsgesellschaft, sondern eine Unternehmensbeteiligung, die »gezielt auf hohe Bruttogewinne ausgerichtet ist« und deren Rendite »wohl weit über die im Prospekt mit aller Vorsicht getaxten 12 bis 15 Prozent hinausgehen dürfte«[28]. Ein Viertel der Kapitalmenge war in den Händen der Ärzte, die dort tätig waren[29]. In dem Zentrum arbeiteten – zum Teil nur stundenweise – 5 Ärzte. Es wurden eine ausführliche Anamnese erhoben sowie 50 verschiedene Einzeluntersuchungen in drei Stunden durchgeführt[30]. Die Beurteilung der Ergebnisse und die Erhebung der Diagnose wurde den Haus- und Fachärzten überlassen. Hier konnten im Jahr 25000 Personen zum Durchschnittspreis von 350 DM untersucht werden[31]. »Von den Probanten, die erwartet werden, gehört voraussichtlich ein Teil... zu dem Personal bestimmter Firmen, die jene Relation begriffen haben, die zwischen den Kosten für eine Vorsorgeuntersuchung und den Summen bestehen, die als Ausfall zu verbuchen sind, wenn Mitarbeiter erkranken für lange Zeit oder gar endgültig als Arbeitskräfte ausfallen«[32]. Gleiche Einrichtungen wurden auch für München, Stuttgart, Hamburg und Essen geplant.

Betrachtet man die Patienten solcher Institutionen, so zeigt sich, daß das bestehende Angebot an medizinischen Einrichtungen der ambulanten Diagnostik und Vorsorge sowohl den Ansprüchen des Kapitals gegenüber seinen qualifiziertesten Funktionären als auch dem Gesundheitsbedürfnis der Unternehmer selbst nicht mehr genügte. Zugleich eröffnete sich hier ein Arbeitsbereich, der für die Verwertung von Kapital in dem Maße interessant wurde, wie durch Rationalisierung diagnostischer Maßnahmen die Arbeitsproduktivität enorm erhöht werden konnte. Das äußerte sich besonders deutlich in überdurchschnittlich hoch kalkulierten Gewinnchancen.

Die gewerblichen Modelle konnten sich nicht durchsetzen, da die Quote der sozialversicherten Patienten, die dort behandelt wurde, zu gering blieb. Dies hing nicht zuletzt mit dem massiven Widerstand der Kassenärzte, die als Zulieferer von sozialversicherten Patienten gedacht waren, zusammen. Die Kassenärzte sahen nämlich in diesen Modellen eine starke wirtschaftliche Konkurrenz, da sie sich genau in dem Bereich, dem apparativ-instrumentellen, betätigten, der nach der ärztlichen Gebührenordnung am lukrativsten honoriert wurde. Das Potential an selbstzahlenden Patienten indessen war zu gering, um den wirtschaftlichen Niedergang zu verhindern, denn in der Bundesrepublik waren zu diesem Zeitpunkt immerhin etwa 88 Prozent der Bevölkerung sozialversichert.

Standespolitische Modelle

Die zunehmende Arbeitsbelastung durch neue diagnostische Methoden, die Konkurrenz durch gewerblich betriebene ambulante Einrichtungen und gesundheitspolitische Forderungen nach Ambulatorien führten dazu, daß die ärztliche Praxis in den letzten Jahren spürbar rationalisiert wurde und zu Formen arbeitsfähiger und wirtschaftlicher Kooperation drängte. Dabei lassen sich folgende standespolitische Modelle ärztlicher Zusammenarbeit in *Gruppenpraxen* unterscheiden:[33]

- *Apparategemeinschaft:* Hier schließen sich niedergelassene Ärzte zur gemeinsamen Nutzung von diagnostischen und therapeutischen Einrichtungen und Personal unter Beibehaltung der eigenen Klientel und mit eigenständiger Abrechnung zusammen. Charakteristisch für diese lockere Form der Zusammenarbeit ist, daß die einzelnen Praxen selbst nicht zusammengelegt werden, sondern lediglich die kapitalintensive Laboratoriumsdiagnostik. Die Apparategemeinschaft bedurfte – wie es heißt – »nie irgendeiner Genehmigung durch die Ärztekammer; sie war nicht einmal meldepflichtig«[34].

- *Praxisgemeinschaft:* Zu der gemeinsamen Nutzung von Personal und Geräten wird nun die räumliche Zusammenlegung von Praxen der gleichen oder verschiedener Fachrichtungen. Jeder Arzt behält seine eigene Klientel und rechnet selbständig mit der Kassenärztlichen Vereinigung ab – wenngleich zumeist vertraglich Konsultationspflicht und Honorarausgleich vereinbart werden.
- *Gemeinschaftspraxis:* Ärzte des gleichen Fachgebiets betreuen bei dieser Form eine gemeinsame Klientel in einer gemeinsamen Praxis. Die Gemeinschaftspraxis stellt von allen ärztlichen Kooperationsformen den engsten Zusammenschluß gemeinschaftlicher ärztlicher Berufsausübung dar. Daraus ergibt sich eine rechtliche Sonderstellung, denn die Gemeinschaftspraxis muß als Einheit zur Kassenpraxis zugelassen werden.
- *Arzteigene Arztzentren*[35] und *Praxisklinik:* Ein arzteigenes Arztzentrum wurde von der »Ärztefonds GmbH« in Hamburg geplant. Mit dieser GmbH als persönlich haftendem Gesellschafter sollte eine Kommanditgesellschaft entstehen, an der sich jeder der rund 1850 Hamburger Kassenärzte als Kommanditist mit einer festen Einlage und/oder durch Ansparen mit einem prozentualen Anteil seines kassenärztlichen Honorars beteiligen kann und soll. »Wenn jeder Hamburger Kassenarzt nur zwei Prozent seines kassenärztlichen Honorars investiert«, heißt es, »werden dem Ärztefonds jährlich rund vier Millionen DM zufließen, genug, um jährlich ein Arztzentrum im Wert von etwa 15 bis 20 Millionen DM zu erstellen.«[36] Die Rendite sollte hier allerdings nur fünf Prozent betragen. Nach fünf Jahren sollte jeder in dem Zentrum praktizierende Arzt die Möglichkeit erhalten, seinen Arbeitsplatz und Teile der gemeinschaftlichen Einrichtung als Eigentum erwerben zu können. Als Partner für die finanztechnische Durchführung hatte sich die standeseigene Deutsche Apotheker- und Ärztebank[37] zur Verfügung gestellt. – In einem Arztzentrum sollen etwa 8 bis 20 Ärzte verschiedener Fachrichtungen zusammenarbeiten. Es wurde geplant, dem Arztzentrum eine kleine Bettenstation anzugliedern, damit auch stationäre Untersuchungen durchgeführt werden können. Ferner sollten Alterswohnungen, eine Notdienstzentrale und Arbeitsplätze für Zahnärzte und Apotheker eingerichtet werden. Das Hamburger Arztzentrum stand im November 1976 kurz vor seiner Fertigstellung. Es wurde mit einer Belegbettenstation von 84 Betten ausgestattet und soll als *Praxisklinik* geführt werden[38].

Unter *Praxiskliniken* sind Gruppenpraxen zu verstehen, denen stationäre Behandlungsmöglichkeiten angegliedert sind, so daß ambulante Patienten im Rahmen der Grund- und Regelversorgung weiterbehandelt werden können – also eine Kombination von Gruppenpraxis und Krankenhaus. Die Praxisklinik ist die Parallele der Gruppenpraxis zum Belegarzt[39].

In der Bundesrepublik bestanden 1971 etwa 60 Apparategemeinschaften, 150 Praxisgemeinschaften und 30 Gemeinschaftspraxen[40] – letztere machen in den USA allein 12 Prozent aller Praxen aus. Der Grund dafür ist die Tatsache, daß in der Bundesrepublik Gemeinschaftspraxen bis 1965 »strikt verboten«[41] und bis 1968 seitens der Ärztekammern genehmigungspflichtig waren. Erst der 71. Deutsche Ärztetag ergänzte die Berufsordnung der Ärzte durch folgende Sätze: »Der Zusammenschluß von Ärzten zur gemeinsamen Ausübung des Berufs, zur gemeinschaftlichen Nutzung von Praxisräumen, diagnostischen und therapeutischen Einrichtungen ist der Ärztekammer anzuzeigen. Bei einem derartigen Zusammenschluß ist dem Wunsch des Patienten auf Behandlung durch einen bestimmten Arzt innerhalb der Arztgemeinschaft Rechnung zu tragen.«[42] Damit ist die Gemeinschaftspraxis seit 1968 gegenüber der Ärztekammer nur noch anzeigepflichtig. Die standespolitische Zurückhaltung gegenüber dieser Form der ärztlichen Kooperation wich in den letzten Jahren einer lebhaften Propagierung: der Marburger Bund, der Hartmannbund und die Vereinigung niedergelassener Ärzte gründeten sogar eine »Beratungsstelle ärztlicher Gruppenpraxis«.

Resultat dieser Aktivitäten ist, daß Ende 1975 im Bundesarztregister 1131 Gemeinschaftspraxen mit 2301 Ärzten registriert werden konnten. Die Gemeinschaftspraxen bestanden im Durchschnitt allerdings nur aus zwei Ärzten, vornehmlich Ehepaaren[43].

Von den gegenwärtig bestehenden Gesellschaftsformen werden für die Gruppenpraxis die GmbH oder eine GmbH und Co. KG empfohlen, da hier die Haftung nach außen beschränkt ist. Unterstützung erhofft man sich – vor allem auf dem Gebiet der Besteuerung – von dem Entwurf eines Partnerschaftsgesetzes, das im Bundestag bereits eingebracht wurde. Mit diesem Gesetzentwurf soll eine neue, auf die spezifischen Bedürfnisse der »freien Berufe« zugeschnittene und nur für diese zugelassene Gesellschaftsform entstehen, in der die Haftung bei Tätigkeiten beschränkt ist, die nicht zur Berufsausübung gehören, in der Steuerfreiheit für Leistungen bestehen soll, die innerhalb und von der Partnerschaft erbracht werden und in der die selbständige, eigenverantwortliche und leitende Berufstätigkeit erhalten bleibt[44].

Als neue standespolitische Variante wurde in den letzten Jahren vom Marburger Bund die *Beteiligung von Krankenhausfachärzten* an der ambulanten Krankenversorgung wiederholt gefordert. Hier wird also nicht die Linie über Belegarzt und Praxiskliniken in das Krankenhaus verfolgt, sondern der umgekehrte Weg vor-

geschlagen. Diese Vorstellungen orientieren sich an dem holländischen Gesundheitssystem und wurden auch im Krankenversicherungs-Kostendämpfungsgesetz von 1977 partiell berücksichtigt[45].
Die standespolitischen Vorstellungen reichen also von der Rationalisierung der Einzelpraxis bis hin zu arzteigenen Arztzentren, die wie die gewerblichen Modelle als GmbH und Co. KG geführt werden können. Hier wird der Versuch unternommen, die in der gewerblichen materiellen und immateriellen Produktion längst vollzogenen wirtschaftlichen und betrieblichen Zusammenschlüsse auch auf Einrichtungen der ambulanten Krankenversorgung auszuweiten. Während im Zuge jener Entwicklung allerdings die Selbständigkeit kleiner Unternehmer oder einfacher Warenproduzenten meist verlorenging und diese zunehmend in die soziale Gruppe der abhängig Beschäftigten absanken[46], sind die standespolitischen Vorschläge, die partiell genossenschaftlichen Charakter haben, das verzweifelte Unterfangen, aufzuhalten, was sich langfristig kaum aufhalten läßt.
Selbst der genossenschaftliche Zusammenschluß zum Schutz vor dem völligen Verlust der individuellen Autonomie wird hier nur kurzfristig Linderung schaffen können. Solche Kooperationsformen konnten sich nämlich – wie die Geschichte des Genossenschaftswesens zeigt – in der Regel nur als Übergangseinrichtungen halten, bevor sie in den Prozeß der Kapitalverwertung integriert wurden.

Das gewerkschaftliche Modell

Am 18. September 1971 referierte *Gerd Muhr*, stellvertretender Vorsitzender des Deutschen Gewerkschaftsbundes, auf der Jahreshauptversammlung des Verbandes der niedergelassenen Ärzte (NAV) über das Thema: Sozial- und Gesundheitspolitik im Wandel – Vorstellungen des DGB zur Weiterentwicklung. Er kündigt hier bereits an, daß der DGB der Öffentlichkeit in Kürze ein umfassendes gesundheitspolitisches Programm vorlegt, in welchem der ambulanten ärztlichen Versorgung besondere Beachtung beigemessen werden soll. In seinem Vortrag ging er davon aus, daß die Anforderungen, die der »medizinisch-technische Fortschritt und das gestiegene Sicherheitsbedürfnis der Bevölkerung« gegenwärtig an die ärztliche Praxis stellen, nach neuen

Organisations- und Kooperationsmethoden verlangen, die eine größere Effektivität gewährleisten. Im Gegensatz zu den standespolitischen Vorstellungen der Ärzteorganisationen vertrat er die These, daß auch die Form der gemeinschaftlichen Praxisausübung dem heutigen Stand der medizinischen Entwicklung nicht mehr genüge; es sei vielmehr bereits eine Stufe erreicht, die einen noch stärkeren Konzentrationsgrad für spezifische Bereiche der ärztlichen Tätigkeit – wie die Vorsorge, Früherkennung und differenzierte Diagnostik für akut Kranke – notwendig mache. Solche Funktionen ließen sich am wirksamsten in *Medizinisch-Technischen Zentren (MTZ)* durchführen, deren Ergebnisse sowohl der ambulanten als auch der stationären Diagnostik und Behandlung zugänglich sein müßten. Aufgrund der dadurch gewonnenen Zeit könne sich dann vor allem der niedergelassene Arzt in erhöhtem Maße der Beratung und Behandlung seiner Patienten zuwenden und brauche »nicht sein eigener Techniker und Laborant zu sein«. Medizinisch-Technische Zentren, die »im Rahmen der kassenärztlichen Versorgung als Gemeinschaftsaufgabe von Sozialversicherungen, kassenärztlichen Vereinigungen und Krankenhäusern«[47] zu errichten wären, betrachtete Muhr zugleich als Gegeninstitutionen zu den gewerblichen medizinischen Unternehmen. Deshalb forderte er die Kassenärzte und Krankenkassen zum gemeinschaftlichen Vorgehen mit dem DGB auf: »Kassenärzteschaft und Krankenkassen müßten mit uns in der Feststellung einiggehen, daß mit der Errichtung von Früherkennungs- und Diagnostikzentren auf privatkapitalistischer Basis in immer stärkerem Umfang Gewinnmaximierungstendenzen in den zweifelsfrei zukunftsträchtigen Zweig der Medizin einfließen und daß dies sicher nicht der richtige Weg zu einer optimalen Versorgung der Bevölkerung ist[48].«
Inzwischen wurde vom Wirtschafts- und Sozialwissenschaftlichen Institut des DGB die Studie über die Gesundheit in der Bundesrepublik Deutschland vorgelegt, in welcher ebenfalls davon ausgegangen wird, daß ein Teil der ambulanten Versorgung nur noch in medizinischen Großeinrichtungen zu gewährleisten ist. Hierfür kommen nach Ansicht der Autoren Gemeinschaftspraxen mit etwa 20 angestellten Ärzten oder Medizinisch-Technischen Zentren in Frage, die mit Hilfe kommunaler Investitionsförderungen errichtet werden könnten. Es wird geplant, Medizinisch-Technische Zentren sowohl neu zu errichten als auch aus den bestehenden diagnostischen Einrichtungen der Krankenhäuser hervorgehen zu lassen. Die zusätzliche Benutzung der Apparate in Krankenhäusern bietet sich schon deshalb an, weil beste

diagnostisch-technische Ausrüstungen nicht selten nur vormittags ausgelastet sind und für den Rest des Tages brachliegen. Das betrifft vor allem aufwendige Röntgen- und EKG-Geräte, aber zunehmend auch das Labor, denn die Kapazität eines großen Autoanalyzers (z. B. SMA 12/60) übersteigt bereits den Bedarf selbst des größten bundesrepublikanischen Krankenhauses. Daher werden die Medizinisch-Technischen Zentren über präventive Funktionen hinaus auch für diagnostische Aufgaben in engerem Sinne geplant.

Die Einordnung dieser Institutionen in die ambulante Praxis läßt sich nach folgendem Modus vorstellen: Der Patient konsultiert zunächst den niedergelassenen Arzt, der aufgrund der Anamnese und der klinischen Untersuchungen eine vorläufige Diagnose stellt. Anschließend wird der Patient an ein MTZ überwiesen, wo ein Standardprogramm von etwa 20 Teiluntersuchungen durchgeführt wird. Die Ergebnisse erhält der Arzt innerhalb von 24 bis 48 Stunden, damit er dann seine diagnostischen Vorstellungen vervollständigen und die Therapie einleiten kann. Das Medizinisch-Technische Zentrum liefert also nur eine Ergebnisniederschrift der Untersuchungsgänge, für deren Korrektheit es die Verantwortung trägt; diagnostische Wertungen sollen dem behandelnden Arzt überlassen und so dessen spezifische Verantwortlichkeit erhalten bleiben. Im Falle der Vorsorge könnte z. B. jeder Staatsangehörige ab 35 Jahre alle zwei bis drei Jahre – oberhalb des 50. Lebensjahres jährlich – einen Scheck erhalten, der zu periodischen Präventivuntersuchungen berechtigt. Um zu verhüten, daß teure Untersuchungen vorzeitig wiederholt werden, wird der Aufbau von medizinischen Dokumentationszentren empfohlen, die mit den MTZ verbunden sind, so daß alle medizinischen Institutionen jeweils auf die zuletzt erhobenen Diagnosedaten zurückgreifen können.

Freilich besteht die Möglichkeit, daß bei der Einrichtung solcher Zentren Schwierigkeiten auftreten, die über technische Reibungen hinaus deren sinnvolle Anwendungen beeinträchtigen. Deshalb müßten von Anfang an übergeordnete Steuerungsmaßnahmen einbezogen werden, die verhindern, daß Ärzte ihre Patienten nicht in das MTZ schicken oder aber die Zentren mehr als notwendig belasten. Die erste Möglichkeit ließe sich dadurch abwenden, daß diagnostisch-technische Leistungen, die das Zentrum billiger zu erstellen vermag, den Ärzten und Krankenhäusern nicht vergütet werden. Die Überbeanspruchung könnte sich indessen mit Hilfe der ärztlichen Selbstverwaltung, wie sie bereits für die Arzneimittel-Verordnung entwickelt wurde, kontrollieren lassen.

Solche potentiellen Konflikte und ihre empfohlenen Steuerungsmöglichkeiten deuten bereits an, daß in dem gewerkschaftlichen Konzept der Zugriff des Staates ein spezifischer Faktor ist, weshalb das Medizinisch-Technische Zentrum auch als das staatliche Modell der differenzierten ambulanten medizinischen Versorgung bezeichnet werden kann. »Die Medizinisch-Technischen Zentren«, heißt es in der Analyse, »sind Teil der gesundheitspolitisch wünschenswerten Infrastruktur. Damit fällt ihre Planung und Finanzierung in den Verantwortungsbereich des Staates[49].« Erfolgt die Investitionsfinanzierung aus öffentlichen Haushaltsmitteln, so kann eine bundeseinheitlich koordinierte regionale Verteilung und technische Ausstattung der Zentren angesteuert und eine systematische Integration in das bestehende System der medizinischen Vorsorge- und Versorgungsinstitutionen ermöglicht werden. Die Verteilung und Ausstattung der Zentren läßt sich dann im Rahmen weitreichender Planungen sowohl nach Gesichtspunkten individueller als auch gesellschaftlicher Daseinssicherung, dem Kern gewerkschaftlicher Forderungen, vornehmen und braucht weniger die Interessen privater Gruppen – gewerblicher wie standespolitischer – zu berücksichtigen.
Das Modell des MTZ ist inzwischen um den Aspekt eines zentralen Informationssystems (ZIS) erweitert worden, das die Kommunikation der in der medizinischen Versorgung Tätigen verbessern und zugleich als Datenbank für alle beteiligten medizinischen Einrichtungen Informationen und Daten sammeln und abrufbereit halten soll. Insgesamt wird dieses Modell heute unter dem Titel *Integriertes System der medizinischen Versorgung (ISMV)* diskutiert. Die wichtigsten Aspekte, die darin angestrebt werden, sind:

- Die Integration aller Gesundheitseinrichtungen eines Gebiets, wobei unterschiedliche regionale Gegebenheiten zu berücksichtigen sind,
- die Zentralisierung der diagnostischen Technik;
- Resultat des ISMV soll eine Reduzierung von Krankenhausbetten und die Verhinderung vermeidbarer Mehrfachuntersuchungen sein;
- die Trägerschaft ist noch weitgehend offen;
- die Leistungen sollen kostendeckend von den Nutzern bezahlt werden[50].

Dieses Modell wurde von Anfang an heftig von den ärztlichen Standesorganisationen angegriffen. Sie sehen darin eine »Übungswiese des Sozialismus«.[51]

Proletarisierung oder Vergesellschaftung der niedergelassenen Ärzte

Wenn sich auch die hier entwickelten Modelle einer differenzierten ambulanten Krankenversorgung – das gewerbliche, das standespolitische und das gewerkschaftliche – aus der Notwendigkeit zunehmender Konzentration und Spezifizierung ärztlicher Arbeitsmittel interpretieren lassen, so implizieren sie gleichwohl unterschiedliche gesellschaftliche Intentionen. Die gewerblichen Modelle (Kapitalgesellschaften) investieren in einem Bereich, der – wie die medizinische Versorgung insgesamt – mit der öffentlichen Hand bereits eng verknüpft ist, zum Zwecke der Vermehrung ihres privaten Vermögens. Damit beginnt sich ein Teil sozialstaaatlicher Funktionen in dem Moment zu reprivatisieren, in dem durch den Übergang von einer arbeitsintensiven zu einer kapitalintensiven Herstellung immaterieller Gesundheitsgüter die Rentabilität erhöht wird. Diese Entwicklung schließt zwar nicht aus, daß unter solchen Bedingungen auch qualifizierte medizinische Dienste erbracht werden können; die Konkurrenz staatlicher Gesundheitseinrichtungen sowie das System der »frei« praktizierenden Ärzte zwingt schließlich dazu. Dennoch bleibt das Grundmotiv gewerblicher Unternehmen ein anderes. In dem Maße, wie gewerbliche Einrichtungen in Bereiche der ambulanten medizinischen Versorgung und Vorsorge eindringen, wird die »freie« ärztliche Praxis gefährdet, denn es entwickelt sich gerade in dem Teil der ambulanten Dienstleistungen, der am günstigsten honoriert wird, ein starker Konkurrent. Noch werden zwar die Leistungen solcher medizinischer Unternehmen nicht generell von den gesetzlichen Krankenversicherungen bezahlt, so daß Sozialversicherte auf die Überweisung durch den Kassenarzt angewiesen sind. Diese Tendenz, die von seiten der ärztlichen Interessenorganisation richtig erkannt wurde, bedeutet in der Tat für die Selbständigkeit der niedergelassenen Ärzte eine ernsthafte Bedrohung, weshalb die ärztlichen Standesorganisationen seit einigen Jahren eine möglichst intensive Kooperation ihrer Mitglieder fordern und unterstützen. Ihr Konzept besteht darin, sich dem Zustrom des außermedizinischen Kapitals durch die Zentralisierung des innermedizinischen Kapitals zu entziehen bzw. zu widersetzen, womit schließlich die Proletarisierung der niedergelassenen Ärzte aufgehalten oder verhindert werden soll.

Folgerichtig wird daher auch für Praxiskliniken eine ähnliche juristische Form wie für das inzwischen Konkurs gegangene

gewerbliche Vorsorgezentrum in Frankfurt gewählt. Es wird allerdings angestrebt, daß sich an Praxiskliniken möglichst viele Ärzte finanziell beteiligen.
Wenn auch die soziale Gruppe der niedergelassenen Ärzte in der Bundesrepublik durch ihre hohen Einkommen äußerst finanzstark ist, so bestehen doch erhebliche Zweifel, daß sie sich gegen weitgehend monopolisierte Wirtschaftsbereiche wie die Elektroindustrie oder Versicherungskonzerne langfristig werden durchsetzen können, zumal sich der wirtschaftliche Zusammenschluß der praktizierenden Ärzte nur äußerst langsam vollzieht.
Das gewerkschaftliche Modell beinhaltete in seiner ursprünglichen Fassung ebenfalls eine zunehmende Aufhebung der wirtschaftlichen Selbständigkeit der ärztlichen Praxis, so daß sie von zwei Seiten – wenn auch mit unterschiedlichen Intentionen – bedrängt wird. Teile der Gewerkschaften vertreten nämlich die Ansicht, daß die Gesundheitsversorgung eine gesellschaftliche Aufgabe ist und deshalb unter der Aufsicht des Staates zu stehen hat. Während die Entwicklung und Ausweitung der privatwirtschaftlichen ambulanten Einrichtungen den Prozeß der ärztlichen Proletarisierung tatsächlich beschleunigen würde, sind die gewerkschaftlichen Vorstellungen unter dem Begriff der Vergesellschaftung zu subsumieren. Denn die Abhängigkeit der Ärzte von gewerblichen Unternehmen bedeutet über den Verlust ihres spezifischen Produktionsvermögens hinaus, daß ihre Arbeitskraft durch Kapitaleigner – also Private – genutzt wird. Angestellte oder beamtete Ärzte in staatlichen Vorsorgeinstitutionen hingegen sind nur mittelbar den Verwertungsbedingungen des Einzelkapitals unterworfen und können demzufolge gesellschaftliche Bedürfnisse, deren Erfüllung erst die objektiven Voraussetzungen für eine Befriedigung einer Vielzahl individueller Bedürfnisse ermöglicht, eher berücksichtigen. Dennoch trägt auch diese Ärztegruppe in einer Gesellschaftsordnung, in der der Staatsapparat mit der Privatwirtschaft eng verflochten ist, zur Sicherung des Kapitals – allerdings des Gesamtkapitals – bei. Daher ist das gewerkschaftliche Modell nicht notwendig antikapitalistisch. Unter den Voraussetzungen freilich, daß es den Gewerkschaften und den politischen Organisationen der Lohnabhängigen gelingt, auf den Inhalt der Staatstätigkeit Einfluß zu gewinnen, könnten gerade von dieser Ebene aus die Ansprüche des Kapitals eingeschränkt werden. – Die gewerkschaftlichen Vorstellungen sind aufgrund der Betonung einer staatlichen medizinischen Vorsorge und Versorgung nicht unbedingt auf die Errichtung neuer Institutionen angewiesen; sie empfehlen daher auch, die

bestehenden stationären medizinischen Einrichtungen zunächst intensiver auszuschöpfen. Dafür bietet sich die Öffnung der Krankenhäuser im Sinne von Polikliniken an, wie dies z. B. bei dem »klassenlosen Krankenhaus« in Hanau geplant war[52]. Eine solche Lösung stößt allerdings auf den heftigen Widerstand sowohl der niedergelassenen Ärzteschaft als auch der Unternehmer.

Es mag vielleicht verwundern, daß sich die Gewerkschaften in letzter Zeit zunehmend – wie dies bereits seit längerem, z. B. in Italien, der Fall ist – um gesundheitspolitische Probleme in der Bundesrepublik kümmern, obwohl ihnen gemeinhin nur tarifpolitische Aufgaben zugedacht werden. Zweifellos ist es Aufgabe der Gewerkschaften, als Interessenvertretung der abhängig Arbeitenden dafür Sorge zu tragen, daß deren *unmittelbare* materielle Lebens- und Arbeitsbedingungen verbessert werden. Geht man aber davon aus, daß der Lohn – gleichgültig, ob Arbeitslohn oder Gehalt – Entgelt für unselbständig verrichtete Arbeit zum Zwecke der Reproduktion der Arbeitskraft ist, so zählen hierzu auch die Ausgaben für das Gesundheitswesen. Denn Reproduktion der Arbeitskraft bedeutet nicht nur Essen, Trinken, Kleiden, Wohnen oder Ausbildung der Arbeitenden, sondern ebenso die medizinische Regeneration ihrer Arbeitskraft. Insofern sind die Ausgaben für die Gesundheit in der Bundesrepublik auch Teile der gesellschaftlichen Konsumtion und fallen in den politischen Aufgabenbereich der Gewerkschaften.

Diese allgemeinen gewerkschaftlichen Aufgaben, die vor allem vom DGB[53] vertreten werden, erweitern sich um die besonderen Funktionen jener Gewerkschaft, in der angestellte und beamtete Ärzte organisiert sind: die Gewerkschaft Öffentliche Dienste, Transport und Verkehr (ÖTV). Angesichts der zunehmenden Tendenz von Ärzten, die im Krankenhaus längerfristig arbeiten, stellt sich die Frage, ob es für die Gewerkschaft ÖTV nicht immer dringlicher wird, schon heute dem Arbeitsverhältnis der abhängigen Ärzte – wie der Entlohnung, der Arbeitszeit, der unmittelbaren Arbeitsbedingungen, der Ausbildung oder Fortbildung – erhöhte Aufmerksamkeit zu schenken und in ihre Aktivitäten einzubeziehen. Nur so kann verhindert werden, daß die Ärzte im Prozeß ihrer Vergesellschaftung noch stärker auf die Seite der ärztlichen Standesorganisationen gedrängt werden.

ANMERKUNGEN

1 *E. Jahn/H.-J. Jahn/E. O. Krasemann/W. Mudra/P. Rosenberg/F. Rudolph/Th. Thiemeyer,* Die Gesundheitssicherung in der Bundesrepublik Deutschland – Analyse und Vorschläge zur Reform, in: WSI-Studien zur Wirtschafts- und Sozialforschung Nr. 20, Köln 1971.
2 Ebda., S. 8 f.
3 Vgl. hierzu auch: Gesundheitsbericht, Deutscher Bundestag 6. Wahlperiode, Drucksache VI/1667, 18. Dezember 1970, S. 11.
4 *E. Jahn u. a.,* Gesundheitssicherung in der Bundesrepublik Deutschland, a.a.O., S. 8.
5 Nach den Vorstellungen der WHO ist Gesundheit »ein Zustand vollkommenen körperlichen, geistigen und sozialen Wohlbefindens und nicht allein das Fehlen von Krankheiten und Gebrechen«.
6 Vgl. hierzu auch: Tab. 5, S. 110.
7 *R. Behrend/U. Helmert,* Untersuchung der großräumigen Verteilung von Gesundheitseinrichtungen in der BRD, in: Medizinsoziologische Mitteilungen, Heft 3 (1976) S. 122.
8 *E. Jahn u. a.,* Die Gesundheitssicherung in der Bundesrepublik Deutschland, a.a.O., S. 31.
9 Sozialminister *Dr. Horst Schmidt* (Hessen) würdigt die Arbeit der hessischen Ärzteschaft, in: Hessisches Ärzteblatt, Heft 7 (1971) S. 609.
10 Ebda., S. 610.
11 § 1 Abs. 2 der Bundesärzteordnung lautet: »Der ärztliche Beruf ist kein Gewerbe; er ist seiner Natur nach ein freier Beruf.«
12 *E. Jahn, u. a.,* Die Gesundheitssicherung in der Bundesrepublik Deutschland, a.a.O., S. 229.
13 *Vereinigung der Technischen Überwachungs-Vereine e. V.,* Geschäftsbericht der VdTÜV 1976, Essen 1977, S. 20.
14 Deutsches Ärzteblatt, Heft 7 (1975) S. 441.
15 Vgl. hierzu die Anzeigen der dzm/Deutschen Zentren für Medizinische Vorsorge in der Frankfurter Rundschau vom 8. 11. 1971 »Geplante Gesundheit« und vom 26. 2. 1972 »Früherkennung von Krebs, Herzerkrankungen, Zucker, Leberleiden usw.« In der letztgenannten Anzeige heißt es: »Damit ein Fall kein Ernstfall wird. Früherkennung ist der sicherste Weg zur Heilung... Bei dzm gibt es eine Vorsorgeuntersuchung schon ab 371,85 DM – also täglich 1 Mark für Ihre Gesundheit. Melden Sie sich zur Vorsorgeuntersuchung an! Rufen Sie an!«
16 Der Spiegel vom 23. 2. 1970, S. 44; vgl. auch: Die Zeit vom 5. 11. 1971.
17 Die Allianz-Lebensgruppe, zu der unter den großen Unternehmen neben der Allianz Leben die Hamburg-Mannheimer, die Karlsruher und die Berlinische Leben gehören, hat einen Marktanteil von über 20%. Vgl. Handelsblatt/Industriekurier vom 20. 1. 1972.
18 Vgl. Hessisches Ärzteblatt, Heft 5/1971, S. 459.
19 Frankfurter Rundschau vom 30. 11. 1968.
20 Ebda., vom 19. 6. 1971.
21 Hessisches Ärzteblatt, Heft 3/1971, S. 227.
22 Die Bundesministerin für Familie, Jugend und Gesundheit, *Käte Strobel,* begrüßte in einem Telegramm zur Eröffnung der Klinik die Aufnahme von 30% Sozialversicherten und gab ihrer Hoffnung Ausdruck, daß dieser Anteil bald erhöht werden könne. Vgl. »Deutsche Klinik für Diagnostik AG«, Broschüre zur Eröffnung am 2. 4. 1970, S. 22.
23 Übersicht über die soziale Sicherung, hrsg. vom *Bundesminister für Arbeit und Sozialordnung,* 8. Aufl., Bonn 1970, S. 123.

24 Vgl. hierzu: Der Spiegel, Heft 37/1971, S. 80, und Hessisches Ärzteblatt, Heft 3/1971, S. 227.
25 Stern, Heft 49/1971, S. 17.
26 Handelsblatt/Industriekurier vom 22./23. 1. 1971.
27 Zur Diagnoseklinik am Tegernsee vgl. Handelsblatt/Industriekurier vom 5./6. 11. 1971 und Die Zeit vom 5. 11. 1971.
28 Frankfurter Allgemeine Zeitung vom 15. 1. 1971.
29 Frankfurter Rundschau vom 26. 10. 1971.
30 Ebda., vom 20. 10. 1971.
31 Ebda., vom 26. 10. 1971.
32 Ebda.
33 Vgl. hierzu: Analysen, Zeitschrift für Wissenschafts- und Berufspraxis, Heft 4/1971, S. 58–62; ebenso: *Bundesärztekammer,* Gesundheits- und sozialpolitische Vorstellungen der deutschen Ärzteschaft, Köln 1974.
34 Tätigkeitsbericht der Bundesärztekammer 1970/71, Köln 1971, S. 107.
35 Vgl. hierzu: Deutsches Ärzteblatt, Heft 32/1971, S. 2243, und Handelsblatt/Industriekurier vom 16. 8. 1971.
36 Deutsches Ärzteblatt, Heft 32/1971, S. 2243.
37 Vgl. hierzu: Handelsblatt/Industriekurier vom 26. 1. 1972: »Die Deutsche Apotheker- und Ärztebank in Düsseldorf konnte 1971 wieder eine extrem hohe Zuwachsrate erzielen. Die Bilanzsumme stieg um 35,5% (1970: 43,7%) auf 825 (609) Mio. DM. Die Standesbank der Heilberufe hat auch im laufenden Jahr auf Expansion geschaltet: Ende 1972 soll die Bilanzsumme über 1 Mrd. DM liegen, dann wäre das Institut auch die größte deutsche Volksbank.«
38 Deutsches Ärzteblatt, Heft 4 (1976), S. 3083.
39 *Bundesärztekammer,* Gesundheits- und sozialpolitische Vorstellungen der deutschen Ärzteschaft, a.a.O., S. 28.
40 Analysen, a.a.O., S. 62. Hierzu *W. Hemmer:* »Mehr als 600 Gruppenpraxen verschiedener Form haben (bereits) ihre Tätigkeit aufgenommen«, in: Die Welt vom 18. 2. 1972.
41 Ebda.
42 Tätigkeitsbericht der Bundesärztekammer 1969/70, Köln 1970, S. 78.
43 *H.-J. Wirzbach,* Gruppenpraxen im Kommen, in: Deutsches Ärzteblatt, Heft 19 (1976) S. 1332–1335; *J. v. Troschke,* Gruppenpraxen in den USA, in: Heftreihe des Zentralinstituts für Kassenärztliche Versorgung in der Bundesrepublik Deutschland, Heft 3, Lövenich 1975.
44 Vgl. hierzu: *H.-J. Schlauß,* Auf gute Partnerschaft, in: Der Deutsche Arzt, Heft 21 (1971) S. 1168–1172; *H. Rosenau,* Die Praxisgemeinschaft der Ärzte. Ein Grundriß aus bürgerlich-rechtlicher und steuerlicher Sicht, in: Der Betrieb, Beilage Nr. 3 zu Heft 9 (1970), S. 1–4; Gesetzentwurf über freiberufliche Partnerschaft, in: Deutsches Ärzteblatt, Heft 52 (1975) S. 3497f.
45 Siehe hierzu S. 162 in diesem Buch.
46 Zu dieser Entwicklung vgl. *W. Abendroth,* Die soziale Struktur in der Bundesrepublik und ihre politischen Entwicklungstendenzen, in: *ders.,* Antagonistische Gesellschaft und politische Demokratie, Neuwied und Berlin 1967, S. 17–48, besonders: S. 23. – Noch 1882 waren im damaligen Deutschen Reich nur 57,2% der erwerbstätigen Bevölkerung in abhängiger Arbeit (also als Lohn- oder Gehaltsempfänger: als Arbeiter, Angestellte oder Beamte) tätig, 42,8% lebten als Selbständige oder deren mithelfende Familienangehörige; 1907 waren 65% Abhängige, 1933 waren es 70%, 1939 bei Ausbruch des Zweiten Weltkrieges 71,4%, 1950 fast der gleiche Prozentsatz (70,8%), 1956 75%, 1961 77,7%, 1965 waren

es 80,4% und 1970 82,6% (zu den letzten beiden Angaben vgl.: Leistungen in Zahlen 1970, hrsg. v. *Bundesministerium für Wirtschaft und Finanzen*, Bonn 1971, S. 16).

47 *G. Muhr*, Sozial- und Gesundheitspolitik im Wandel – Vorstellungen des DGB zur Weiterentwicklung, Referat auf der Jahreshauptversammlung des Verbandes der niedergelassenen Ärzte (NAV) am 18. 9. 1971, maschinenschriftlich vervielfältigtes Manuskript, S. 8.

48 Ebda, S. 7.

49 *E. Jahn u. a.*, Die Gesundheitssicherung in der Bundesrepublik Deutschland, a.a.O., S. 103.

50 Vgl. hierzu: *E. Jahn*, Integriertes System der medizinischen Versorgung, in: WSI-Mitteilungen, Heft 4 (1974), S. 122–138; *Wirtschafts- und Sozialwissenschaftliches Institut des Deutschen Gewerkschaftsbundes* (Hrsg.), Integrierte medizinische Versorgung, WSI-Studien Nr. 32, Köln 1975, besonders S. 156–163.

51 Siehe: Deutsches Ärzteblatt, Heft 39 (1976), S. 2413ff und dass. Heft 42 (1976), S. 2621ff.

52 *M. Woythal*, Das klassenlose Krankenhaus, eine Zwischenbilanz, Hanau 1971, S. 27. Hier heißt es in § 2 der Diskussionsgrundlage einer Rahmensatzung des Kreiskrankenhauses: »Dem Krankenhaus wird eine Poliklinik angegliedert; sie hat die Stellung einer Fachabteilung, in der die ambulante Behandlung und Aufnahme vorgenommen werden.« Ebenso: *H. See*, Die Gesellschaft und ihre Kranken, Reinbek 1973.

53 Vgl. hierzu: Gesundheitspolitisches Programm des Deutschen Gewerkschaftsbundes, Düsseldorf 1972.

Ambulatorien der Wiener Gebietskrankenkasse für Arbeiter und Angestellte[1]

Ein Modell der Krankenversorgung für die Bundesrepublik Deutschland?

Vorbemerkung

Die gesundheitspolitische Auseinandersetzung um die Schließung der Kluft zwischen der ambulanten und stationären medizinischen Versorgung hat nicht nur in Österreich, sondern auch in Deutschland Tradition. Erinnert sei in diesem Zusammenhang an die Auseinandersetzungen zwischen den Kassen und der Ärzteschaft um Polikliniken und Ambulatorien in der Weimarer Republik und kurz nach dem 2. Weltkrieg in West-Berlin. Hingewiesen sei auch auf die Polemik in den letzten Jahren, mit der die ärztlichen Standesorganisationen auf die gewerkschaftlichen Vorstellungen von Medizinisch-Technischen Zentren (MTZ) im Rahmen eines integrierten Systems der medizinischen Versorgung reagierten. Als Gegenvorschlag präsentiert die Ärzteschaft die Ausweitung des Belegarztsystems holländischer Provenienz, also die Behandlung von Krankenhauspatienten durch niedergelassene Ärzte. Hinter dieser Forderung verbirgt sich letztlich die Tendenz zu einer weiteren ökonomischen Privatisierung und Kommerzialisierung der Gesundheitsversorgung in der Bundesrepublik Deutschland.
Anders ist die Entwicklung in Österreich verlaufen. Hier bestehen seit den zwanziger Jahren Ambulatorien und Krankenhausambulanzen, die gerade im letzten Jahrzehnt eine Erweiterung und strukturelle Veränderung erfahren haben. Während die Ambulatorien aufgrund ihrer qualifizierten medizinischen Arbeit von großen Teilen der Bevölkerung in Österreich geschätzt werden, heißt es in einem Leitartikel des Deutschen Ärzteblatts: »Die schwerste historische Hypothek, mit der die österreichischen Vertragsärzte fertig zu werden haben, besteht darin, daß es schon bisher Ambulatorien der Krankenkassen gibt, besonders bei den Gebietskrankenkassen und vornehmlich für die zahnärztliche Behandlung, und daß diese gesetzlich eingeordnet sind.«[1a]
Welche Bedeutung nun ambulatorische Einrichtungen im österreichischen Gesundheitssystem tatsächlich für die Versorgung

der sozialversicherten Patienten, die Organisation der ärztlichen Tätigkeit, die technologische Entwicklung der Medizin und die Wirtschaftlichkeit haben, soll im folgenden an den Ambulatorien der Wiener Gebietskrankenkasse für Arbeiter und Angestellte aufgezeigt werden. Zweifellos lassen sich diese Ergebnisse nicht bruchlos auf die bundesrepublikanischen Verhältnisse im Gesundheitswesen übertragen. Gleichwohl demonstrieren sie, daß viele Argumente gegen die Einrichtung von Ambulatorien und Polikliniken sich nicht halten lassen und schlicht als Rechtfertigung für Gruppeninteressen dienen.

I. Allgemeines Konzept

Zu den wichtigsten Aufgaben der Krankenkassen in Österreich gehört die Sicherstellung einer Krankenbehandlung für ihre Versicherten, deren Qualität dem jeweiligen Stand der wissenschaftlichen und technischen Entwicklung der Medizin entspricht. Deshalb wurden nach dem Ende des Zweiten Weltkrieges in verstärktem Maße kleine Ambulatorien mit zwei bis drei Fachärzten von der Wiener Gebietskrankenkasse eingerichtet, die insbesondere dem damals bestehenden Fachärztemangel begegneten. Sie sollten vor allem eine Notsituation in den Wiener Bezirken, in denen vornehmlich Arbeiter und kleine Angestellte wohnten, kompensieren, da hier der allgemeine Facharztmangel durch die marktorientierte Niederlassungspraxis zusätzlich verstärkt wurde.[2]
Zunächst waren diese Ambulatorien mit Behelfsmitteln und sparsam eingerichteten, improvisierten, ja zum Teil unzweckmäßigen Behandlungsräumen ausgestattet. Das hatte den Kassenambulatorien anfangs nicht gerade einen guten Ruf eingebracht[3].
Mit dem sprunghaften Anstieg medizinisch-technischer Neuerungen, die in der Regel mit hohen finanziellen Aufwendungen verbunden sind, mit der Zunahme sich niederlassender Fachärzte, insbesondere in den sechziger Jahren und mit der Veränderung des Krankheitsspektrums infolge des vermehrten Auftritts chronisch-degenerativer Erkrankungen sowie der wachsenden Anzahl umweltbedingter Gesundheitsgefahren stellte sich für die Wiener Gebietskrankenkasse gegen Ende der sechziger Jahre immer dringlicher die Frage, ob sie eine größere Anzahl kleinerer Ambulatorien, über das ganze Stadtgebiet dezentral verteilt, weiterführen oder aber ob sie die bestehenden Kleinambulatorien zu modernen medizinischen Zentren zusammenfassen sollte.

Die Wiener Gebietskrankenkasse, der inzwischen ca. 75 Prozent der Wiener Bevölkerung angehören[4], entschloß sich damals, eine Konzentration und Zentralisation ihrer Gesundheitseinrichtungen vorzunehmen. Es wurde davon ausgegangen, daß ein allgemeines Ambulatorium zukünftig aus einer Vielzahl verschiedener Fachambulanzen bestehen sollte und insbesondere medizinisch-technische Ambulanzen einzurichten hätte. Nach Abschluß des Reorganisations- und Konzentrationsprozesses sollten von den 22 selbständigen Ambulatorien neben den Kinderambulatorien, den Zahnambulatorien, dem Jugendambulatorium und dem Institut für physikalische Medizin (Wien-Josefstadt) nur noch fünf große Gesundheitszentren geführt werden, und zwar das kasseneigene Hanusch-Krankenhaus sowie die Großambulatorien in den Bezirken Wien III (Strohgasse), Wien VII (Andreasgasse), Wien-Nord XXI (Karl-Aschenbrenner-Gasse), Wien-Süd X (Wienerbergstraße)[5].

Die beiden Ambulatorien in Wien II und VII wurden im Laufe der sechziger Jahre zu Großeinrichtungen ausgebaut. Etliche Kleinambulatorien wurden in dem Ambulatorium Nord zusammengelegt, das 1971 seiner Bestimmung übergeben wurde. Das Ambulatorium Süd konnte im April 1976 eingeweiht werden. Neben den drei allgemeinen Großambulatorien gab es 1974 in Wien ferner: 10 Kinderambulatorien, 1 Jugendambulatorium, 1 Augenambulatorium, 2 kleinere allgemeine Ambulatorien und 9 Zahnambulatorien, wobei letztere in der Regel anderen ambulatorischen Einrichtungen angegliedert waren. Insgesamt wurden in den kasseneigenen Ambulatorien und Krankenanstalten – die Zahnambulatorien ausgenommen – 182 Ambulanzen geführt, die sich in folgende medizinische Funktionsbereiche untergliedern (siehe Tabelle 13, Seite 198).

Im Mittelpunkt dieses medizinischen Versorgungssystems steht das kasseneigene Hanusch-Krankenhaus, das in den letzten Jahren zu einer der qualifiziertesten medizinischen Einrichtungen Österreichs ausgebaut wurde. Es verfügt über eine Bettenstation für 600 Patienten und zahlreiche hochspezialisierte Ambulanzen und Nachbehandlungsstationen. Die zentrale Bedeutung dieses Krankenhauses besteht darin, daß die hochspezialisierten Einrichtungen des Krankenhauses den Ambulatorien zugängig sind und daß die Ambulatorien ihre Patienten komplikationslos zur stationären Diagnostik und Therapie einweisen können. Mit der Inbetriebnahme dieser fünf Großeinrichtungen ist das Programm der Wiener Gebietskrankenkasse vorläufig abgeschlossen[6].

Die Wiener Großambulatorien, die tragenden Einrichtungen des

Tabelle 13

Andrologische Ambulanz	1	Interne Krankheiten	14
Augenkrankheiten	12	Jugendliche	5
Brustdrüsenambulanz	1	Kinder	12
Chirurgie	12	Lungenkrankheiten	5
Unfallchirurgie	1	Nervenkrankheiten	3
Coronartraining	1	Nephrologische Ambulanz	2
Diabetiker	6	Nuklearmedizin	1
EEG-Ambulanz	1	Orthopädie	3
Endokrine Erkrankungen	2	Kinderorthopädie	1
Endoskopie-Ambulanz	3	Orthopädisches Turnen	1
Frauenkrankheiten	9	Psychotherapie	4
Gastroenterologie	3	Rheumaambulanz	3
Geburtshilfe	1	Schiel-Ambulanz	2
Gefäßkrankheiten	2	Laboratorien	6
Gesundenuntersuchung (Vorsorge)	6	Grundumsatz-untersuchungen	1
Glaukomambulanz	1	EKG-Untersuchungsstellen	4
Hämatologie	1	Röntgendiagnostik	6
Hals-, Nasen- u. Ohren-krankheiten	11	Röntgentherapie	1
Harn- und Blasenkrankheiten	4	Institute für physikalische Medizin	3
Haut- und Geschlechts-krankheiten	8	Kleine physikalische Therapie	7
Herzkrankheiten	6		
Hochdruck-Ambulanz	1	Zusammen	182

Quelle: Wiener Gebietskrankenkasse für Arbeiter und Angestellte (Hrsg.), Jahrbuch 1974, Wien 1975, S. 95.

Ambulatoriumsystems, sind technisch hochwertig und personell qualifiziert ausgestattete medizinische Institutionen, in denen Patienten ambulant versorgt werden. Hausbesuche werden von den Ambulatorien aus nicht vorgenommen. In den Großambulatorien sind Fachärzte aller Richtungen beschäftigt, die Fachambulanzen betreiben, in denen eine rasche und exakte Feindiagnostik sowie spezielle therapeutische Maßnahmen durchgeführt werden. Im Vordergrund steht hierbei vorwiegend die Versorgung von chronischen, durch zahlreiche Komplikationen gekennzeichnete Krankheiten, wie Diabetes mellitus (Zuckerkrankheit), chronische Hepatopathien (Leberleiden), chronische Nephropathien (Nierenleiden), Systemerkrankungen, Krankheiten des rheumatischen Formenkreises, Herz- und Gefäßerkrankungen und Geschwulstkrankheiten.

Das Schwergewicht der Tätigkeit liegt auf einer differenzierten ambulanten Diagnostik, wenngleich auch die Behandlung in zunehmendem Maße an Bedeutung gewinnt. Damit stellt sich die Frage, welchen Stellenwert die Ambulatorien im österreichischen Gesundheitssystem einnehmen. Sie sind nämlich nicht als vereinzelte Institutionen oder als eigenständiges Versorgungssystem anzusehen, sondern müssen vielmehr als Teil einer umfassenden Krankenversorgung begriffen werden, der zwischen den niedergelassenen Ärzten einerseits und dem Krankenhaus andererseits angesiedelt ist und dort spezifische Funktionen übernimmt. Betrachtet man nämlich die Patienten insgesamt, so zeigt sich,

- daß es Patienten gibt, die diagnostisch und therapeutisch ohne Schwierigkeiten von niedergelassenen Ärzten allein versorgt werden können,
- daß es zudem Patienten gibt, die während einer bestimmten Phase ihrer Krankheit nur im Krankenhaus versorgt werden können und schließlich,
- daß es Patienten gibt, die von niedergelassenen Ärzten und Fachärzten nicht mehr ausreichend versorgt werden können, aber einer stationären Aufnahme nicht bedürfen, wenn entsprechende Fachkräfte und differenzierte Einrichtungen im ambulanten Sektor vorhanden sind. An dieser Stelle ist zu erwähnen, daß die technische Ausstattung der ärztlichen Praxen in Österreich äußerst gering ist.

Zielgruppe der Wiener Ambulatorien ist vor allem die letztgenannte Patientenkategorie, und daraus bestimmen sich auch die Funktionsbeziehungen[7] zwischen den Ambulatorien und den anderen medizinischen Versorgungseinrichtungen.

a) *Kooperation mit Krankenhäusern:* Die enge Zusammenarbeit mit den Krankenhäusern wird als unbedingt erforderlich bezeichnet, um die Vielzahl der Fach- und Spezialambulanzen, aus denen sich die Ambulatorien zusammensetzen, voll nützen zu können. Die Krankenhäuser bilden den Bettenhintergrund für den Fall akuter Verschlechterungen, Komplikationen oder dringend notwendiger chirurgischer Eingriffe. Zugleich können die Patienten durch die Fachambulanzen – prästationär bereits voll durchuntersucht, diagnostiziert und vorbehandelt – zur stationären Aufnahme (z. B. Operation) gebracht und poststationär kontrolliert und nachbehandelt werden. Daraus resultiert nicht zuletzt eine Verringerung der Liegezeiten im Krankenhaus und kostspielige Doppeluntersuchungen sind vermeidbar.
b) *Kooperation mit niedergelassenen Ärzten:* Die Zusammen-

arbeit mit den niedergelassenen Ärzten gestaltete sich zunächst schwierig, da in den Ambulatorien Konkurrenzeinrichtungen gesehen wurden. Inzwischen stellte sich jedoch heraus, daß die Ambulatorien infolge ihrer qualifizierten Ausstattung weitgehend ergänzende Aufgaben übernommen haben. In der Diagnostik betrifft dies u. a.: differenzierte Labor- und Röntgenuntersuchungen, check-up und andere Funktionsuntersuchungen. Hinzu kommt die Abklärung der Krankheitsbilder von Problempatienten. In der Therapie werden ergänzend zur Niederlassung Dialysebehandlungen, Diabeteseinstellungen, Schielkorrekturen und physikalische Behandlungen vorgenommen. Hinzu kommen Vorsorge- und Früherkennungsuntersuchungen. Überdies betreiben die Ambulatorien auch eine ausgedehnte allgemeine Diagnostik und Therapie, die die Marktmechanismen der Patientenverteilung jedoch nur am Rande berührt, da die Ambulatorien in der Regel in ärztlich unterversorgten Stadtbezirken eingerichtet wurden. Zusätzlich wird angestrebt, die Ambulatorien in die medizinische Fortbildung einzubeziehen.

c) *Sozialmedizinische Aufgaben:* Aufgrund des großen Aufkommens medizinischer Daten, das systematisch erfaßt und gespeichert wird, können epidemiologische Auswertungen stattfinden, die für die Planung und Gestaltung des Gesundheitswesens wichtige Hinweise geben.

Insgesamt sind also die Großambulatorien in Wien medizinische Einrichtungen, die von der Wiener Gebietskrankenkasse getragen werden und ohne finanzielle Zuschüsse – also kostendeckend – arbeiten. Im System der Gesundheitsversorgung stehen sie funktional zwischen den niedergelassenen Ärzten und dem Krankenhaus. Die Ausstattung ist inzwischen hochqualifiziert, und das Schwergewicht ihrer Tätigkeit liegt auf einer differenzierten ambulanten Diagnostik, die heute nur noch in medizinischen Großeinrichtungen sinnvoll betrieben werden kann. Ausgehend von behelfsmäßig eingerichteten eigenständigen Kleininstitutionen haben sich die Wiener Ambulatorien zu technisch zeitgemäßen, regional bedarfsgerecht verteilten und in das Gesundheitssystem integrierten großen medizinischen Versorgungseinrichtungen entwickelt, ohne dabei ihre Klientel, nämlich die Sozialversicherten, zu verleugnen. Allerdings ist vom Aspekt der medizinischen Versorgung her nicht einzusehen, warum mit der Einrichtung dieser vier Großambulatorien das Programm der Wiener Gebietskrankenkasse abgeschlossen sein soll. So könnte der Versorgungsgrad auch gegenwärtig noch stärker verdichtet werden, und in naher Zukunft ist sicher infolge der Veränderung der Bevölkerung, der zunehmend umweltbedingten Gesundheitsgefahren und einem sich abzeichnenden Wandel des Morbiditätsspektrums mit der Notwendigkeit weiterer Ambulatorien zu rechnen.

II. Zur technisch-apparativen Ausstattung der Großambulatorien

Mit der zunehmenden technischen Entwicklung der Medizin kommt dem Labor insbesondere für die differenzierte Diagnostik eine wachsende Bedeutung zu. Dies äußert sich in einer steigenden Spezialisierung und Arbeitsteilung des Laborpersonals und dem Einsatz von voll- und halbautomatischen Geräten wie Autoanalyzern. Bei der Organisation des Labors wurden vor allem folgende Gesichtspunkte berücksichtigt:

- möglichst kurze Anfahrtswege für die Patienten,
- schnelle Verfügbarkeit ermittelter Befunde,
- volle Auslastung kostspieliger Großgeräte, um deren Nutzung möglichst rentabel zu gestalten.

Deshalb sind die Labors der Großambulatorien der Wiener Gebietskrankenkasse einschließlich des Hanusch-Krankenhauses zu koordinierten Funktionseinheiten zusammengefaßt. Das Untersuchungsmaterial (Blut, Harn etc.) wird den Patienten in den einzelnen Laboratorien abgenommen. Während die Grund- und Routineanalysen von den Abnahmelabors selbst durchgeführt werden, gibt es für speziellere Untersuchungsprogramme Speziallabore. Hierfür werden die Untersuchungsproben durch einen eigenen Laborwagen abgeholt, der nach einem bestimmten Fahrplan die verschiedenen Abnahmelabors anfährt. Das Untersuchungsergebnis wird fernmündlich oder auf kürzestem Weg dem Ambulatorium wieder zurückvermittelt. Die Organisationsform einer solchen Laborkette gibt die Garantie, daß Großambulatorien diagnostisch und therapeutisch mit der Entwicklung der klinischen Chemie Schritt halten können.
Zur Dokumentation eines klinischen Befundes und zur Erstellung einer Diagnose ist heute die Röntgenuntersuchung nicht mehr wegdenkbar. Zu diesem Zwecke sind deshalb in den Röntgenabteilungen der Ambulatorien Röntgenapparate vorhanden, die eine gezielte und differenzierte Diagnostik ermöglichen und zugleich nach dem geltenden Strahlenschutzgesetz dem Patienten

nur einer ärztlich vertretbaren Strahlenbelastung aussetzen. Vollautomatische Tische ermöglichen, die Patienten exakt in die gewünschte Lage zu bringen. Sanitäre Einrichtungen sind im Bereich jener Untersuchungsräume vorhanden, in denen Röntgenaufnahmen des Magen-Darm-Traktes durchgeführt werden. Mittels einer vollautomatischen Entwicklungsmaschine gelangt der Röntgenfilm in 90 Sekunden vollkommen ausgearbeitet zur Befundung und kann danach dem Patienten oder der zuweisenden Stelle weitergegeben werden. Zintigramme und Schichtaufnahmen werden in den Ambulatorien nicht durchgeführt, ebenso keine röntgenologische Therapie. Hierfür ist das Hanusch-Krankenhaus zuständig.
Ferner finden wir in der Endoskopieambulanz hochentwickelte Glasfibergeräte, in der kardiologischen Ambulanz EKG-Geräte und in der Augenambulanz eine Sehschule für Schielkinder. Erstmalig wurden in der nephrologischen Ambulanz im Ambulatorium Nord eine limited-care-Dialyse (Mittelding zwischen Zentrumsdialyse und Heimdialyse) eingerichtet. Sie umfaßt zunächst vier künstliche Nieren. Die chirurgische Ambulanz ist mit einem Operationssaal ausgestattet, in dem kleinere septische und aseptische Operationen vorgenommen werden. Die Ambulanzen für physikalische Medizin haben Einrichtungen für Medizinalbäder, Packungen, Massagen, Elektrotherapie und gymnastische Übungen[9].

III. Zur personellen Ausstattung

In den Wiener Großambulatorien sind jeweils zwischen 50 und 100 Ärzte aller medizinischen Disziplinen beschäftigt. Die Ärzte haben alle eine Facharztausbildung und arbeiten eigenverantwortlich. Hausbesuche werden nicht vorgenommen. Wesentlich für die ärztliche Tätigkeit ist das kooperative Moment, das in regelmäßigen Zusammenkünften und in der schnellen Erreichbarkeit von Fachkollegen zum Ausdruck kommt. Dem Ambulatorium steht ein ärztlicher Leiter vor, der allerdings nur koordinierende Aufgaben hat.
Die Ärzte an den Großambulatorien sind alle Angestellte der Wiener Gebietskrankenkasse. Sie erhalten ein monatliches Gehalt, das etwa die Hälfte des Einkommens von niedergelassenen Ärzten ausmacht. Hinzu kommt eine Altersversorgung, für die

niedergelassene Ärzte selbst aufkommen müssen. Die Arbeitszeit der Ambulatoriumsärzte liegt in der Regel bei 36 Wochenstunden.
Die Ärzte können Nebentätigkeiten in einer eigenen Praxis ausüben, wovon nicht selten Gebrauch gemacht wird (etwa 6–8 Wochenstunden). Sie dürfen in der eigenen Praxis allerdings keine Patienten behandeln, die in der Wiener Gebietskrankenkasse oder in einer anderen Krankenkasse versichert sind, mit welcher die Wiener Gebietskrankenkasse bezüglich der Ambulatoriumsbenutzung einen Kooperationsvertrag abgeschlossen hat. Diese Regelung soll verhindern, daß Patienten, die die Privatpraxis eines Ambulatoriumsarztes aufsuchen, dann auch im Ambulatorium bevorzugt behandelt werden.
Trotz des vergleichsweise geringeren Einkommens der Ambulatoriumsärzte gegenüber dem der niedergelassenen Ärzte besteht an den Wiener Großambulatorien kein Ärztemangel. Zum Jahresende 1974 betrug die Zahl der Ärzte in den kasseneigenen Ambulatorien (ohne Spitalambulanzen) 147, die der Schwestern und sonstigen Hilfskräfte 360[9].

IV. Zur Patientenversorgung

In den Ambulatorien werden nur Patienten versorgt, die in der Trägerkasse versichert sind. Überdies hat die Trägerkasse in der Regel Kooperationsverträge mit kleineren Krankenversicherungen abgeschlossen, die nicht in der Lage sind, eigene Ambulatorien einzurichten. Privatpatienten, also selbstzahlende Patienten, dürfen generell nicht in Ambulatorien behandelt werden. Der Weg der Patienten ins Ambulatorium kann auf zweierlei Weise verlaufen: durch Überweisung von einem niedergelassenen Arzt oder aus Krankenhäusern und durch das selbständige Aufsuchen.
Etwa 70 Prozent der Ambulatoriumspatienten werden von niedergelassenen Ärzten überwiesen. Dies ist u. a. ein Beleg dafür, daß die Kooperation zwischen Ambulatorien und niedergelassenen Ärzten als gut bezeichnet werden kann. Patienten, die selbständig das Ambulatorium aufsuchen, werden von einem Eingangsarzt, der allerdings noch nicht in allen Ambulatorien anzutreffen ist, untersucht und weiterverteilt. In Ambulatorien, die heute noch keinen Eingangsarzt haben, übernimmt diese Funk-

tion in der Regel die Anmeldeschwester. Auch ist es Prinzip, daß die Patienten bei ein und demselben Arzt in Behandlung bleiben, es sei denn, die medizinische Indikation erfordert einen Arztwechsel. So wissen die Ärzte zu berichten, daß sie Patienten bereits seit über zehn Jahren regelmäßig betreuen. Dies führt dazu, daß auch in den Ambulatorien eine Vertrauensbeziehung zwischen Arzt und Patient aufgebaut werden kann. Es ist also für Ambulatorien und poliklinische Einrichtungen nicht konstitutiv, daß Patienten häufig auf wechselnde Ärzte treffen, wie dies von ärztlichen Standespolitikern in der Bundesrepublik behauptet wird.

Infolge der starken Konzentration von Fachärzten verschiedener medizinischer Disziplinen in den Wiener Großambulatorien sparen die Patienten mehrfache Wegezeiten. Bei akuten Erkrankungen wird eine sofortige ärztliche Behandlung vorgenommen; hingegen beträgt die Wartezeit bei weniger dringlichen ärztlichen Eingriffen von der Anmeldung bis zur Behandlung, je nach Auslastung des entsprechenden Arztes, etwa ein bis zwei Wochen. Tabelle 14 stellt die Entwicklung der Frequenzen (Besuche) in den selbständigen Ambulatorien und Krankenhausambulanzen dar.

Tabelle 14 Besuchsentwicklung in den Ambulatorien und Krankenhausambulanzen

	1971	1972	1973	1974
Selbständige Ambulatorien	2 640 128	2 980 276	3 042 405	3 083 366
Krankenhaus-ambulanzen	938 370	1 064 333	1 207 804	1 355 952
zusammen	3 578 498	4 044 609	4 250 209	4 439 318

Zusammengestellt nach: Jahrbuch der Wiener Gebietskrankenkasse für Arbeiter und Angestellte 1974.

Daraus geht deutlich hervor, daß die Ambulatorien und Krankenhausambulanzen von den Sozialversicherten Wiens in zunehmendem Maße aufgesucht werden. Im Gegensatz dazu zeigt die Frequenz der Kinderambulatorien in den Jahren 1971 bis 1974 einen Rückgang bzw. Stagnation[10].

Um den Stellenwert der kasseneigenen Ambulatorien im medizinischen Versorgungssystems der Sozialversicherten für die Stadt Wien einschätzen zu können, ist es notwendig, die Anzahl der

Krankheitsfälle bzw. Leistungen in den Ambulatorien mit denen der Vertragsärzte (also jenen Ärzten, die mit der Gebietskrankenkasse Verträge abgeschlossen haben und für diese arbeiten) zu vergleichen (siehe Tabelle 15).

Tabelle 15 Gegenüberstellung der Fälle bzw. Leistungen in den kasseneigenen Ambulatorien zu den Vertragsfachärzten 1974

Bezeichnung der Fachsparten	Anzahl der Fälle bzw. *Leistungen*		Gesamt	davon in Prozent	
	Ambulatorien	Vertragsfachärzte		Ambulatorien	Vertragsfachärzte
Allgemeine (incl. Diabetiker)	269 009	1 385 906	1 654 915	16,26	83,74
Kinder	47 871	154 508	202 379	23,65	76,35
Labor	*1 166 508*	*1 728 482*	2 894 990	40,29	59,71
Elektrokardiogramm	*237 953*	*213 551*	451 504	52,70	47,30
Röntgen	60 978	251 440	312 418	19,52	80,48
Lungen	11 106	75 319	86 425	12,85	87,15
Physiko	*372 948*	*137 023*	509 971	73,13	26,87

Zusammengestellt nach: Wiener Gebietskrankenkasse für Arbeiter und Angestellte (Hrsg.), Kostenvergleichsrechnung der Ambulatorien 1974, Wien 1975, S. 2.

Für 1974 zeigt sich dabei, daß im allgemein-medizinischen Bereich die Ambulatorien 16 Prozent und die Vertragsärzte 84 Prozent der Krankheitsfälle betreuen. Anders sieht das Verhältnis im technisch-apparativen Bereich aus: Röntgenuntersuchungen werden hier zu 20 Prozent von Ambulatorien und zu 80 Prozent von Vertragsärzten durchgeführt; Laborleistungen werden zu 40 Prozent von Ambulatorien und zu 60 Prozent von Vertragsärzten erbracht; Elektrokardiogramme werden zu 53 Prozent von Ambulatorien und zu 47 Prozent von Vertragsärzten angefertigt, und die physikalische Therapie wird zu 73 Prozent von Ambulatorien und zu 27 Prozent von Vertragsärzten durchgeführt.
Diese Verteilung der medizinischen Leistungen demonstriert, daß die eigentlich ärztlichen – die allgemeinmedizinischen – Aufgaben vorwiegend von den niedergelassenen Vertragsärzten in Individualpraxen wahrgenommen werden, während demgegenüber technisch-apparative Leistungen, je nach Bereich, verstärkt von Ambulatorien erbracht werden. Wir haben es hier also mit einer Situation zu tun, die der wissenschaftlichen und tech-

nischen Entwicklung in der Medizin entspricht. Denn mit zunehmender Spezifizierung und Fragmentierung medizinischer Tätigkeiten ist eine zeitgemäße differenzierte medizinische Diagnostik und Therapie vor allem in medizinischen Großinstitutionen kooperativ durchzuführen.
Insgesamt erhalten die Versicherten der Wiener Gebietskrankenkasse für Arbeiter und Angestellte also durch die Ambulatorien eine technisch differenzierte medizinische Betreuung, die sich infolge des spezifischen Arbeitsverhältnisses der dort tätigen Ärzte nicht an privaten ökonomischen Interessen, sondern primär an einer qualifizierten medizinischen Versorgung orientiert.

V. Exkurs: Daten über das Ambulatorium Nord in Wien[11]

a) Einzugsgebiet

Wiener Bezirke	II	100 000	Einw.
	XX	80 000	Einw.
	XXI	105 000	Einw.
	XXII	80 000	Einw.
angrenzendes Niederösterreich ca.		200 000	Einw.
Insgesamt		565 000	Einw.

b) Gesundheitseinrichtungen in diesem Versorgungsgebiet

Krankenhaus Floridsdorf der Gemeinde Wien mit 266 Betten (nur Innere Medizin und Chirurgie);
Krankenhaus der Barmherzigen Brüder mit 320 Betten;
Ambulatorium Nord.

c) Versorgungsgrad durch niedergelassene Ärzte (Arztdichte)

Praktische Ärzte:
Minderversorgung in den Bezirken XX, XXI, XXII und Niederösterreich.
Fachärzte:
Minderversorgung in Gynäkologie und Geburtshilfe: XX., XXI., XXII. Bezirk und Niederösterreich;

in innerer Medizin: XXI., XXII. Bezirk und Niederösterreich;
in Kinderheilkunde: XXI., XXII. Bezirk und Niederösterreich;
in Neurologie: II., XX., XXI., XXII. Bezirk und Niederösterreich.

d) Patientenbetreuung im Ambulatorium Nord

Interne Ambulanzen:
Diabetikerambulanz, Endoskopieambulanz, kardiologische Ambulanz, nephrologische Ambulanz, gastroenterologische Ambulanz, Lungenambulanz, hämatologische Ambulanz, onkologische Ambulanz.
2 neurologische Ambulanzen (inklusive Psychiatrie und Psychosomatik), Kinderambulanz, Augenambulanz, Hals-Nasen-Ohrenambulanz, Hautambulanz, chirurgische Ambulanz, 2 gynäkologische Ambulanzen, orthopädische Ambulanz, urologische Ambulanz, Ambulanz für physikalische Medizin, Zahnambulatorium, Diätberatungsstelle.

f) Beschäftigte Ärzte: 50 Fachärzte

g) Daten der chirurgischen Ambulanz 1975:

Durchführung von 6000 Eingriffen, davon etwa 1000 Radikaloperationen am Venensystem.
Einrichtung einer Endoskopieeinheit: 1100 Gastrokoskopien, 250 Sigmaskopien, 3000 Rektoskopien.
Spezialambulanz für Proctologie.
Infusionsbehandlung bei peripheren Durchblutungsstörungen.
Ultraschalldiagnostik des Gefäßsystems.
Phlebographie in Zusammenarbeit mit der Röntgenabteilung.
Ambulante Tumortherapie.
Mit der chirurgischen Abteilung des benachbarten Krankenhauses Floridsdorf wurde vereinbart, daß die präoperative Vorbereitung der Patienten, die über das Ambulatorium eingewiesen werden, voll übernommen wird.

h) Fachkontakt nach außen:

Zur Förderung der Zusammenarbeit mit den niedergelassenen Ärzten der Umgebung finden regelmäßig Kontaktgespräche statt.

VI. Ökonomische Aspekte der medizinischen Versorgung durch Ambulatorien

Nachdem zunächst gezeigt werden konnte, daß der medizinischen Versorgung der sozialversicherten Wiener Bevölkerung durch kasseneigene Ambulatorien insbesondere im differenzierten diagnostischen Bereich eine hohe Bedeutung beizumessen ist, stellt sich nun die Frage nach der Wirtschaftlichkeit solcher Einrichtungen. Diese läßt sich umfassend nur schwer beantworten, und man ist dabei auch auf Hilfskonstruktionen angewiesen, da das System der Ambulatorien in das Gesamtsystem der Wiener Gesundheitsversorgung integriert ist und deshalb kaum davon isoliert betrachtet werden kann. So können sich beispielsweise teure Untersuchungen, die auf der Kostenseite der Ambulatorien zu Buche schlagen, an einem ganz anderen Ort des Gesundheitswesens als ökonomischer Nutzen erweisen, wie in Krankenhäusern durch die Senkung der Liegezeiten oder in der Rentenversicherung durch eine Verschiebung der durchschnittlichen Frühinvaliditätsgrenze infolge von Vorsorge- und Früherkennungsmaßnahmen. Diese Problematik spiegelt eine Schwierigkeit wider, die die ökonomische Analyse und Beurteilung des Gesundheitswesens generell betrifft, wie die gegenwärtige Diskussion um die Entwicklung der Krankheitskosten in der Bundesrepublik zeigt. Gleichwohl soll an dieser Stelle versucht werden, eine wirtschaftliche Einschätzung der Ambulatorien zu geben. Dabei werden die Eigenkosten der Ambulatorien mit jenen Kosten verglichen, die der Kasse entstanden wären, wenn an Stelle des Ambulatoriums ein Vertragspartner der Wiener Gebietskrankenkasse (Arzt, Dentist, Kuranstalt, Labor etc.) in Anspruch genommen worden wäre (Vergleichsweise Kosten). Für 1974 stellt sich diese Relation dar, wie in Tabelle 16 ausgewiesen.

Tabelle 16

	Ambulatorien (ohne Zahnambulatorien)	Zahnambulatorien	insgesamt
Eigenkosten in öS	153 756 021,30	56 742 278,93	210 498 300,23
Vergleichsweise Kosten in öS	161 314 983,52	67 815 175,89	229 130 159,41

Quelle: Wiener Gebietskrankenkasse für Arbeiter und Angestellte (Hrsg.), Kostenvergleichsrechnung der Ambulatorien 1974, a.a.O., S. 1.

Danach war also 1974 die Behandlung in den allgemeinen Ambulatorien um 4,69 Prozent und in den Zahnambulatorien um 16,33 Prozent billiger als bei freipraktizierenden Ärzten. Dieses Ergebnis ist um so bedeutsamer, wenn man berücksichtigt, daß im Jahre 1965 die Kasse für die Behandlung von Versicherten in den allgemeinen Ambulatorien noch um 1,5 Prozent und in den Zahnambulatorien um 16,12 Prozent mehr aufzuwenden hatte als für die gleiche Behandlung bei niedergelassenen Ärzten[12]. Die Entwicklung der prozentualen Mehr- oder Mindererfordernisse für die Jahre 1971 bis 1974 demonstriert Tabelle 17.

Tabelle 17 Mehrerfordernis (+) bzw. Mindererfordernis (−) der Eigenkosten gegenüber den vergleichsweisen Kosten

	Ambulatorien (ohne Zahnambulatorien)	Zahnambulatorien	insgesamt
1971	+ 6,09%	− 7,77%	+ 2,41%
1972	− 5,48%	− 11,48%	− 7,00%
1973	− 8,20%	− 14,96%	− 10,12%
1974	− 4,69%	− 16,33%	− 8,13%

Errechnet nach: Wiener Gebietskrankenkasse für Arbeiter und Angestellte (Hrsg.), Kostenvergleichsrechnung der Ambulatorien 1974, a.a.O., S. 1 ff.

Daraus geht deutlich hervor, daß die Ambulatorien in den letzten Jahren insgesamt kostengünstiger als die in individuellen Praxen niedergelassenen Vertragsärzte gearbeitet haben.
Ob dies allerdings für alle Ambulanzen und die dort erbrachten Leistungen gleichermaßen gilt oder ob hier fachspezifische Unterschiede bestehen, soll anhand der Zusammenstellung in Tabelle 18 erläutert werden.
Tabelle 18 zeigt, daß der unmittelbare wirtschaftliche Nutzen einzelner Sparten in den Ambulatorien nicht homogen ist. So sind die Leistungen von allgemeinen Ambulanzen, Kinderambulatorien und physikalischen Instituten teurer als bei niedergelassenen Ärzten, während Laboratorien, EKG-Einrichtungen, Röntgenambulanzen, Lungenambulanzen und Diabetikerambulanzen wesentlich billiger arbeiten. Die preisgünstigen Ergebnisse werden vor allem im Labor, EKG und der Diabetikerambulanz erzielt. Letztere sind zudem die Ambulatoriumseinrichtungen, die mit am häufigsten frequentiert werden (vgl. Tabelle 15). Die hohen Mehrerfordernisse in der physikalischen Therapie hängen damit zusammen, daß dort in den Ambulatorien nur diplomierte Fachkräfte angestellt werden.

Tabelle 18 Kostenvergleichsrechnung der Ambulatorien 1. 1. – 31. 12. 1974

Bezeichnung der Ambulatorien	Anzahl der Fälle bzw. Leistungen	Eigenkosten		Vergleichsweise Kosten		Mehr- Minder-erfordernis	
		Betrag in öS	Ø je Fall/ Leistung	Betrag in öS	Ø je Fall/ Leistung	%	%
Allgem. Ambulatorien	248 064	63 715 364,26	256,85	48 406 844,92	195,14	31,62	
Kinderambulatorien	47 871	12 266 229,12	256,23	7 713 123,29	161,12	59,03	
Laboratorien	1 166 508	32 481 809,43	27,85	56 104 988,47	48,10		42,11
Elektrokardiogramm	237 953	4 169 492,94	17,52	9 235 974,88	38,81		54,86
Röntgenambulatorien	60 978	20 190 820,96	331,12	23 006 899,81	377,30		12,24
Lungenambulanzen	11 106	4 808 904,12	433,—	4 978 718,23	448,29		3,41
Diabetikerambulanzen	20 945	3 089 429,62	147,50	4 235 143,69	202,20		27,05
Physik. Institute	372 948	13 033 970,85	34,95	7 633 290,23	20,47	70,75	

Zusammengestellt nach: Wiener Gebietskrankenkasse für Arbeiter und Angestellte (Hrsg.), Kostenvergleichsrechnung der Ambulatorien 1974, a.a.O., S. 2

Auch hier zeigt sich wiederum, daß die Trennung von allgemeinärztlichen und medizinisch-technischen Aufgaben durchaus günstige Auswirkungen haben kann, wenn diese aufeinander abgestimmt sind und isoliert oder konkurrierend nebeneinanderher wirtschaften. Dies dürfte für die zur Zeit geführte Diskussion um die Neustrukturierung der Gesundheitsversorgung in der Bundesrepublik von nicht unerheblichem Interesse sein.

VII. Ambulatorien als versorgungsstrategische Institutionen für die Gebietskrankenkasse

Die Wiener Ambulatorien haben für die Gebietskrankenkasse vor allem folgende Funktionen:
a) Der Kasse geht es um eine Sicherung der medizinischen Versorgung der sozialversicherten Bevölkerung in Wien. Bei der Einrichtung von Ambulatorien hat sie daher vor allem kompensatorische Funktionen, und zwar unter quantitativen und qualitativen Aspekten:

- Kasseneigene Ambulatorien werden dort eingerichtet, wo eine mengenmäßige ärztliche Minderversorgung besteht. Nach § 23 des Allgemeinen Sozialversicherungsgesetzes ist sie dazu berechtigt.
- Die kasseneigenen Ambulatorien haben aufgrund ihrer personellen und apparativen Ausstattung sowie der damit verbundenen Organisationsstruktur eine medizinische Qualität erreicht, die in der freien Praxis ihresgleichen nicht kennt.
- Kassenambulatorien arbeiten insgesamt kostengünstiger als niedergelassene Individualärzte – besonders bei der Erbringung technologisch-apparativer Leistungen.

b) Angesichts der Tradition und systematischen Verteilung von Ambulatorien in Wien sind diese in der Lage, Morbiditätsstatistiken und epidemiologische Daten zu erstellen, die wesentliche Hinweise für eine bedarfsgerechte Strukturierung und Planung des gesamten Gesundheitswesens geben.
c) Infolge kasseneigener Ambulatorien und Krankenanstalten hat die Wiener Gebietskrankenkasse unmittelbaren Einblick in den Prozeß der ärztlichen Tätigkeit. Sie ist daher aus eigener Erfahrung bestens über den Schwierigkeitsgrad und die zeitliche Dauer ärztlicher Leistungen sowie über die Haltbarkeit und Abnutzungserscheinungen medizinischer Geräte informiert. Diese Erfahrungen sind für die Kassen vor allem in Honorar-

verhandlungen mit den Ärzten (Ärztekammern) von hoher Bedeutung.

d) Und schließlich sind die kasseneigenen Ambulatorien Einrichtungen, die im Falle eines Ärztestreiks – wie er z. B. in die Auseinandersetzungen um die 29. Novelle zum Allgemeinen Sozialversicherungsgesetz von ärztlicher Seite im Jahr 1972 eingeplant war[13] – verhindern können, daß die ambulante ärztliche Versorgung zusammenbricht und damit die Verhandlungsposition der Krankenkasse enorm schwächt.

ANMERKUNGEN

1 Vgl. hierzu: *J. M. Pelikan/H.-U. Deppe,* Ambulatorien in Österreich, in: Jahrbuch für Kritische Medizin, Bd. 2 (Argument-Sonderband AS 17), Berlin 1977, S. 102–115.

1a Deutsches Ärzteblatt (1972), S. 1790.

2 Siehe: *H. Flamm/M. Kunze,* Niedergelassene Ärzte in Wien, hrsg. vom Institut für Marktforschung, Wien 1974.

3 Vgl. hierzu: *J. Fogarasi/A. Huber,* Möglichkeiten und Grenzen eines chirurgischen Ambulatoriums, in: Wiener Medizinische Wochenschrift, Heft 4/1973.

4 *Wiener Gebietskrankenkasse für Arbeiter und Angestellte* (Hrsg.), Wiener Gebietskrankenkasse 1965–1975, Wien 1975, S. 5.

5 Vgl. hierzu: *Wiener Gebietskrankenkasse für Arbeiter und Angestellte* (Hrsg.), Ambulatorium Nord, Wien 1971; ebenso: *Wiener Gebietskrankenkasse für Arbeiter und Angestellte* (Hrsg.), Wiener Gebietskrankenkasse 1965–1975, Wien 1975.

6 *F. Blacizek/D. Fogarasi/A. Huber,* Großambulatorien, Notwendige Organisationsformen in der modernen Medizin, in: Soziale Sicherheit, Wien 1974, S. 26.

7 *A. Huber/K. Mengele,* Das Großambulatorium als Teil einer umfassenden Krankenversorgung, o. O., o. J., unveröffentlichtes hektografiertes Manuskript; vgl. hierzu auch: *L. Popper,* Leistungen und Grenzen der Krankenkassen-Ambulatorien, in: Soziale Sicherheit, Wien 1958, S. 399–401.

8 Vgl. Hierzu: *F. Blacizek/D. Fogarasi/A. Huber,* a.a.O.

9 *Wiener Gebietskrankenkasse für Arbeiter und Angestellte* (Hrsg.), Jahrbuch 1974, a.a.O., S. 95.

10 Ebda.

11 *A. Huber* (Ärztlicher Leiter des Ambulatorium Nord), Ambulatorium »Nord« 1975, hektografiertes Manuskript.

12 *Wiener Gebietskrankenkasse für Arbeiter und Angestellte* (Hrsg.), Wiener Gebietskrankenkasse 1965–1975, a.a.O.

13 Vgl. hierzu: Österreich: Die ärztlichen Argumente haben sich durchgesetzt (Leitartikel), in: Deutsches Ärzteblatt 1972, S. 3191; hier heißt es: »Die österreichische Ärztekammer hatte alles vorbereitet, um in der Woche, in der die Abstimmung im Parlamentsausschuß auf dem parlamentarischen Fahrplan stand, erneut, und diesmal für sieben Tage, die Praxen zu schließen.«

Zur Soziologie des niedergelassenen Arztes

Probleme der sozialökonomischen und politischen Analyse

Die sozialökonomische Analyse, die den Anspruch erhebt, soziale Wirklichkeit zu erfassen, kann sich nicht darauf beschränken, soziale Merkmale und Erscheinungen des niedergelassenen Arztes – wie Anzahl, Verteilung, Einkommen, Arbeitsbedingungen, Erwartungen etc. – lediglich zu beschreiben. Sie ist dabei vielmehr angewiesen, sowohl die Ermittlungsvoraussetzungen solcher empirischer Befunde als auch deren Interpretation mit Aussagen über gesamtgesellschaftliche Verhältnisse zu verbinden, wobei die empirisch nachweisbaren Phänomene als notwendiger Ausdruck sozialökonomischer Strukturen und Prozesse zu begreifen sind. Im folgenden wird daher von den Eigentums- und Aneignungsverhältnissen als dem materiellen Kern der gesellschaftlichen Verhältnisse sowie deren Entwicklung ausgegangen. Diese bestimmen nämlich die Entscheidungs- und Verfügungsgewalt über den Gang der Produktion, also die gesellschaftliche Organisation der Arbeit, ebenso wie die Art der Erlangung und die Größe des Anteils am gesellschaftlichen Reichtum. Sie geben damit den Rahmen für die sozialstrukturelle Zuordnung gesellschaftlicher Gruppen und bilden die sozialökonomische Grundlage für deren politische Einschätzung.

1. Im Gesundheitswesen der Bundesrepublik Deutschland existieren nebeneinander unterschiedliche Vergesellschaftungsformen von Eigentum, die für die Analyse eine besondere Erschwernis darstellen. So ist der öffentliche Gesundheitsdienst, im Gesundheitswesen tätige Behörden und Gesundheitsämter, dadurch gekennzeichnet, daß die ärztlichen Arbeitsmittel dem Staat gehören, der dann auch im Rahmen gesetzlicher Vorschriften über deren Einsatz entscheidet. Es handelt sich hierbei also um *staatliches Eigentum.*
Im Sektor der stationären medizinischen Versorgung, also im Krankenhaus, dominiert eine *öffentlich kontrollierte Eigentumsform,* denn Krankenhäuser sind mehrheitlich Eigentum von Kommunen oder freigemeinnützigen Verbänden. Die Arzneimittelproduktion hingegen ist rein privatwirtschaftlich organisiert; sie wird von den Gesetzmäßigkeiten des *monopolistischen Eigentums* der chemisch-pharmazeutischen Industrie maßgeb-

lich geprägt. Und schließlich läßt sich die Eigentumsform im Bereich der ambulanten medizinischen Versorgung, die Praxis des niedergelassenen Arztes, als *berufsständisch-privates Eigentum* bezeichnen. Das berufsständisch-private Eigentum unterscheidet sich vom staatlichen und öffentlichen Eigentum insofern, als hier von selbständig Tätigen Geld in Arbeitsmittel zum Zwecke seiner Vermehrung investiert wird. Gleichwohl ist diese Vermehrung durch spezifische Ordnungen und Gesetze im Gegensatz zum rein privatwirtschaftlichen Eigentum begrenzt, da der ärztliche Beruf nach der Bundesärzteordnung kein Gewerbe ist (§ 1 Abs. 2).
Aus diesen unterschiedlichen Eigentumsformen gehen unterschiedliche Interessenschwerpunkte hervor, die im Fall des öffentlichen Gesundheitsdienstes und der stationären medizinischen Versorgung mehr öffentlichen, im Fall der Arzneimittelversorgung privatwirtschaftlich-monopolistischen[1] und im Fall der ambulanten medizinischen Versorgung vorwiegend berufsständischen Charakter haben. Diese unterschiedlichen Interessen führen wesentlich zu den offenen und verdeckten Widersprüchen, die auch gegenwärtig die Diskussion um das Gesundheitswesen bestimmen. Welchen Stellenwert dabei das berufsständisch-private Eigentum einnimmt, soll im folgenden untersucht werden.
Da die sozialökonomische Analyse des niedergelassenen Arztes noch in ihren ersten Anfängen steckt und differenzierte Ergebnisse nicht vorliegen, muß zunächst auf grobe Struktur- und Zuordnungskriterien[2] zurückgegriffen und eingegangen werden. Selbst wenn dies banal erscheinen mag, so stellt sich dabei als erstes die Frage, ob der niedergelassene Arzt den beiden gesellschaftlichen Hauptklassen, der Klasse der Kapitaleigner und -verfüger oder der Klasse der Lohn- und Gehaltsabhängigen zuzurechnen ist. Anschließend wird dann zu klären sein, welchen spezifischen Ort die Gruppe der niedergelassenen Ärzte in der Klassenstruktur, in der sich die jeweiligen Klassen keineswegs homogen und scharf voneinander abgrenzbar darstellen, einnimmt. Diese Frage hat nicht nur für die wissenschaftliche Analyse, sondern auch für die praktische Gesundheitspolitik Bedeutung. Letzteres hängt insbesondere damit zusammen, daß sich führende Repräsentanten der Ärzteschaft immer stärker mit den ökonomischen und ideologischen Vorstellungen des Kapitals identifizieren und verbünden, während andererseits Teile der Ärzteschaft mit den Organisationen der Arbeiterbewegung sympathisieren und sich ihnen anschließen[3].

2. Zunächst jedoch einige Daten:
Am 1. Januar 1977 wurden in der Bundesrepublik 54974 Ärzte gezählt, die hauptsächlich in der freien Praxis tätig waren. Darunter gab es 26756 Fachärzte und 25934 Ärzte für Allgemeinmedizin bzw. Ärzte ohne Facharztanerkennung[4] (s. hierzu auch Tab. ■). Seit der Durchsetzung des Kassenarztrechts im Jahre 1955 und der damit verbundenen Änderung der Reichsversicherungsordnung (RVO) nehmen die niedergelassenen Ärzte in der BRD das Monopol der ambulanten ärztlichen Versorgung wahr. Dies sei – nach Interpretation der ärztlichen Standesorganisationen – in § 368n der RVO festgelegt[5]. Ausgenommen von dieser monopolistischen Stellung ist lediglich die ambulante Behandlung von Patienten in Universitäts-Polikliniken zum Zwecke der ärztlichen Ausbildung und seit der Novellierung des Kassenarztrechts (1976) die ambulante Behandlung in psychiatrischen Anstalten. Hinzu kommt eine gegenwärtig nicht abschätzbare »Grauzone« der ambulanten vor- und nachstationären Behandlung in den meisten Krankenhäusern. Insgesamt wird jedoch davon ausgegangen, daß etwa 90 bis 98 Prozent aller Kranken, die einen Arzt aufsuchen, vom niedergelassenen Allgemein- oder Facharzt ambulant behandelt werden[6].

3. Die Organisation der Kassenärzte ist die *Kassenärztliche Vereinigung*, eine Körperschaft des öffentlichen Rechts, die seit 1933 besteht. In ihr sind von Anfang an alle Kassenärzte Zwangsmitglied. Die Kassenärztliche Vereinigung hat in sich widersprüchliche Hauptfunktionen zu erfüllen:

- So ist sie als erstes die ökonomische Interessenvertretung der Kassenärzte. Sie handelt gleichsam als Tarifgegner mit den Kassen die Honorare für die Kassenärzte (Gesamtvergütung) aus.
- Ferner haben die Kassenärztlichen Vereinigungen und die Kassenärztlichen Bundesvereinigung die den Krankenkassen obliegende ärztliche Versorgung sicherzustellen und den Krankenkassen und ihren Verbänden gegenüber die Gewähr dafür zu übernehmen, daß die kassenärztliche Versorgung den gesetzlichen und vertraglichen Erfordernissen entspricht (RVO, § 368n, Abs. 1).
- Und schließlich haben die einzelnen Kassenärztlichen Vereinigungen die Wirtschaftlichkeit der kassenärztlichen Versorgung zu überwachen (RVO, § 368n, Abs. 4).

Unter diesen drei Hauptfunktionen der Kassenärztlichen Vereinigung – ökonomische Interessenvertretung einerseits und Sicherstellung bzw. wirtschaftliche Überwachung andererseits – dominiert ganz offensichtlich die Honorarpolitik. Das deutet darauf hin, daß die Vertretung sich objektiv widersprechender Aufgaben und Interessen in ein und derselben Institution keine gute Lösungsmöglichkeit war und ist[7].

4. Das *Honorar* für die ärztliche Tätigkeit wird nach einer von Bundesregierung und Bundesrat verabschiedeten Gebührenordnung geregelt[8]. Die einzelnen Kassenärzte haben dabei keinen direkten Einfluß auf die Gestaltung der Preise für ihre Dienste, da die Gebührensätze, die sie erhalten, Festpreise sind und zwischen der Kassenärztlichen Vereinigung und den Krankenkassen im Rahmen der Mindest- und Höchstsätze der Gebührenordnung ausgehandelt werden[9]. Die Gebührensätze selbst sind heute zum Teil noch immer so gestaltet, daß sie Produktivitätsteigerungen durch Rationalisierungen, die in den letzten Jahren vor allem im Labor ermöglicht wurden, keineswegs voll berücksichtigen.
Wenn auch die unmittelbare Einflußnahme auf die Preise für ärztliche Dienste nicht stattfindet, so sind die niedergelassenen Ärzte gleichwohl in der Lage, regulierend auf die Menge ihrer Leistungen einzuwirken, wie deren Zuwachs in den Jahren 1975 und 1976 demonstriert[10]. Es liegt nämlich allein im Ermessen des behandelnden Arztes, zu entscheiden, wann ein Patient wieder einbestellt wird, und der Spielraum für Art und Anzahl von Untersuchungen, die notwendig sind, ist relativ weit, so daß gelegentlich auch vom »Selbstbedienungsladen« der niedergelassenen Ärzte gesprochen wird. Die Steigerung der Leistungsmenge (ca. 8 bis 10 Prozent pro Jahr seit 1970) ist schließlich um so eher möglich, je intensiver die erwähnten Rationalisierungen genutzt werden. Dann können Leistungen sogar ohne allzu großen zusätzlichen Arbeitszeitaufwand vermehrt werden. Die durchschnittlichen Einnahmen aus ärztlicher Tätigkeit haben sich je Praxisinhaber nach der amtlichen Kostenstrukturerhebung seit 1971 von 173154 DM auf 260284 DM im Jahr 1975 erhöht. Die durchschnittliche jährliche Steigerungsrate betrug 10,7 Prozent (vgl. Tab. 19). Dabei ist 1971 von 35,3 Prozent und 1975 von 42,7 Prozent Sach- und Personalkosten in ärztlichen Praxen auszugehen[11].

5. Aus der Einkommenshöhe allein läßt sich jedoch die sozialökonomische Stellung des niedergelassenen Arztes noch nicht präzise bestimmen. Hierfür sind Antworten auf die Frage nötig: *Wer schafft das Einkommen von niedergelassenen Ärzten und wozu wird es verwendet?* Deshalb gilt es zunächst, die gesellschaftlichen Beziehungen des niedergelassenen Arztes zu seiner

Tab. 19 Einnahmen aus selbständiger ärztlicher Tätigkeit je Praxisinhaber

Fachgruppe	1971	1975	Jahresdurchschnittliche Veränderung
	DM	DM	in v.H.
Allgemeinärzte	151 871	226 607	10,5
Internisten	218 892	335 237	11,2
Gynäkologen	175 301	262 284	10,6
Kinderärzte	141 755	202 545	9,3
Augenärzte	200 586	289 230	9,6
HNO-Ärzte	175 220	227 529	6,7
Orthopäden	257 789	359 496	8,7
Chirurgen	204 895	262 515	6,4
Hautärzte	113 822	234 676	19,8
Röntgenärzte	322 975	618 710	17,6
Lungenärzte	176 765	218 955	5,5
Urologen	—	331 050	–
Neurologen	157 091	240 941	11,3
Gemeinschaftspraxen	—	242 338	–
Alle Praxen	173 154	260 284	10,7

Quelle: M. Schlegel, Kostenstrukturerhebung 1975, in: Die Ortskrankenkasse, Heft 20 (1977), S. 812.

Arbeit – deren spezifischer Organisation, insbesondere den dort vorherrschenden Eigentumsverhältnissen – und der daraus resultierenden Art der Erlangung seines Anteils am gesellschaftlichen Reichtum zu analysieren. Hierbei spielen die allgemeinen und speziellen Gesetzmäßigkeiten der Verwertung von Kapital zweifellos eine nicht unerhebliche Rolle.

a) So stellt sich als erstes die Frage: Eignet sich der niedergelassene Arzt – wie das privatwirtschaftliche Unternehmen – fremde *Mehrarbeit* an oder lebt er von seiner eigenen Arbeitskraft? In der Einzelpraxis ist der Arzt Eigentümer, Verfüger und Nutzer seiner Arbeitsmittel. Er kauft medizinische Apparate und mietet Räumlichkeiten; er investiert in Helferinnen und technisches Personal. Der Arzt entscheidet ferner darüber, welche Arbeiten wie von seinen Angestellten verrichtet werden, und er ist schließlich auch daran interessiert, daß das von ihm vorgeschossene Geld vermehrt wird. Insofern erfüllt er durchaus unternehmerische Funktionen. Gleichwohl sind die Arbeitsmittel des niedergelassenen Arztes kein Kapital, denn Produktionsmittel werden nur Kapital, wie das bereits *K. Marx* schrieb, »soweit sie als selbständige Macht der Arbeit gegenüber verselbständigt sind«[12]. Im Fall der ärztlichen

Tätigkeit, der Diagnostik und Therapie, treten die Arbeitsmittel ihm nicht als verselbständigte gegenüber, sondern der Arzt ist in hohem Maße auf die Anwendung seiner eigenen qualifizierten Arbeitskraft angewiesen, woraus sich auch der weitaus größte Teil seines Einkommens zusammensetzt. So ist die ärztliche Praxis ohne den Arzt, dem diese Praxis als Eigentum gehört, und der zugleich darin arbeitet – im Gegensatz zu gewerblichen Unternehmungen – heute realiter noch nicht vorstellbar. Es läßt sich allerdings nachweisen, daß das ärztliche Einkommen mit der zunehmenden Anstellung von Personal und der Ausweitung der apparativen Einrichtung wächst – und zwar überproportional[13].

Bis zu einem bestimmten Grad können niedergelassene Ärzte Arbeitskräfte anwenden und sich deren über das Äquivalent für den Arbeitslohn hinaus geleistete Mehrarbeit aneignen, ohne daß es sich dabei um ein Kapitalverhältnis handelt und die in einer Arztpraxis beschäftigten Arbeitskräfte, ob mithelfende Familienangehörige oder Fremde, sind insofern auch keine Lohnarbeiter des Kapitals. Denn eine Bedingung für den Umschlag ins Kapitalverhältnis ist die Freisetzung des Arbeitsanwenders von der unmittelbaren Arbeit und dessen ausschließlicher Beschäftigung mit Leitungs- und Kapitalfunktionen. Dazu ist auch eine gewisse Minimalgröße des Kapitals notwendig, »damit die Anzahl der gleichzeitig ausgebeuteten Arbeiter, daher die Masse des produzierten Mehrwerts hinreiche, den Arbeitsanwender selbst von der Handarbeit zu entbinden, aus einem Kleinmeister einen Kapitalisten zu machen und so das Kapitalverhältnis formell herzustellen«[14]. Dieser Prozeß trifft für die ärztliche Praxis zum gegenwärtigen Zeitpunkt noch nicht zu. Mit steigender Konzentration im Bereich der ambulanten medizinischen Versorgung könnte sich allerdings im Rahmen der Entwicklung von Gruppenpraxen ein Arbeitsverhältnis herauskristallisieren, das die bestehende Organisationsstruktur aufhebt und in ein Kapitalverhältnis verwandelt[15].

Dies wird auch in Vorstellungen von *V. Deneke* (Hauptgeschäftsführer der Bundesärztekammer) und *K. H. Metzner* (ehemaliger Vorsitzender des Hartmannbundes) deutlich, die bei zunehmender Kapitalkonzentration in der ambulanten ärztlichen Versorgung mit einer wachsenden Kommerzialisierung der freiberuflichen Tätigkeit rechnen[16].

Der niedergelassene Arzt ist also aufgrund seines Eigentums an Arbeitsmitteln, mit denen er jedoch gezwungen ist, persönlich zu arbeiten, zur Zeit noch keiner der beiden großen gesellschaftlichen Gruppen – den Kapitaleignern und -verfügern einerseits und den Lohn- und Gehaltsabhängigen andererseits – zuzuordnen. Er steht vielmehr zwischen den sozialen Hauptklassen und zählt, ähnlich wie Rechtsanwälte, Steuerberater, Künstler und selbständige Handwerker, zu den *selbständigen, gesellschaftlichen Zwischen- oder Mittelschichten*[17].

Die selbständigen Zwischenschichten sind keineswegs einheitlich, wenngleich sozialökonomisch gemeinsame Beziehungen das Verhältnis zu ihren Arbeitsmitteln und -bedingungen bestimmen. So sind die rechts-, steuer- und wirtschaftsberatenden Berufe aufgrund ihrer spezifischen Tätigkeit viel stärker vom Verwertungsprozeß großer Kapitalgesellschaften und deren Bedürfnissen abhängig, als dies für niedergelassene Ärzte, Künstler oder kleine Handwerksmeister zutrifft. Überdies spielen hierbei auch die stark differierende Höhe und Sicherheit der Einkommen eine wichtige Rolle. Die niedergelassenen Ärzte dürften unter diesem Aspekt eine besonders privilegierte Stellung einnehmen.

b) Die gesellschaftliche Zwischenposition des niedergelassenen Arztes zeigt sich auch deutlich bei der Frage nach der *Akkumulation* seines in Sach- und Personalmittel investierten Geldes. Die amtliche Kostenstrukturerhebung aus dem Jahre 1971 weist aus, daß der durchschnittliche Wert der Praxiseinrichtung nach steuerlichen Gesichtspunkten 19600,– DM betrug und die Anzahl der in seiner Praxis tätigen Personen – nicht selten Familienangehörige des Arztes – belief sich im Mittel auf 4,6[18].

Der niedergelassene Arzt als selbständig Tätiger muß objektiv daran interessiert sein, daß sich seine Investitionen amortisieren und rentieren; er muß sie weitgehend nach unternehmerischen Gesichtspunkten einsetzen, da er sonst unter den gegenwärtigen Bedingungen nicht existenzfähig bleibt. Zugleich stößt er jedoch an bestimmte Barrieren, denn die Vermehrung seines Geldes mittels seiner Praxis ist limitiert. Für einen niedergelassenen Arzt lohnt es sich nicht, zwei Labors einzurichten, mehrere Röntgen- oder EKG-Geräte aufzustellen und zu benutzen. Dies könnte allenfalls relevant werden, wenn es zukünftig erlaubt würde, weitere Ärzte unter der Leitung eines Eigentümerarztes als Gehaltsabhängige anzustellen. Damit ist zur Zeit jedoch nicht zu rechnen, da der Arzt nach der Berufsordnung für die deutschen Ärzte seine Praxis persönlich ausüben muß (§ 14, Punkt 1). Die Beschäftigung eines Assistenten setzt die Leitung der Praxis durch den Inhaber voraus und ist ebenso wie die Anstellung eines Vertreters für länger als drei Monate der Ärztekammer anzuzeigen. Es ist allerdings nicht auszuschließen, daß sich unter dem

Druck der Entwicklung von privatwirtschaftlich und kommerziell betriebenen Gruppenpraxen solche Formen ändern.
Ferner ist dem Arzt nicht gestattet, an mehreren Stellen Sprechstunden abzuhalten – es sei denn, die Ärztekammer erteilt dafür eine Genehmigung, um die erforderliche ärztliche Versorgung der Bevölkerung sicherzustellen[19]. Der niedergelassene Arzt darf also in der Regel keine Zweigpraxen oder gar eine ganze Kette von Praxen zum Zwecke seiner Geldvermehrung betreiben. Und schließlich ist dem Arzt jegliche Werbung und Anpreisung untersagt[20]. Reklame zur Steigerung des Umsatzes ärztlicher Dienste und Leistungen, probates Mittel privater Unternehmungen, ist also strikt verboten.
Insgesamt heißt das, daß der Wiedereinsatz von ärztlichem Einkommen in den ärztlichen Arbeitsprozeß zum Zwecke seiner Vermehrung begrenzt ist. Daraus resultiert:

- eine stark konsumorientierte Verwendung ärztlicher Einkommen und
- die nicht selten wahrgenommene Möglichkeit, sich außerhalb der Medizin über den Leihzins Mehrwert anzueignen und zu akkumulieren.[21] Letzteres bedeutet abstrakte Kapitalbeteiligung oder anonyme Teilhabe an anderswo erzeugten Profiten, deren Aufrechterhaltung dann auch bewußt oder unbewußt in die Behandlung von kranken Arbeitskräften Eingang finden dürfte. Dies ist ein nicht zu vernachlässigender Aspekt, der zum konservativen Bewußtsein insbesondere der niedergelassenen Ärzte[22] beiträgt.

c) Durch die besonderen ökonomischen Merkmale der ärztlichen Praxis wird auch das treibende Element der kapitalistischen Produktionsweise, die *Konkurrenz*, beträchtlich eingeschränkt. Sie verlagert sich nämlich von der Konkurrenz um den Preis für ärztliche Dienste weg zu dem ökonomischen Wettstreit um spezifische Marktanteile; aber selbst unter diesen Bedingungen ist es nicht gestattet, die Marktanteile mit allen privatwirtschaftlich bekannten Mitteln auszuweiten. Auch in diesem Fall wirkt die Berufsordnung für Ärzte einschränkend. Hier heißt es nämlich: »Wird der Arzt in einem Notfall zu einem Patienten gerufen, der bereits in Behandlung eines anderen, nicht erreichbaren Arztes steht, so hat er nach der Notfallbehandlung diesen baldmöglichst zu unterrichten und ihm die weitere Behandlung zu überlassen« (§ 13).

6. Es zeigt sich also, daß die spezifische Form der *Arbeit des niedergelassenen Arztes* in der Individualpraxis – unter den Aspekten der Aneignung von Mehrarbeit, der Akkumulation und

der Konkurrenz – noch *außerhalb des Kapitalverhältnisses* steht und damit ein wesentliches Element des berufsständisch-privaten ärztlichen Eigentumsverhältnisses bildet. Die ärztliche Arbeit erinnert an Organisationsstrukturen, wie sie etwa das Zunftverhältnis im vorbürgerlichen Handwerk kannte. Auch hier waren Arbeitsmethoden, der Preis der Arbeitsprodukte, eine gewisse Anzahl von Gesellen bei einem Meister und die Märkte abgesteckt bzw. festgelegt und wurden noch nicht von den Gesetzmäßigkeiten des Kapitals bestimmt[23]. Die Form der Arbeit mittels privater Arbeitsmittel wie im Falle des niedergelassenen Arztes ist für die kapitalistische Produktionsweise und deren gesamtgesellschaftlichen Anspruch untypisch. Sie stellt in der Regel – zum Beispiel im Handwerk – eine Übergangsform dar, die sich mit der Ausbreitung des Kapitalverhältnisses in einem langwierigen und widersprüchlich verlaufenden Prozeß tendenziell aufhebt. Dabei verwandeln sich Kleinproduzenten entweder in kleine Kapitaleigner, oder aber sie verlieren ihre Produktionsmittel und werden Lohn- und Gehaltsabhängige.
Der Aufhebungsprozeß solcher Übergangsformen hängt jedoch maßgeblich von der größeren und geringeren Leichtigkeit der Subsumtion der betreffenden Arbeit unter das Kapital ab, und dafür wiederum ist die Differenzierung in materielle und immaterielle Produktion von Bedeutung, da die immaterielle Produktion nur unter erschwerten Bedingungen kapitalistisch betrieben werden kann; erschwerten Bedingungen insofern, als im Gegensatz zur güterherstellenden Industrie im Dienstleistungsbereich, also der immateriellen Produktion, eine weitgehende Einheit von Produktion und Konsumtion besteht. Die Dienstleistungen werden nämlich bereits im Prozeß ihrer Erstellung zugleich verbraucht und sind demzufolge weder vom Verkäufer noch vom Käufer getrennt lagerbar.
Das hat zur Folge, daß sich die maschinelle Massenproduktion in diesem Bereich noch nicht voll durchsetzen konnte. Da Dienstleistungen kein materielles und daher lagerfähiges Substrat haben und auch nicht massenweise maschinell erzeugt werden können, bedeutet dies, daß sowohl ihre Produktion als auch die Vielfalt und Beliebigkeit ihres Tausches eingeschränkt sind. Das ist jedoch Voraussetzung für die optimale Verwertung von Kapital. In dem Maße, wie es allerdings infolge wissenschaftlich-technologischer Neuerungen gelingt, diese Einheit von Produktion und Konsumtion – auch nur partiell – aufzulockern und die immaterielle Produktion an materielle Substrate zu binden, wird das Kapital an solchen Vorgängen sein verstärktes Interesse zeigen[24].

7. In seinem *Verhältnis zum Kapital* nimmt der niedergelassene Arzt also eine zwiespältige Position ein: Einerseits ist das Kapital ganz allgemein an einer engen Kooperation mit dem niedergelassenen Arzt interessiert, da dieser Kranke arbeitsunfähig schreibt und damit Einfluß auf den Produktions- und Verwertungsprozeß hat. Eine besondere Beziehung besteht zum Kapital der pharmazeutischen und medizinischen Apparateindustrie, denn der Arzt entscheidet schließlich über den medizinisch adäquaten Gebrauch und die damit einhergehende Realisierung des Warenwertes der hier erzeugten Produkte. Andererseits widerspricht das ökonomische Eigeninteresse des niedergelassenen Arztes nach einem möglichst hohen Einkommen den Intentionen der allgemeinen Kapitalverwertung, da es sich deutlich in den Lohnkosten der Unternehmungen niederschlägt und je nach Wirtschaftslage auf die Rentabilität einwirkt. Dieser Widerspruch zwischen Kapital und niedergelassener Ärzteschaft gewinnt jedoch erst reale Bedeutung, wenn sich die Gesundheitskosten nicht mehr ohne weiteres auf die Preise überwälzen bzw. durch Intensivierung der Arbeit aus den Beschäftigten herausholen lassen.
Insofern ist es auch kein Zufall, daß in der gegenwärtigen Diskussion um die »Kostenexplosion im Gesundheitswesen« Unternehmer- und Ärzteverbände sowie die ihnen nahestehenden politischen Parteien wie CSU, CDU und FDP gleichermaßen eine unmittelbare »Selbstbeteiligung« der Sozialversicherten an den Krankheitskosten fordern. Denn die zusätzliche finanzielle Beteiligung der Sozialversicherten berührt weder die Lohnkosten der Unternehmer noch die Einkommen der niedergelassenen Ärzte, während sie indessen den Lebensstandard der Sozialversicherten real senkt und abbaut. Ein wesentliches Ziel der *ökonomischen Koalition von Ärzteschaft und Kapital* besteht also darin, die – infolge eines verstärkten Gesundheitsverschleißes, des wachsenden Teils der alten Bevölkerung und des inzwischen eingetretenen wissenschaftlich-technischen Fortschritts in der Medizin – notwendig gewordene Steigerung der Gesundheitskosten von sich fernzuhalten und den Sozialversicherten voll aufzubürden.
Über diese ökonomische Koalition hinaus besteht zwischen den Organisationen der niedergelassenen Ärzte und des Kapitals auch eine grundsätzliche *politisch-ideologische Interessenidentität,* die sich darauf konzentriert, jedem Ansatz von Vergesellschaftung mit dem Argument der »Freiberuflichkeit« entgegenzutreten. Besonders deutlich zeigt sich dieser gemeinsame Standpunkt in der Diskussion um die Errichtung von Ambulatorien und Polikliniken über die Universitätskliniken hinaus und in der Forderung

nach einer Ausweitung des Belegarztsystems, die zunächst von Krankenhausärzten aufgestellt wurde, inzwischen jedoch von den Organisationen der Gesamtärzteschaft getragen wird. Bei letzterer handelt es sich um die ökonomische Privatisierung und Kommerzialisierung eines bereits öffentlich kontrollierten Teils des Gesundheitswesens.

Wie sich die politisch-ideologische Interessenidentität für das Kapital darstellt, geht aus den gesundheitspolitischen Vorstellungen des Bundesverbandes der deutschen Arbeitgeberverbände hervor. Hier heißt es nämlich: »Die ambulante ärztliche und zahnärztliche Behandlung sollte wie bisher grundsätzlich den niedergelassenen Ärzten obliegen, weil diese Form der medizinischen Versorgung unserer freiheitlichen Sozialordnung entspricht und den Bedürfnissen der Bevölkerung am besten gerecht werden kann... Nach Auffassung der Arbeitgeber sprechen sowohl gesundheitspolitische wie ordnungspolitische Gesichtspunkte für eine möglichst freiheitliche Gestaltung der ambulanten medizinischen Versorgung. Eine Gesellschaft freier Menschen benötigt ihr gemäße Formen der Gesundheitssicherung. Von daher sind das Recht des Patienten auf freie Arztwahl und die Freiheit der ärztlichen Berufsausübung unverzichtbar.«[25]

Hier wird von seiten des Kapitals eine Position vertreten, die über die Freiberuflichkeit des niedergelassenen Arztes hinaus exemplarische Züge für unsere gesamte, auf dem Prinzip des privaten Produktivvermögens beruhende Wirtschafts- und Gesellschaftsordnung hat. Daraus ist schließlich auch die Heftigkeit der gegenwärtigen Auseinandersetzungen um neue Formen der Krankenversorgung – insbesondere um öffentliche ambulante Einrichtungen – abzuleiten. Das artikulierte Kapitalinteresse an dem Erhalt privat wirtschaftender Ärzte ist also nicht unmittelbar und allein ökonomisch zu interpretieren; es widerspricht partiell sogar direkten ökonomischen Intentionen des Kapitals. Vielmehr steht hier die prinzipielle Erhaltung des Privateigentums als Regulator gesellschaftlicher Produktions- und Reproduktionszusammenhänge im Vordergrund, die mittels des politisch-ideologischen Bündnisses zwischen Kapital und niedergelassener Ärzteschaft verteidigt werden soll, wobei die niedergelassenen Ärzte als vorgeschobene ideologische Posten, insbesondere des Großkapitals, fungieren.

8. Solche ökonomischen und politischen Bündnisse sind freilich in hohem Maße von der jeweiligen Wirtschaftslage abhängig. Solange es dem Kapital möglich ist, die gesundheitliche Reproduktion der Ware Arbeitskraft über ihre Preise und Produktionsbedingungen zu regulieren, solange werden sie die überdurchschnittlich hohen Einkommen der niedergelassenen Ärzte dulden und sie als ökonomische Subvention für ein politisches Kartell betrachten. Dieser Mechanismus läßt sich jedoch in Zeiten *ökonomischer Krisen* nicht mehr ohne weiteres aufrechterhalten. Denn infolge der zunehmenden Entwertung von Kapital durch nicht ausgelastete Produktionskapazitäten, nicht absetzbare Warenhalden und infolge der wachsenden internationalen Konkurrenz können die direkten und indirekten Lohnkosten nicht mehr voll in die Preiskalkulation eingehen. Gesundheitskosten werden daher wie alle Sozialkosten mit der Verschärfung ökonomischer Krisen für den Prozeß der Kapitalverwertung zur Last, so daß das Kapital in solchen Zeiten zu einem verstärkten Abbau dieser indirekten Lohnkosten tendiert. Das Kapital wird als erstes versuchen, die Kosten für die gesundheitliche Reproduktion der Ware Arbeitskraft auf die Sozialversicherten unmittelbar zu übertragen. Gelingt dies nicht oder reicht das nicht aus, so wird man sich nach zusätzlichen Maßnahmen umsehen, und es ist dabei nicht unwahrscheinlich, daß auch die Einkommen der niedergelassenen Ärzte in Frage gestellt und reduziert werden. Denn mit zunehmender Dauer und Verschärfung ökonomischer Krisen geraten Absprachen unter Druck und werden schließlich nicht selten zugunsten des wirtschaftlichen Eigeninteresses aufgegeben – die ökonomische Krise wird zum *»Kartellknacker«*.

Diese Tendenz zur Aufweichung des Kartells von Ärzteschaft und Kapital in wirtschaftlichen Krisen kann sich jedoch mit zunehmender Politisierung ökonomischer Widersprüche auch wiederum genau in ihr Gegenteil verkehren – und zwar dann, wenn sich aufgrund der Einsicht der Lohn- und Gehaltsabhängigen in ihre sozialökonomische Lage eine Bewegung in Gang setzt, die das Kernprinzip solcher Krisenerscheinungen – nämlich das private Eigentum an den Produktionsmitteln – in Frage stellt. In solchen Perioden geschichtlicher Entwicklung neigen selbständig praktizierende Ärzte – wie die gesellschaftlichen Zwischenschichten überhaupt – infolge einer Verunsicherung ihrer spezifischen wirtschaftlichen Existenzform verstärkt dazu, *staatlich-autoritäre Vorstellungen* aktiv zu unterstützen. Dies kommt z. B. in ihrem Verhalten zum deutschen Faschismus und zum Militärputsch in Chile, der gegen eine demokratisch gewählte Regierung geführt wurde[26], zum Ausdruck.

Insgesamt sind also selbständig praktizierende Ärzte in ihren politischen Anschauungen als eine äußerst anfällige Gruppe einzuschätzen. Über weite Strecken der wirtschaftlichen Prosperität bieten sie sich – insbesondere ihre gewählten Repräsentanten – dem Kapital unmittelbar oder den konservativen Fraktionen von CSU und CDU an. Sobald jedoch das Kapital über den Staatsapparat oder direkt durch die Einrichtung kommerzieller Diagnostikzentren auf die Gestaltung der ärztlichen Tätigkeit Einfluß zu nehmen gedenkt, beziehen sie die Patienten in ihre Agitation mit ein. Sie rufen sogar die Patienten auf, mit ihnen für eine bessere Medizin zu streiten. Wenn jedoch die Patienten selbst, zu über 90 Prozent Sozialversicherte, ihre Interessen aktiv und organisiert vertreten, dann wird von den konservativen Standesfunktionären die Angst vor der Sozialisierung, vor dem »Gespenst der Roten Demokratie«, wie dies bereits *Rudolf Virchow* 1862 im Preußischen Abgeordnetenhaus formulierte[27], geschürt.

9. Das ökonomische und politische Aktionsbündnis zwischen Ärzteschaft und Kapital wird jedoch nicht nur durch zyklische Wirtschaftskrisen vorübergehend in Frage gestellt, sondern es beginnen sich langsam auch strukturelle Veränderungen für das ärztliche Arbeitsverhältnis abzuzeichnen, die diese Koalition erschweren. Ursache dafür ist die *Entwicklung der medizinischen Produktivkraft* selbst. Deshalb kann an dieser Stelle nicht nur die Gruppe der niedergelassenen Ärzte zum Gegenstand der Analyse gemacht werden, sondern es sind auch Probleme und Entwicklungstendenzen der gehaltsabhängigen Ärzte einzubeziehen, deren Tätigkeit vom Prozeß der medizinischen Produktivkraft zuerst erfaßt und am stärksten verändert wird. Die medizinische Produktivkraft hat seit Beginn der 60er Jahre durch die zunehmende Differenzierung und Spezifizierung der medizinischen Arbeit einen wissenschaftlich-technologischen Schub erhalten, der in zahlreichen Erscheinungen zum Ausdruck kommt. Erwähnt seien in diesem Zusammenhang schlaglichtartig die Neuerungen im medizinisch-apparativen Bereich, die zunehmende Qualifikation des Personals, die Auflösung traditioneller Facharztdisziplinen in eine Vielfalt neuer Spezialgebiete zur Folge hat, und der damit einhergehende Anstieg der Ärzte, die im Krankenhaus arbeiten. Die Zahl der gehaltsabhängigen Ärzte hat sich seit 1953 mehr als verdoppelt und ist seit 1971 erstmals größer als die der niedergelassenen Ärzte; die Gruppen der im Krankenhaus, in Forschung und Verwaltung arbeitenden Ärzte haben sich in den 60er Jahren stark vermehrt (vgl. auch Tab. 5)[28]. Das heißt, daß sich mit der Veränderung der Arbeitsinstrumente und der Qualifikation des Personals in der Medizin auch die spezifischen Verhält-

nisse für viele Ärzte verändert haben, unter welchen sie arbeiten müssen. Ein großer Teil der Ärzte ist heute für längere Zeit in abhängiger Position tätig, selbst wenn man davon ausgeht, daß das Krankenhaus für viele noch immer die Durchgangsstation zur Niederlassung bedeutet.

In dem Maße, wie sich die medizinische Produktivkraft und die damit eng verbundene Anstellung von Ärzten weiterentwickeln, wird die sozial-strukturelle Basis für die *gewerkschaftliche Organisierung* von Ärzten objektiv verbreitert. Es zeigt sich nämlich immer deutlicher, daß die Interessen der gehaltsabhängigen Ärzte gegenüber ihrem Krankenhausträger – ob in Fragen des Einkommens oder der Arbeitsbedingungen – nur noch organisiert und solidarisch durchsetzbar sind.

Seit 1948 hat sich nun in diesem Bereich eine berufsständische ärztliche Organisation, der *Marburger Bund*, entwickelt. Seine Zielgruppe ist die angestellte Ärzteschaft, insbesondere Assistenten, aber auch Chefärzte, was schließlich zu nicht unerheblichen inneren Interessenwidersprüchen führt. Der Marburger Bund, dem etwa die Hälfte der Krankenhausärzte in der Bundesrepublik angehören, hat sich bisher vor allem für Arbeitszeitfragen, Vergütungsprobleme, neue Kooperationsmöglichkeiten oder für die juristische Beratung von angestellten Ärzten eingesetzt. Teile des Marburger Bundes tendieren in den letzten Jahren verstärkt zu einer gewerkschaftsähnlichen Organisierung der angestellten Ärzte, d. h. eine Organisierung, die nicht nur Ärzte, sondern auch andere Berufsgruppen des Gesundheitswesens erfaßt. Ausdruck davon ist eine Annäherung des Marburger Bundes an die Deutsche Angestellten Gewerkschaft (DAG), die nun aber ihrerseits wiederum mit partiell ständischen Problemen belastet ist und dem Deutschen Gewerkschaftsbund (DGB) nicht angehört. Ferner gibt es Tendenzen im Marburger Bund, die Tariffähigkeit anzustreben und zugleich die ständischen Privilegien auszubauen. Letztere äußern sich in der Forderung nach Ausweitung und Modifizierung des Belegarztsystems, das sich an privatwirtschaftlichen Strukturen des holländischen Gesundheitswesens ausrichtet und über die Zulassung des Liquidationsrechts für Krankenhausärzte zu einer weiteren Kommerzialisierung auch unseres Gesundheitswesens führen würde. Diese Fraktion orientiert auf eine verstärkte ständische Solidarität mit den selbständig niedergelassenen Ärzten und fördert das Prinzip der Freiberuflichkeit nicht nur für die Niederlassung, sondern tendenziell auch für das Krankenhaus. Sie kann sich in diesem Zusammenhang auf das Angebot des Hartmannbundes stützen, der bereits 1970 analog zur Kassenärztlichen Vereinigung das Modell einer »krankenhausärztlichen Vereinigung« propagierte. Danach sollen »die Krankenhausärzte aus ihrer gegenwärtigen Abhängigkeit als Arbeitnehmer befreit und gegenüber den Krankenhausträgern wie auch gegenüber den Krankenkassen unter den Schutz einer Körperschaft des öffentlichen Rechts gestellt werden«[29]. Hierbei handelt es sich um eine ausgesprochen ständische Forderung, die allein die Interessen der Ärzte im Auge hat und von der Solidarität mit anderen abhängigen Berufsgruppen völlig abstrahiert. Es ist der Versuch einer zunehmenden gewerkschaftlichen Organisierung von gehaltsabhängigen Ärzten, die infolge der zunehmenden medizinischen Produktivkraftentwicklung objektiv begünstigt wird, mit ständischen Modellvorschlägen entgegenzuwirken und die Risse in der Einheit des ärztlichen Berufsstands wieder zu kitten.

Das berufsständische Organisationsprinzip ist typisch für Wirtschaftsbereiche, in denen sich die industrielle Massenproduktion noch nicht voll durchgesetzt hat, also Bereiche, die tendenziell handwerkliche Strukturen aufweisen. Letztere wirken einer einheitlichen Formulierung und Vertretung der Interessen und einer einheitlichen Organisierung, die über den spezifischen Berufsstand hinausgeht, entgegen. Gleichwohl konnte sich in den letzten Jahren die *Gewerkschaft Öffentliche Dienste, Transport und Verkehr* unter den angestellten Ärzten zu einem qualifizierten Faktor entwickeln, der allerdings noch nicht den Umfang der ärztlichen Standesorganisationen erreicht hat. Die Gewerkschaft ÖTV ist als Einheitsgewerkschaft im Gegensatz zur DAG Mitglied des Deutschen Gewerkschaftsbundes. Sie stellt einen breiten Zusammenschluß von Berufsgruppen verschiedener Wirtschafts- und Dienstleistungsbereiche dar, die ihr in Arbeitskampfsituationen die entsprechende Kraft verleihen, die Interessen ihrer Mitglieder nachdrücklich zu vertreten.[30] Überdies sind die Tarifverhandlungen für gehaltsabhängige Ärzte trotz der Anlehnung des Marburger Bundes an die DAG letztlich von der ÖTV abhängig, und auch das Streikrecht, das angestellte Ärzte sicher nur im äußersten Fall in Anspruch nehmen werden, ist ebenfalls an den ordentlichen gewerkschaftlichen Status gebunden. Freilich kann an dieser Stelle nicht verschwiegen werden, daß die Breite der beruflichen Interessen in der ÖTV auch zu Schwierigkeiten führt; gleichwohl bietet ihre Solidarität gegenwärtig ein hohes Maß an materiellem Schutz gegen unternehmerische Eigenmächtigkeiten und den Abbau demokratischer Rechte im Betrieb. Dies haben seit Beginn der 70er Jahre die angestellten Ärzte mehr und mehr erkannt, woraus schließlich eine deutlich zunehmende Mitgliederzahl und verstärkte Aktivitäten des Bundes gewerkschaftlicher Ärzte in der ÖTV resultieren.

Tabelle 20 Mitgliederentwicklung des Bundes Gewerkschaftlicher Ärzte in der Gewerkschaft ÖTV[31]

1966:	720	1973:	1 856
1970:	1 297	1974:	2 028
1971:	1 822	1975:	2 341
1972:	1 821	1976:	2 522

Im Bereich der ambulanten ärztlichen Versorgung, der noch weitgehend von der ärztlichen Einzelpraxis bestimmt wird, ist der Prozeß der medizinischen Produktivkraftentwicklung wesentlich verlangsamt; aber es deuten sich im Rahmen der unterschiedlichen Gruppenpraxismodelle – insbesondere dem der Praxisklinik – bereits Vorstellungen an, die durchaus Vermutungen rechtfertigen, daß in solchen medizinischen Großinstitutionen zukünftig auch gehaltsabhängige Ärzte ihren Platz haben können[32]. Denn mit zunehmendem Kapitalaufwand für ambulante medizinische Einrichtungen wird es trotz massiver finanzieller Unterstützung von seiten der ärztlichen Standesorganisationen, der Kommunen und des Staates für niederlassungswillige Ärzte – insbesondere in apparateintensiven Facharztdisziplinen – immer schwieriger, das Geld für einen eigenen Arbeitsplatz aufzubringen. Mit zunehmender Entwicklung medizinischer Großinstitutionen im ambulanten Sektor ist damit zu rechnen, daß hier eine langsame Teilung der Ärzte in Eigentümerärzte und abhängig arbeitende Ärzte einsetzen wird, die dann die materielle Grundlage für die gewerkschaftliche Organisierung von Ärzten über das Krankenhaus hinaus auch in den ambulanten Bereich verbreitert. Dies wird jedoch voraussichtlich noch Jahre dauern und sollte deshalb in der Analyse der gegenwärtigen Situation nicht überschätzt werden.

10. Auf diesem Hintergrund – der weitgehend bestehenden ökonomischen und politischen Interessenidentität von Ärzteschaft und Kapital einerseits und der zunehmenden Entwicklung der medizinischen Produktivkraft mit ihrer Tendenz, das ärztliche Arbeitsverhältnis qualitativ zu verändern, andererseits – ist der politische Stellenwert der niedergelassenen Ärzteschaft zu diskutieren und einzuschätzen. In diesem Zusammenhang ist die Frage zu stellen, ob der niedergelassene Arzt objektiv *politischer*

Bündnispartner der Klasse der Lohn- und Gehaltsabhängigen sein oder werden kann.
Es ist sicherlich nicht richtig, die niedergelassene Ärzteschaft generell und undifferenziert mit den dominierenden Fraktionen des Kapitals voll zu identifizieren, denn es konnte gezeigt werden, daß die Privilegien der niedergelassenen Ärzte als ökonomische Subventionen von seiten des Kapitals zu verstehen sind. Hinzu kommt, daß die Herkunft des ärztlichen Einkommens in der Niederlassung zu einem nicht unwesentlichen Anteil auf dem Einsatz der eigenen qualifizierten Arbeitskraft beruht. Die überdurchschnittlich hohen Einkommen und die ideologische Nähe des organisierten Bewußtseins der niedergelassenen Ärzte zum Kapital dürfen deshalb auch nicht vorschnell dazu führen, die selbständig praktizierenden Ärzte in den gesundheitspolitischen Auseinandersetzungen als Hauptverantwortliche für die Verhinderung gesundheitspolitischer Fortschritte anzusehen[33]. Es ist vielmehr das Kapital selbst, insbesondere dessen hochkonzentrierte und zentralisierte Formen, die vermittels des Staates darauf hinwirken, unser Gesundheitswesen in ihrem Interesse zu funktionalisieren. Dabei wird versucht, den niedergelassenen Arzt als Erfüllungsgehilfen einzuspannen.
Andererseits wäre es gleichwohl eine politische Fehleinschätzung, den selbständig niedergelassenen Arzt, nur weil er nicht zur monopolistischen Fraktion des Kapitals gehört oder weil es bei seiner Arbeit gar um Gesundheit geht, schon als Bündnispartner der Arbeiterklasse zu betrachten. Solche Positionen blenden die tatsächlich bestehende strukturelle ökonomische und ideologische Koalition von Kapital und Ärzteschaft – wie sie sich gegenwärtig besonders deutlich im Kampf um die »Selbstbeteiligung« und die Privatisierung öffentlich kontrollierter Bereiche des Gesundheitswesens zeigt – voluntaristisch aus ihrem Gesichtskreis aus. Sie verlassen damit das Prinzip, daß die sozialwissenschaftliche Analyse Grundlage der Einschätzung realer gesellschaftlicher Prozesse ist.
Die Hypostasierung von Gesundheit, dem Arbeitsziel ärztlicher Tätigkeit, als Ausgang der politischen Einschätzung von niedergelassenen Ärzten, die in dieser Position immer wieder zum Ausdruck kommt, führt nicht selten dazu, daß Wille und Moral losgelöst von den materiellen Bedingungen als treibende Kraft gesellschaftlicher Entwicklung angesehen werden. Deshalb kennzeichnen sich solche gesundheitspolitischen Aktivitäten auch gelegentlich durch ihr schlichtes Appellieren an eine tendenziell abstrakte Humanität, die freilich dem Bewußtsein vieler Ärzte

entgegenkommt. Insofern ist es auch durchaus möglich, daß dieses politische Vorgehen kurzzeitige, pragmatische Erfolge erzielt. Die langfristige Wirkung ist jedoch in Frage zu stellen, wenn es nicht gelingt, die dafür verantwortlichen, allgemeinen sozialökonomischen Bedingungen und Gesetzmäßigkeiten (nicht nur als abstrakte Losungen!) in ihrer spezifischen Vermittlung zu erkennen, transparent zu machen und sie in die täglichen gesundheitspolitischen Auseinandersetzungen einzubeziehen.

Die politische Einschätzung des niedergelassenen Arztes als Teil der gesellschaftlichen Zwischenschichten hat von der Analyse der Art und Weise seiner gesellschaftlichen Arbeit, deren Charakter wesentlich von den spezifischen Wirkungszusammenhängen des berufsständisch-privaten Eigentums geprägt wird, auszugehen. Da diese Arbeit Elemente der Kapitalverwertung enthält, ohne daß sie bereits vollständig unter das Kapitalverhältnis subsumiert werden kann, ist die politische Zusammenarbeit ambivalent. Der niedergelassenen Ärzteschaft ist dort Widerstand entgegenzusetzen, wo sie selbst Kapitalfunktionen wahrnimmt oder zum verlängerten Arm des Kapitals wird und dadurch ökonomische Privilegien erhält. Die Ärzteschaft ist überdies zu kritisieren, wenn sie politische Bündnisse mit dem Kapital eingeht. Denn das Kapitalinteresse an kurzfristiger Profitmaximierung wirkt auf verschiedenen Ebenen politischer Praxis in der Regel hemmend gegen das gesellschaftliche Interesse an einer langfristigen und optimalen Krankenversorgung. Es ist für die Arbeiterbewegung in Zeiten ökonomischer und politischer Krisen notwendig zu verhindern, daß die Ärzteschaft voll auf die ideologische Seite des Großkapitals getrieben wird. Dies ist freilich nur zu erreichen, wenn es gelingt, vor allem angestellte, aber auch Teile der niedergelassenen Ärzte für ein demokratisches Bündnis mittels Aufklärung über ihre tatsächliche gesellschaftliche Lage und Perspektive zu gewinnen und durch materielles Entgegenkommen jene Kräfte zu stärken, die zumindest zu einer verhaltenen Neutralität bereit sind. Inzwischen sind sich nämlich auch niedergelassene Ärzte aufgrund ihrer sozialökonomischen Existenzbedingungen – wenn auch noch vereinzelt – bewußt, daß ihre Interessen mit denen des monopolistischen Kapitals nicht identisch sind. Dieses Bewußtsein wird sich schließlich in dem Maße festigen und erweitern, wie zu erkennen ist, daß der Vergesellschaftungsprozeß der ärztlichen Arbeit durch die Entwicklung der medizinischen Produktivkraft selbst deutlich vorangetrieben wird.

Insgesamt sind die Ärzte, als Teil der gesellschaftlichen Zwischenschichten, für die Analyse aktueller gesellschaftlicher – insbesondere jedoch gesundheitspolitischer – Veränderungen ein nicht zu vernachlässigender Faktor. Denn Zwischenschichten tendieren teilweise zu den Vorstellungen der Arbeiterbewegung, sind allerdings zugleich auch nach wie vor das Rekrutierungsfeld bzw. Bündnispartner für die Unternehmerschaft. Ersteres ist vorzugsweise bei den unteren Gruppen der lohnabhängigen Zwischenschichten zu erkennen und kann auch bei den gehaltsabhängigen Ärzten angetroffen werden. Letzteres hingegen, die engere Verbindung mit dem Kapital, ist charakteristisch für selbständige Zwischenschichten und kennzeichnet das organisierte Bewußtsein der niedergelassenen Ärzte, obgleich hier nicht von einer vollen Identität ausgegangen werden kann. So sind die Ärzte den Lohn- und Gehaltsabhängigen verbunden, weil sie selbst als Angestellte oder Selbständige aus *eigener* Arbeit ihren Lebensunterhalt bestreiten. Sie sind andererseits aber auch dem Kapital verbunden, weil sie besitzende und leitende Funktionen ausüben. Aus dieser Zwischenstellung erklärt sich schließlich das Interesse und die Verhaltensweise von Ärzten gegenüber den Auseinandersetzungen der gesellschaftlichen Hauptklassen und macht sie in ihrer politischen Haltung schwankend.

Die vorliegende Arbeit erhebt keineswegs den Anspruch, alle Elemente der Politisierung des Bewußtseins von niedergelassenen Ärzten zu erfassen. So werden der besondere Stellenwert des stofflichen Teils der ärztlichen Arbeit und die aktive Beteiligung von niedergelassenen Ärzten in politischen Parteien und Bewegungen nur am Rande in die Analyse einbezogen. Es geht hier vielmehr darum, aufzuzeigen, welche Bedeutung den wesentlichen sozialökonomischen Bedingungen der ärztlichen Arbeit, die von dem Grad der Vergesellschaftung des spezifischen Eigentums an den Produktionsmitteln maßgeblich geprägt wird, für die Entwicklung des politischen Bewußtseins von niedergelassenen Ärzten beizumessen ist und wie sich diese Bedingungen auf ihr politisches Verhalten auswirken können.

ANMERKUNGEN

1 Die Agenturen der Arzneimittelverteilung sind hiervon ausgenommen, wenngleich sie in zunehmendem Maße von den Einflüssen der Arzneimittelproduzenten abhängig werden.

2 Vgl. hierzu: *M. Tjaden-Steinhauer/K. H. Tjaden*, Klassenverhältnisse im Spätkapitalismus, Stuttgart 1973; *R. Heberle*, Hauptprobleme der politischen Soziologie, Stuttgart 1967, S. 102–112; *W. Hofmann*, Grundelemente der Wirtschaftsgesellschaft, Reinbek 1969; *S. Herkommer*, Sozio-

logie der Sozialstruktur, in: *H. J. Krysmanski* und *P. Marwedel,* Die Krise der Soziologie, Köln 1975, S. 122–139; *Institut für Marxistische Studien und Forschung (IMSF),* Klassen- und Sozialstruktur der BRD 1950–1970, 3 Bde., Frankfurt a. M. 1974; *Projekt Klassenanalyse,* Materialien zur Klassenstruktur der BRD, 2 Bde., Berlin 1974.

3 Ein Symptom dafür ist die Wahl zur Delegiertenversammlung der Landesärztekammer Hessen im Juni 1976. Hier kandidierte erstmals eine *Liste demokratischer Ärzte* mit 80 Kandidaten. Die *Liste demokratischer Ärzte* erzielte einen unerwartet hohen Wahlerfolg. Sie erhielt 911 (10,6 Prozent) der abgegebenen Stimmen und stellt damit 8 von insgesamt 80 Delegierten. Vgl. hierzu auch S. 117 in diesem Buch.

4 Deutsches Ärzteblatt, Heft 20 (1977), S. 1351–1354.

5 Eine hiermit nicht übereinstimmende Meinung vertreten die Bundesverbände der Orts- und Betriebskrankenkassen, in: *Bundesverband der Ortskrankenkassen und Bundesverband der Betriebskrankenkassen* (Hrsg.), Grundsätze und Forderungen zum Vertragsrecht der Krankenkassen, Bonn-Bad Godesberg und Essen 1974. – Zur Analyse dieser Grundsätze vgl. *Ch. Gaedt/U. Schagen,* Medizin auf dem Wege zur Vergesellschaftung? in: Das Argument, Argument-Sonderband (AS) 4, 1974, S. 1–18.

6 Vgl. *P. Lüth,* Problematik der Allgemeinpraxis in Gesundheits- und Sozialpolitik, in: *H.-U. Deppe u. a.* (Hrsg.), Medizin und gesellschaftlicher Fortschritt, Köln 1973, S. 107; *H. J. Severing* geht davon aus, daß 90 Prozent der Morbidität in den ambulanten und 10 Prozent in den stationären Bereich fallen; in: *ders.*, Die Ärzteschaft im politischen Spannungsfeld, in: Deutsches Ärzteblatt, Heft 22 (1976), S. 1495. *U. Schagen* geht davon aus, daß im ambulanten Bereich 95 Prozent und im stationären Bereich 5 Prozent behandelt werden, in: *ders.*, Gesellschaftliche Zielsetzungen ärztlicher Ausbildung, in: Das Argument, Heft 96 (1976), S. 216.

7 Zu diesem Problem schreibt *Ch. Rauskolb:* »Die kollektive Interessenvertretung wird vorrangig. Der professionelle Verband als Interessenvertretung ist also nicht in der Lage, ein hinreichend funktionales Äquivalent für externe Kontrollen zu bieten.« Aus: *dies.*, Lobby in Weiß, Struktur und Politik der Ärzteverbände, Frankfurt a. M. 1976, S. 59–64, besonders 61.

8 Bundesärzteordnung § 11.

9 Vgl. *U. Böge,* Kassenpraxis und Privatpraxis, Berlin 1973, S. 72–124.

10 Resultat dieses Mengenzuwachses ist eine gemeinsame Empfehlungsvereinbarung der Kassenärztlichen Bundesvereinigung und der Bundesverbände der Orts-, Betriebs-, Innungs- und Landwirtschaftlichen Krankenkassen vom 28. April 1976, die *A. Müller,* in: Die Welt vom 28. April 1976, wie folgt kommentiert: »Kostendämpfung im Bereich der Arzthonorare ist weniger Preis- als ein Mengenproblem. Die neue Empfehlungsvereinbarung der Spitzenverbände von Kassenärzten und Krankenkassen enthält wieder relativ schmale Preiserhöhungen je Einzelleistung, aber die Menge der ärztlichen Verrichtungen will sie diesmal energisch begrenzen. Das gilt vornehmlich für die diagnostischen Leistungen im Laborbereich. Die Zunahme dieser meist teuren Leistungen war in den letzten Jahren eine der wesentlichen Schubkräfte für die überproportionale Vergrößerung des Gesamtvolumens der Arzthonorare. Wenn aber die neue Empfehlung in den Ländern durch Honorarverträge realisiert wird, dann muß derjenige Arzt Einbußen an seinem Honorar hinnehmen, der die Abrechnung teurer Einzelleistungen unnötigerweise ausufern läßt.« Vgl. hierzu auch: *H. Töns,* Die gesetzliche Krankenversicherung, in: Bundesverband der

pharmazeutischen Industrie (Hrsg.), pharma dialog, Heft 47 (1976), S. 39; *D. v. Leszczynski*, Systeme der Arzthonorierung, in: Berichte des Deutschen Industrieinstituts, Heft 6 (1970), S. 26.

11 Vgl. hierzu sowie zu Tab. 19: *Statistisches Bundesamt*, Fachserie 2, Unternehmen und Arbeitsstätten, Reihe 1.6.1, Kostenstruktur bei Ärzten, Zahnärzten, Tierärzten 1975; *M. Schlegel*, Kostenstrukturerhebung 1975, in: Die Ortskrankenkasse, Heft 20 (1977), S. 811ff.

12 *K. Marx*, Theorien über den Mehrwert, Erster Teil, *Marx/Engels*, Werke (MEW), Bd. 26.1, Berlin 1965, S. 384.

13 *U. Geißler*, a.a.O., S. 559.

14 *K. Marx*, Das Kapital, Bd. 1, MEW Bd. 23, S. 349. Im Bereich der ambulanten ärztlichen Versorgung deutet sich dies ebenfalls bei den Laborärzten und Röntgenologen an.

15 Vgl. hierzu: *H.-U. Deppe*, Strukturwandel der ärztlichen Praxis, in diesem Buch, S. 182ff.

16 Siehe hierzu: In diesem Buch, S. 120f.

17 Zum Begriff der Zwischen- oder Mittelschicht, vgl.: *W. Hofmann*, Grundelemente der Wirtschaftsgesellschaft, a.a.O., S. 35; *E. Dähne/H. Jung/Ch. Kievenheim*, Zur Klassenstruktur in der BRD, in: IMSF (Hrsg.): Klassenstruktur und Klassenbewußtsein in der BRD, Frankfurt a. M. 1974, S. 27–31.

18 *U. Geißler*, a.a.O.

19 Berufsordnung für die deutschen Ärzte, § 6.2.

20 Ebda., § 20.1.

21 So werden von der *Commerzbank* sogar eigene Programme zur »Vermögensbildung für Ärzte« ausgearbeitet und angeboten.

22 Zum konservativen Bewußtsein von niedergelassenen Ärzten, vgl. *R. Depner*, Zum Selbstverständnis von Medizinstudenten und Ärzten. Eine empirische Untersuchung. Diss. Phil. Universität Mannheim 1973, S. 72–124.

23 Vgl. *K. Marx*, Resultate des unmittelbaren Produktionsprozesses, Frankfurt a. M. 1969, S. 54–56. Im Unterschied dazu: *R. Schimrik*, Neufassung der Berufsordnung für die deutschen Ärzte, in: Deutsches Ärzteblatt, Heft 44 (1969), S. 3065f besonders 3066.

24 Vgl. *H.-U. Deppe*, Arbeit, Herrschaft, Medizin, in: *K. Dörner/U. Plog*, Sozialpsychiatrie, Neuwied 1972, S. 126; *V. Volkholz*, Die Organisation des Gesundheitssystems durch die gesetzliche Krankenversicherung, in: Autorenkollektiv. Gesundheitssystem in der BRD, Westberlin 1973, S. 71; *P. Higer*, Dienstleistungen, persönliche Dienste und Entfaltung der Arbeitskraft im Gesundheitswesen, hektographiertes Manuskript, Frankfurt a. M. 1976.

25 *Bundesvereinigung der deutschen Arbeitgeberverbände* (Hrsg.), Gesundheitssicherung in Freiheit und Verantwortung, Köln 1973, S. 7 und 12.

26 Vgl. hierzu: *Initiativkreis »Medizin und gesellschaftlicher Fortschritt«*, Auswirkungen des faschistischen Putsches auf das Gesundheitswesen in Chile, in: Das Argument, Argument-Sonderbände AS 4, Berlin 1974, S. 280–293; *H. Vallejos*, Kennzeichen des chilenischen Gesundheitswesens, in: Jahrbuch für kritische Medizin, Band 1, Argument-Sonderbände AS 8, Berlin 1976, S. 260–273; *V. Navarro*, What does Chile Mean? Vortrag gehalten auf dem internationalen Seminar über Gesundheit an der Havard-Universität, Boston, Februar 1974; *R. Belmer/V. W. Sidel*, An International Perspective on Strike Threats by Physicians: The Case of Chile, in: International Journal of Health Services, Heft 1 (1975),

S. 53–64. Im Gegensatz hierzu vgl. die Stellungnahmen im Deutschen Ärzteblatt, Heft 20 (1974), S. 1494–1495.

27 *R. Virchow,* Stenografische Berichte über die Verhandlungen des Preußischen Abgeordnetenhauses, Berlin 1862, S. 122, zit. nach: *H.-U. Deppe,* Rudolf Virchows Kampf um die Preußische Verfassung, in diesem Buch S. 11. Zur Einschätzung des politischen Verhaltens des Kleinbürgertums des 19. Jahrhunderts, vgl. auch *F. Engels,* MEW, Bd. 8, Berlin 1969, S. 9f.

28 Vgl. auch: *H.-U. Deppe,* Ärzteschaft und Gesundheitspolitik in der Bundesrepublik Deutschland, in diesem Buch S. 119.

29 *Verband der Ärzte Deutschlands (Hartmannbund) e.V.* (Hrsg.), Krankenhausärztliche Vereinigung, a.a.O., o. J., S. 3.

30 So war es in den Auseinandersetzungen um die Streichung von 444 Stellen im Frankfurter Universitätsklinikum im Jahre 1977, die *Gewerkschaft ÖTV,* der es gelungen war, eine Protestdemonstration durch die Frankfurter Innenstadt zu organisieren, an der sich etwa 900 von 4060 Beschäftigten aus allen Berufsgruppen beteiligten, während der *Marburger Bund* lediglich eine verspätete Presseerklärung abgab.

31 Statistik über die Mitgliederentwicklung des Bundes gewerkschaftlicher Ärzte, persönliche Mitteilung des ÖTV-Hauptvorstands.

32 Vgl. *H.-U. Deppe,* Zur Lage und Perspektive von niedergelassenen Ärzten, in: *ders. u. a.* (Hrsg.), Medizin und gesellschaftlicher Fortschritt, a.a.O., S. 97–104.

33 Hierzu tendiert z. B. *J. Scholmer,* in: *ders.,* Die Krankheit der Medizin, Neuwied 1971, S. 138; ebenso: *F. Läpple,* Profit durch Krankheit? Bonn-Bad Godesberg 1975.

Weiterführende Literatur (Auswahl)

Abholz, H. H., Krankheit und soziale Lage, Frankfurt 1976.

Adam, W., Modernes Krankenhaus, 2. neubearbeitete Auflage, Köln 1973.

Das Argument, Bände: 50, 60, 69, 71, 78, 89, AS8, AS12, AS17.

Begemann, H. (Hrsg.), Patient und Krankenhaus, München 1976.

Berger, E. (Hrsg.), Krank. Zur Krise der Medizin. Wien 1977.

Deppe, H.-U., Industriearbeit und Medizin, Frankfurt am Main 1973.

ders., u. a. (Hrsg.), Medizin und gesellschaftlicher Fortschritt, Köln 1973.

ders./M. Regus (Hrsg.), Medizin, Gesellschaft, Geschichte. Frankfurt am Main 1975.

Döhner, O. (Hrsg.), Arzt und Patient in der Industriegesellschaft, Frankfurt am Main 1973.

Dörner, K., Bürger und Irre, Frankfurt am Main 1969 [Fischer Taschenbuch Bd. 6282].

Friedrich, H./ J. Fränkel-Dahmann/H.-J. Schaufelberger/G. Ziegeler, Soziale Deprivation und Vorschulerziehung, Studien zur psychosozialen Realität von unterprivilegierten Familien und ihrer Veränderung durch ausgewählte Formen sozialer Praxis, Göttingen 1977.

Friedrich, V./A. Hehn/R. Rosenbrock, Neunmal teurer als Gold, Die Arzneimittelversorgung in der BRD, Reinbek 1977.

Geissler, B./ P. Thoma, Medizinsoziologie, Einführung in ihre Grundbegriffe und Probleme, Frankfurt 1975.

Gerhardt, U., Krankenkarriere und Existenzbelastung, in: Zeitschrift für Soziologie, Heft 5 (1976), S. 215–236.

Gewerkschaften und Medizin, 5 Bände, Westberlin 1973ff.

Güse, H.-G./N. Schmacke, Psychiatrie zwischen bürgerlicher Revolution und Faschismus, 2 Bände, Frankfurt am Main 1976.

Hartmann, F., Ärztliche Anthropologie, Bremen 1973.

Holzkamp, K., Kritische Psychologie, Frankfurt am Main 1972 [Fischer Taschenbuch 6505].

Jahn, E., u. a., Die Gesundheitssicherung in der Bundesrepublik Deutschland, Analyse und Vorschläge zur Reform, Köln 1973.

Kasiske, R., Gesundheit am Arbeitsplatz, Reinbek 1976.

Kaupen-Haas, H., Soziologische Probleme medizinischer Berufe, Köln 1968.

ders., Stabilität und Wandel ärztlicher Autorität, Stuttgart 1969.

Keupp, H., Verhaltensstörungen und Sozialstruktur, München 1974.

Lüth, P. (Hrsg.), Beiträge zur Sozialmedizin, Stuttgart 1975.

Meyer, S./W. Thiele/V. Volkholz, Gesundheitsversorgung, Hamburg 1978.

Mitscherlich, A./T. Brocher/O. v. Mehring/U. Horn (Hrsg.), Der Kranke in der modernen Gesellschaft, Köln 1967.

Naschold, F., Strukturelle Bestimmungsfaktoren für Kostenentwicklung im Gesundheitswesen, in: Das Argument, AS 8 (1976), S. 196–206.

Novak, P., Medizinsoziologischer Ansatz des Kommunikationsproblems zwischen Ärzten und Patienten, Habilitationsschrift in Medizinischer Soziologie an der medizinischen Fakultät der Universität des Saarlandes [Saarbrücken] 1974.

Pflanz, M., Die soziale Dimension in der Medizin, Stuttgart 1975.

ders., Allgemeine Epidemiologie, Stuttgart 1973.

Rauskolb, Ch., Lobby in Weiß, Struktur und Politik der Ärzteverbände, Frankfurt 1976.
Reiners, H./V. Volkholz, Das Gesundheitswesen in der BRD, Westberlin 1977.
Rohde, J. J., Soziologie des Krankenhauses, Stuttgart [2]1974.
Rosenberg, P., Möglichkeiten der Reform des Gesundheitswesens in der BRD, Göttingen 1975.
Schmädel, D., Soziale Normen des Gesundheits- und Krankheitsverhaltens, Habilitationsschrift in Medizinischer Soziologie an der medizinischen Fakultät der Universität Ulm 1976.
See, H., Die Gesellschaft und ihre Kranken. Oder: Brauchen wir ein klassenloses Krankenhaus? Hamburg 1973.
Siegrist, J., Lehrbuch der medizinischen Soziologie, München [3]1977.
Sigusch, V., Ergebnisse zur Sexualmedizin, Köln 1973.
Tennstedt, F., Soziale Selbstverwaltung, Band 2: Geschichte der Selbstverwaltung der Krankenversicherung, Bonn o.J. (1977).
Thelen (Thiele), W., Numerus clausus und Ärzteschaft, Zur Kritik der ärztlichen Interessenpolitik, Gießen 1974.
Thom, A./K. Weise, Medizin und Weltanschauung, Schwerte (Ruhr) 1973.
Troschke, J. v., Das Kind als Patient im Krankenhaus, München 1974.
Volkholz, V. (Hrsg.), Analyse des Gesundheitssystems. Krankheitsstruktur, ärztlicher Arbeitsprozeß, Sozialstaat, Frankfurt am Main 1974.
Weissenböck, H., Studien zur ökonomischen Effizienz von Gesundheitssystemen, Stuttgart 1974.
Wirtschafts- und Sozialwissenschaftliches Institut des DGB (Hrsg.), Integrierte medizinische Versorgung, Notwendigkeit – Möglichkeiten – Grenzen, Köln 1975.
Wulff, E., Psychiatrie und Klassengesellschaft, Zur Begriffs- und Sozialkritik der Psychiatrie und Medizin, Frankfurt am Main 1972.

Namenregister

Sachregister